# ÉTUDE

SUR

# L'INSTRUCTION PUBLIQUE

## A LECTOURE

DEPUIS LA FIN DU XV° SIÈCLE JUSQU'A NOS JOURS

PAR

## AMABLE PLIEUX

JUGE AU TRIBUNAL DE LECTOURE,
CHEVALIER DES ORDRES DE SAINT-GRÉGOIRE LE GRAND ET DU SAINT-SÉPULCRE
MEMBRE DE LA SOCIÉTÉ HISTORIQUE DE GASCOGNE, ETC.

Ouvrage couronné par la Société archéologique du Midi de la France.

AGEN

J. MICHEL ET MÉDAN, LIBRAIRES-ÉDITEURS

1890

# ÉTUDE

## SUR

# L'INSTRUCTION PUBLIQUE

## A LECTOURE

Extrait de la REVUE DE GASCOGNE
(TIRÉ A PART A 75 EXEMPLAIRES)

## DU MÊME AUTEUR :

L'EPISCOPAT DE BOSSUET A CONDOM (1669-1671). Supplément à la biographie et aux œuvres de Bossuet. In-8°, Bordeaux, Lefebvre, 1879.

LOUIS-EMMANUEL DE CUGNAC, dernier évêque de Lectoure (1772-1800). In-8°, Auch, impr. Foix, 1879.

HISTOIRE DE L'ABBAYE DE SAINT-PIERRE DE CONDOM, depuis son origine jusqu'à sa transformation en évêché (1011?-1317). In-8°, Auch, impr. Foix, 1881.

HISTOIRE DE L'ANCIENNE PAROISSE DE VICNAU, aujourd'hui annexe de Lialores, au doyenné de Condom. In-8°, Auch, impr. Foix, 1883.

NOTICE SUR LE MONASTÈRE DES CARMÉLITES DE LECTOURE, depuis sa fondation jusqu'à nos jours. Etude historique et biographique. In-8°, Auch, impr. Foix, 1887.

# ÉTUDE

SUR

# L'INSTRUCTION PUBLIQUE

## A LECTOURE

DEPUIS LA FIN DU XV° SIÈCLE JUSQU'A NOS JOURS

PAR

## AMABLE PLIEUX

JUGE AU TRIBUNAL DE LECTOURE,
CHEVALIER DES ORDRES DE SAINT-GRÉGOIRE LE GRAND ET DU SAINT-SÉPULCRE
MEMBRE DE LA SOCIÉTÉ HISTORIQUE DE GASCOGNE, ETC,

Ouvrage couronné par la Société archéologique du Midi de la France.

## AGEN

J. MICHEL ET MÉDAN, LIBRAIRES-ÉDITEURS

1890

# PRÉFACE

Quel est l'homme d'âge mûr qui ne se remémore avec plaisir le collège où s'est écoulée cette partie de sa vie que les poètes ont nommée l'Astre de la Jeunesse! Malheureusement ce souvenir plus ou moins lointain s'efface peu à peu et disparait comme a disparu celui des générations que nous remplaçons; ainsi le passé s'évanouit bien souvent dans une nuit profonde et impénétrable! La tradition conserve, il est vrai, la trace des faits les plus importants des siècles écoulés, mais c'est à peine si, pour nous rattacher aux temps qui ne sont plus, nous pouvons réunir en nos mains quelques anneaux épars de la chaîne historique! Et cependant nous voudrions renouer cette chaîne, retrouver la preuve de notre parenté intellectuelle avec nos devanciers et faire revivre dans le présent ces établissements d'éducation où se formaient ce qu'Oïhagaray appelle « les meilleures caboches du temps (1). »

C'est ce que j'ai voulu tenter en recherchant les

---

(1) *Histoire de Foix, Béarn et Navarre*, p. 507.

origines et en ébauchant l'histoire de l'Instruction publique à Lectoure. Heureux si j'y ai réussi sans faire, comme le dit Amyot quelque part, « de mon » mémoire un archif et registre fort mal plaisant et » de mauvaise grâce. »

Mais mes efforts seraient restés stériles si je n'avais été secondé; il me fallait des documents, je les ai demandés, et tous les dépôts publics m'ont été spontanément ouverts avec la plus franche cordialité. Les notaires ont mis leurs minutes poudreuses à ma disposition, et M. Parfouru, le savant archiviste du département du Gers, a bien voulu me fournir des renseignements précieux. C'est surtout M. le Maire de Lectoure que je dois remercier, de n'avoir pas, comme ses prédécesseurs de l'année 1767, enfermé sous triple clef ses archives municipales et de m'avoir permis de les compulser à loisir, ayant en moi plus de confiance que ne lui en aurait inspiré ce magistrat gascon des siècles passés, qui se laissait menacer « de la » voye de l'information et du monitoire », plutôt que de rendre volontairement certains documents qu'il avait « latités ».

# INTRODUCTION

Vers les premiers jours de janvier 1473, le cardinal de Jouffroy (1), évêque d'Arras et commandant des troupes de Louis XI, mettait le siège devant la ville de Lectoure. Jean V d'Armagnac résista vaillamment pendant plus d'un mois aux 40,000 hommes qui investissaient sa capitale; mais le 4 mars il trouva la lutte trop inégale et la paix fut signée par les représentants des deux partis (2). Le cardinal, célébrant la messe, divisa l'hostie consacrée dont il consomma une moitié et donna l'autre au comte comme gage de la foi jurée (3). Le traité fut publié le lendemain dans les rues et carrefours de la ville, et les troupes royales, admises dans l'enceinte fortifiée, fraternisèrent avec leurs ennemis de la veille. Le surlendemain, une bande de forcenés commandés par Robert de Balsac, sénéchal d'Agenais, ou son lieutenant Guillaume de Monfalcon, pénétra dans la maison qu'habitait Jean V, et Pierre le Gorgias, franc archer limousin, le perça de son épée, tandis qu'un autre lui déchargeait un coup de hache d'armes sur la tête. Un désordre indescriptible fut la conséquence d'un

(1) Le peuple l'avait surnommé le diable d'Arras.

(2) Le comte de Lude et le sénéchal de Toulouse pour le roi; l'évêque de Lombez, Gratien Dufaur, chancelier d'Armagnac et troisième président au parlement de Toulouse, deux gentilshommes et dix bourgeois pour le comte d'Armagnac (dom Vaissete, Bonnal, cités par Monlezun).

(3) Lafaille, *Annales de Toulouse*. La tradition populaire rapportée par M. Cassassoles *(Notice sur Lectoure*, p. 124) et d'après laquelle ce serment parjure aurait été reçu dans l'église des Capucins est fausse, ces religieux ne s'étant établis à Lectoure qu'en 1628 (Record du 30 avril 1638).

— 4 —

pareil attentat. La ville fut mise à feu et à sang; les habitants
passés par les armes, les édifices incendiés, les maisons
démolies et pillées, les cloches brisées, les églises profanées,
les murailles rasées et l'amoncellement des cadavres dans les
rues hantées par les bêtes fauves attestèrent l'impitoyable
vengeance du représentant de Louis XI (1).

La ville se releva cependant de ses ruines, grâce aux
exemptions de toute sorte que le roi lui accorda par lettres
patentes du 22 janvier 1474, « affin de permetre à ses habit-
tans de reediffier leurs maisons, de repparer et fortiffier
leurs murailhes » (2). Les archives municipales étaient
perdues à tout jamais; et si quelques rares documents antérieurs au siège sont parvenus jusqu'à nous, aucun n'a trait
à l'instruction publique dans l'ancienne capitale de la
Lomagne.

(1) Expilly. Monlezun.
(2) Arch. mun. Parchemin. Les archives municipales possèdent plusieurs
lettres patentes de Charles VIII, Louis XII, François Iᵉʳ et leurs successeurs,
accordant des affranchissements de tailles et exemptions d'impôts à la ville de
Lectoure « place très forte et frontière d'Arragon ».

## CHAPITRE Ier.

Ancienneté et emplacement des écoles. — Peste. — Réparations aux bâtiments scolaires. — Etablissement de la gratuité. — Nouvelles précautions contre la peste. — Ecoliers Basques. — Maitres *arciens, pohètes* et *grammairiens*. — Institution et achat des livres de prix. — Livre de Belotin Michaëlis brûlé par le bourreau devant l'église Saint-Gervais.

L'étude des lettres est très ancienne dans notre province et les guerres qui l'ont désolée aux XIVe et XVe siècles sont loin d'avoir exclusivement tourné l'esprit de ses habitants vers le métier des armes. Lectoure possédait sans aucun doute une école publique avant le siège de 1473, quoique nous ne relevions une preuve certaine de son existence qu'à partir de 1481. La note suivante, extraite du livre de recettes et dépenses du bassin du Purgatoire de Saint-Gervais (comptes de 1481-82) et publiée par M. P. Druilhet dans le neuvième fascicule des *Archives historiques de la Gascogne*, porte : « *Item crompet lo dit Vidau deu magister de l'escola quatre caps de torchas quant los clers agon feyt la festa de sent Nicholau, costen un gros.* » A cette date, la ville se réorganisait et le plus ancien livre terrier des archives municipales, celui de 1491, mentionne au dénombrement des maisons du « carton » de Guilhem-Bertrand, que : « *Fray Gayssot, de Pliuz, deu coumbent de Nostra Dama deus Carmes, juret que tenc 1 ostau en lo dit carton, que foc de Gauran, e fronta ab l'ostau de l'asquola* » (1). Dans le terrier de

(1) Arch. mun., p. 201. Ce livre terrier est le premier qui ait été établi après la démolition de la ville.

1501 nous relevons ce passage qui se relie au précédent :
« *Lo syndic deu conbent deus Carmes jurec que tienc ung
hostau en lo dict carton que foc de fray Gayssot, e fronta
en l'ostau de l'escolla* » (1). Il résulte de ces trois extraits,
qu'une école existait à Lectoure à la fin du xv° siècle et
que cette école était située près du couvent des Carmes (2),
c'est-à-dire non loin de la porte de Capdemasse (3). Elle
comprenait tout l'espace occupé actuellement par la caserne
de gendarmerie et deux autres maisons qui y font suite (4),
jusqu'à une impasse nommée jadis rue du Carpat et reliant la
rue Guilhem-Bertrand aux murs méridionaux.

Les premiers régents dont nous ayons retrouvé les noms
sont, en 1501, Merulus de Navalhes et Johannes Lana (5). Le
nombre de leurs élèves était-il considérable? ces maîtres en-
seignaient-ils simplement les rudiments de la grammaire et
du calcul? étaient-ils, comme dans les villes voisines, de
simples abécédaires? donnaient-ils des leçons d'un ordre
supérieur (6)? quel était le règlement intérieur de l'école?
Nous l'ignorons absolument : le livre des records nous fait
défaut (7); mais il est permis de supposer que tout devait se
passer en famille dans la bonne ville de Lectoure, au commencement du xvi° siècle, et les consuls avaient bien d'autres
soucis que de s'occuper des écoliers. Leurs livres de « recep-
tes et dépenses » nous initient aux diverses attributions

(1) Arch. mun., p. 194.

(2) Le couvent des Carmes était, avant le siège, du côté de la fontaine de
Diane, près du chemin du Martyzat et par conséquent en dehors des fortifications. Comme il gênait le tir de l'artillerie, Jean V le déplaça et donna aux
religieux le terrain qu'ils ont occupé jusqu'à la Révolution.

(3) Cette porte fut appelée porte des Carmes à dater du xvi° siècle.

(4) La maison Duluc et partie de la maison Cazes.

(5) Arch. mun., livre des dépenses, 1501, p. 6.

(6) Johan Lassalle, maître d'école à Montaut, au xvi° siècle, « promet de bien
» et fidèlement apprendre et enseigner tous et chascun les enfans qui luy seront
» baillés... à lire et à escrire en latin et en françois. » (*Revue de Gascogne*, t. xx,
p. 245).

(7) La collection ininterrompue des records ou délibérations de la communauté
lectouroise ne commence qu'en 1553.

dont ils sont chargés. Tantôt ils achètent pour le maître des hautes œuvres « *des ciseaux taillans per coppar lo peou sur lo chaput* » (1) d'un condamné; tantôt ils offrent des présents à divers religieux, notamment au P. Léonard Paradis, capucin de Villeneuve d'Agen, qui loge chez le consul Hondenis avec un autre « *beû pere que anara ab el e à ung saumalé que portaba sous libes* » (2). Le plus souvent ils pensent à bien vivre : lorsque Hondenis se rend à l'abbaye de Bouillas, afin de conférer avec l'abbé des affaires de la commune, il a soin d'emporter pour son dîner « *una spalla de moton* » et une paire de « *garias* » (3). Les consuls sortants se traitent entre eux, et à leur repas ils invitent les nouveaux élus ainsi que d'autres « gens de bien ». Après la messe traditionnelle du 8 septembre, « comme il est de bonne coustume, » à Notre-Dame du Chapelet, dans l'église des Frères Prêcheurs (4), ils vont boire ensemble et ne ménagent ni les fruits, ni les dragées, ni les *pipots* de vin clairet, qu'ils savourent aux accords d'une sérénade donnée par les tambours de la ville avec accompagnement du *Calomet* et du *Rebequet* (5). Comme des magistrats menant si douce vie devaient être indulgents pour les enfants qui faisaient l'école buissonnière!

Il est permis de supposer, sans crainte d'erreur, que dans un centre aussi patriarcal les leçons des maîtres ne durent

(1) Arch. mun. Livre des dépenses, 1502-1503, p. 11.

(2)    —           —       1508-1509, p. 29. Les présents étaient jadis d'un usage plus fréquent qu'aujourd'hui. Lorsque Jean II de Barton, évêque de Lectoure, arriva dans cette ville, au mois de décembre 1516, les consuls lui offrirent douze paires de perdrix, douze paires de chapons, douze paires de lapins, des torches, cinq livres de dragées et un carteron de cannelle (1516-1517, p. 13). En 1553, les consuls d'Agen donnaient une lamproie de 20 sols au prédicateur du carême. (Arch. d'Agen, cc, p. 61).

(3) Arch. mun. Livre des dépenses, 1508-1509, p. 22. La dépense de ce dîner s'éleva à 2 gros 5 arditz.

(4) Le costume des consuls de Lectoure se composait d'une robe noire ornée de parements de soie rouge avec chaperon d'hermine. Celui des tambours et sergents de ville était rouge et jaune, avec écusson de la ville brodé sur le plastron jaune de la casaque, savoir « des motons à la grand laine » (1555-1556, p. 165).

(5) Probablement le chalumeau et le rebec ou violon à trois cordes. Livre des dépenses, 1505-1506, p. 5.

pas tout d'abord être régulièrement suivies; la réorganisation de l'enseignement, si elle fut complète, dut s'opérer graduellement; et d'un autre côté, la peste qui, en 1501, s'abattit sur la population lectouroise, réduisit considérablement le nombre des écoliers (1). Les consuls firent des vœux « à Dieu, à la Vierge, à toute la cour céleste du Paradis », pour éloigner de la ville le terrible fléau et ils donnèrent aux églises « *58 libres de candella filada à 20 arditz la libra* » (2). Les foires de la Saint-Martin, des Rois et de l'Apparition (3) furent nulles, et la porte du boulevard (4), la seule qui restât ouverte, fut gardée par un homme « vertuos », sans l'autorisation duquel nul ne pouvait entrer dans la ville (5). Les élèves de l'intérieur ayant émigré et ceux de l'extérieur ne pouvant pénétrer dans l'enceinte murée qu'après l'accomplissement de certaines formalités, leur nombre se trouva forcément réduit. Un an ne s'était pas écoulé que la peste ravageait de nouveau la Lomagne. Elle visita successivement et à plusieurs reprises Fleurance, Beaumont, Montauban et Agen. Les consuls, toujours confiants dans la divine Providence fir t célébrer des messes aux couvents des Frères Mineur, es Prêcheurs, des Carmes, au Saint-Esprit, à Saint-Gervais, à l'église Saint-Antoine (6), au monastère de Saint-Geny et à Notre-Dame de Tudet. Des aumônes abondantes furent faites aux sœurs Minorettes; Lectoure fut placé sous la protection spéciale « du très saint crucifix » (7), auquel une figure de cire représentant la ville

(1) Arch. mun. Livre des dépenses, 1501-1502, p. 16.
(2)     Id.        Id.        Id.     p. 17.
(3)     Id.        Id.        1502-1503, p. 53. Ce livre des dépenses est le seul dans lequel nous ayons trouvé la preuve de l'existence d'une foire dite de l'*Aparicion*.
(4) La porte du « boloard » ou boulevard était située à l'est de la ville, du côté du Bastion actuel, qui n'existait pas encore en 1502.
(5) Arch. mun. Livre des dépenses, 1502-1503, p. 18.
(6) L'église Saint-Antoine était à l'entrée du faubourg Saint-Gervais sur l'emplacement actuellement occupé par les maisons Doat et Camoreyt.
(7) Dévotion particulière établie dans l'église du Saint-Esprit.

fut offerte en *ex-voto*. Cette image devait être d'un volume
considérable, puisqu'elle nécessita l'achat de plus de 40 livres
de cire, d'une quantité considérable d'azur, d'ocre, de feuilles
dorées, « d'or clinquant », de fil de fer et de clous. La façon
seule fut payée douze écus à Guillaume de Pérès (1).

Malgré tous ces obstacles et ces dépenses extraordinaires,
les consuls ne se décourageaient pas. Dès l'année 1502, des
réparations sont exécutées au bâtiment scolaire et elles étaient
urgentes s'il faut en croire le registre des dépenses : « *Repa-
racions per esparroar et tortissar l'escolla a causa que
ero destorlissada en plusiurs parts tallament que los enfans
n'y poden demorar per lo freyt, la pleuge...* » (2). En
1516, les bancs sont changés, des portes et des fenêtres nouvelles sont percées, la chaire du maître est garnie d'un
marche-pied et d'une table, le sol de la classe est repavé et
la charpente est remise à neuf (3).

Ces divers travaux d'entretien, que les consuls avaient
trouvés suffisants au moment où ils les accomplissaient, ne
répondirent plus bientôt après aux besoins de l'enseignement.

Le nombre des écoliers avait augmenté par suite de la
délibération de la jurade en vertu de laquelle les enfants
pauvres de la ville devaient recevoir l'instruction gratuite. Le
texte de ce record est malheureusement perdu : il serait
curieux de savoir après quelles discussions et par quels
moyens ce principe de la gratuité absolue fut établi dans l'é-
cole de Lectoure. L'Eglise catholique avait de toute antiquité
recommandé aux fidèles de faciliter aux enfants pauvres l'ac-

(1) Arch. mun. Livre des dépenses, 1508-1509, p. 31. Guillaume de Pérès
était un sculpteur habile, dont le nom se trouve souvent inscrit dans les
livres des dépenses. Il devait appartenir à la classe des Cagots ou Capots, qui
avaient, à Lectoure, la spécialité des travaux de charpenterie et de menuiserie.
Les Cagots étaient confinés au faubourg du Barry et du côté du pont de Piles;
ils étaient chargés de dresser les échafauds lors des exécutions capitales.

(2) Arch. mun. Livre des dépenses, 1502-1503, p. 4. Les dépenses s'élevèrent
à 10 gros.

(3) Arch. mun. Livre des dépenses, 1516-1517, p. 28.

cès des écoles publiques et les prêtres étaient tenus de les instruire sans exiger d'eux aucune rétribution. Les consuls, en suivant les préceptes de l'Eglise, accomplirent donc un acte aussi profondément chrétien qu'humanitaire. Voici en quels termes laconiques le livre des dépenses de 1518-1519 nous apprend l'établissement de cette importante décision :

*Despenssa deus gatges deus mestres d'escolas... Item es estat despenssat per so que forec pagat à mestre Johan Maurus domine de las escolas de la dita bila per sos gatges et a causa que los enffants de la bila son quitis de collecta ainsi que forec dict per record deus dits senhors cossols et habitans de la dita billa, la somma de cinquanta liuras tornesas... (1).*

En conséquence de leur décision et du nombre plus considérable des écoliers, les consuls durent se préoccuper de l'agrandissement du bâtiment scolaire et ils résolurent de faire construire une maison qu'ils joindraient à l'école déjà existante. L'entreprise fut rapidement exécutée, grâce au concours de tous les ouvriers de la ville et à la proximité des matériaux employés. Une certaine quantité de pièces de charpente fut vendue à la commune par le P. Jacques Jacquet, prieur du couvent des Frères Prêcheurs, et la pierre fut extraite de la carrière de Madiran, sise au bas de la rue Porteneuve, ou achetée sur place derrière le château. Un grand portail, auquel on arrivait par un perron de deux marches, fut bâti sur la rue et couvert par un porche, les cours furent pavées, les bancs et une chaire neuve mis en place, et une serrure fixée à la porte de la chambre du maître mit celle-ci à l'abri de l'indiscrétion des écoliers (2).

Ces divers travaux, commencés le 5 juillet 1518, venaient à peine d'être achevés, le 29 janvier 1519, lorsque la peste

(1) Arch. mun. Livre des dépenses, 1518-1519, p. 82.
(2) Arch. mun. Livre des dépenses, 1518-1519, p. 123 et suiv., 1529-1530, p. 181 et suiv. Les tables et le porche furent faits par Johan Harcus, Jézite ou Cagot.

reparut à Lectoure avec plus de violence que par le passé. Le gardien de la porte des Carmes, voisine de l'école, fut atteint des premiers (1), et de nombreux décès se produisirent dans la ville. Les consuls firent modeler, en cire, les clefs de la cité et on les porta processionnellement dans les diverses églises (2) et à Notre-Dame de Tudet; Johan deus Pradets fut chargé d'aller à la Sainte-Baume, en Provence, faire célébrer une messe votive devant le cœur de sainte Magdeleine, et une somme de 7 écus, 20 gros, 2 liards lui fut allouée pour son voyage (3). Après avoir, par ces actes de piété, satisfait leur conscience de chrétiens, les consuls prennent les mesures de police nécessitées par les circonstances. Les pestiférés, relégués dans l'église Saint-Antoine et dans des cabanes bâties autour des remparts, sont surveillés par les capitaines des portes (4); des emprunts de vin et de bois sont faits à divers particuliers, notamment à Jehan de Las (5), archidiacre-mage, et un jardin acheté à Jacques Roquette est converti en cimetière (6). Les ravages du fléau redoublant d'intensité, le sénéchal se transporte à Miradoux (7); les élections consulaires (8) se font au bois de Giéra (9), et, au milieu du

(1) Arch. mun. Livre des dépenses, 1518-1519, p. 118.
(2) Id. Id. 1520-1521, p. 152. Les messes votives, célébrées par ordre des consuls, au nombre de 54, coûtèrent 108 carolus ou 3 écus 6 gros.
(3) Arch. mun. Livre des dépenses, 1522-1523, p. 112. En 1530, M. de Ladoys, prêtre, fut député à la Sainte-Baume pour célébrer la messe du vœu de la ville (1529-1530, p. 103). A dater de 1546, les consuls firent chanter quatre messes solennelles dans l'église des Frères Prêcheurs, le jour de la fête de sainte Magdeleine, en remplacement du voyage traditionnel de la Sainte-Baume 1545-46 (p. 264).
(4) Arch. mun. Livre des dépenses, 1522-1523, pp. 103, 134. En 1586, les pestiférés furent relégués au Colomé et à Roquette.
(5) Arch. mun. Livre des dépenses, 1522-1523, p. 137.
(6) Id. Id. 1522-1523, p. 137.
(7) Id. Id. 1522-1523, p. 112.
(8) Les élections consulaires se faisaient de toute ancienneté du 17 au 20 juin et les élus entraient en charge la veille de la Saint-Jean. A dater de 1584, ils entrèrent en charge la veille de la Circoncision; il ne fut dérogé à cette innovation qu'une seule fois à raison des élections mi-catholiques et mi-protestantes. Les consuls, élus le 17 juin 1600, restèrent en charge jusqu'au 1er janvier 1602 (livre des dépenses, 1600-1601).
(9) Vraisemblablement Gère ou Gière, lieu ainsi dénommé, au nord de la ville de Lectoure.

désordre général, les sceaux de la ville sont perdus (1). Pendant ce temps, l'école resta forcément déserte, et dès la cessation de l'épidémie, elle fut, sur l'ordre des médecins, parfumée avec du genièvre, blanchie à la chaux et entièrement remeublée (2). Les écoliers revinrent bientôt en grand nombre; les villes voisines en fournirent quelques-uns, et il en était arrivé soixante du Pays Basque, ainsi que nous l'apprend une lettre d'Odet de Foix, gouverneur de Guyenne, aux consuls de Lectoure :

Au regard des escolliers Basques, puisqu'il n'y en a que le nombre de soixante et qu'ilz sont jeunes enffans et ne sçauroient faire aulcun dommaige ainsi que vous escripvez, sommes contents qu'ils demourent en la ville, affin que les estudes continuent et que vous ne perdiez les prouffitz et utilitez qui vous viennent à cause des escollers... (3).

La présence d'un nombre aussi considérable d'élèves étrangers à la ville et le mérite littéraire de Jean Maurus, régent, sur lequel nous donnerons ci-après quelques détails, nous permettent de penser qu'à dater de 1518, l'enseignement donné à Lectoure était plus relevé que précédemment. Et cependant ce n'est qu'en 1533 et grâce aux livres des recettes et dépenses des consuls que cet enseignement peut se préciser et se définir exactement. Il n'est pas seulement primaire, mais secondaire, puisqu'à partir de cette dernière année nous trouvons pour la première fois parmi les maîtres, un *arcien*, un *poète* et un *grammairien* ou *écrivain*. Ils constituaient, à eux trois, ce qu'on nommait alors le *trivium*, c'est-à-dire l'étude de la dialectique, de la rhétorique et de la grammaire. L'arcien et le poète, représentant la philosophie et la littérature, étaient considérés comme supérieurs au grammairien (4), et c'est entre les mains du premier que

(1) Arch. mun. Livre des dépenses, 1522-1523, p. 127. De nouveaux sceaux furent achetés à Toulouse.
(2) Arch. mun. Livre des dépenses, 1522-1523, p. 110.
(3) Arch. mun. Lettre du 13 décembre 1522.
(4) Le grammairien était le maître abécédaire.

les consuls paient les gages des autres régents « ses com-
paignons », sauf à lui « à payer pobete et grammairien pour
avoir servi le colliege et endoctriné les enffans » (1). Il
était le régent principal des écoles ou du collège, comme il
deviendra bientôt par abréviation « le Principal ».

Le collège reçut de nombreuses améliorations sous l'administration des Principaux et le service intérieur fut réorganisé
selon les nécessités résultant du nombre croissant des élèves.
Une cloche est achetée à Agen chez Jehan Maurel « métallier »
et on la pose afin de la sonner « à certaines heures que les
escolliers se assemblent (2) ». Les bâtiments, qui avaient considérablement souffert à la suite d'une grêle, « par laquelle
Dieu avoit vizitté la ville, » sont réparés (3). Ce n'était pas
sans besoin : car « la galerye de devant la mayson estoit ruynée
et presque à terre, les chambres dépavées, les cheminées rom-
peues et oultre ce, le colliege descommodé d'une clace (4) ».
Deux nouvelles salles sont installées au-dessus des classes du
côté du jardin de Berduquet (5), les « peaupitres » sont refaits
et les chambres sont vitrées. Le total de ces diverses réparations et d'autres qu'il est sans intérêt de rapporter, s'éleva
à 516 écus 4 sols 9 deniers (6). Enfin les consuls établissent
un portier chargé non seulement de garder les clefs du collège,
mais d'entretenir les bâtiments en bon état de propreté (7),
et ils votent une somme de 10 livres pour l'achat d'ouvrages
à donner « en prix à certains escoulliers du colliege de la présente ville de Lectoure pour veoir ceulx qui seroient plus
advancés (8) ».

(1) Arch. mun. Livre des dépenses, 1570-1571, p. 101.
(2) Arch. mun. Livre des dépenses, 1553-1554, p. 177.
(3) Id. Id. 1585-1586, p. 54. On dut, cette même an-
née, poser des vitres au temple protestant, afin de remplacer celles qui avaient
été brisées par la grêle (Id. p. 37).
(4) Arch. mun. Livre des dépenses, 1600-1601, p. 108.
(5) La maison de Guilhem Despitau, dit Berduquet, et le jardin y attenant
étaient situés au quartier de Guilhem Bertrand et au levant du collège.
(6) Arch. mun. Livre des dépenses 1600-1601, p. 109.
(7) Id. Id. 1579-1580, p. 207.
(8) Id. Id. 1605-1606, p. 16.

Rien ne manquait à l'école lectouroise pour prendre les plus grands développements, et les consuls y contribuaient encore en récompensant par une heureuse innovation les élèves les plus méritants. L'instruction y gagna et avec elle la liberté de la pensée. La première tentative d'émancipation intellectuelle dont nos archives aient perpétué le souvenir fut faite par Belotin Michaelis, notaire de Lectoure. Il écrivit en 1551 un ouvrage entaché d'hérésie qui attira l'attention du P. Jean Gras, gardien du couvent des Cordeliers. Celui-ci le dénonça aux consuls, qui condamnèrent Michaelis à la torture et décidèrent par jugement que le livre incriminé serait brûlé par la main du bourreau. Appel de cette sentence ayant été interjeté par Michaelis, il quitta Lectoure sous la garde du consul Foyssin, assisté d'un certain nombre d'hommes à cheval, et fut transféré à Toulouse dans les prisons du Parlement, qui le condamna « à demander pardon à Dieu, au Roy et à Justice, estant un jour de dimanche sur un echaffaut au devant de l'eglise cathedralle de Lectoure, et que le livre escrit de la propre main de Michaelis seroit illec bruslé en sa presence, estant en chemise, piés et teste nue, et tenant une torche de cire ardant. » L'exécution de l'arrêt eut lieu le dimanche 6 mars 1552, à l'issue de la messe paroissiale, en présence d'une foule considérable, et coûta la somme de 27 sols tournois, dont Pierre Bardi, exécuteur des hautes œuvres, donna quittance (1). Nous ignorons le titre et le contenu de l'ouvrage écrit par Michaelis, car il fut perdu avec les pièces du procès peu après le prononcé de l'arrêt; le consul Foyssin nous apprend en effet que son séjour à Toulouse fut prolongé à cause des recherches auxquelles on se livra à ce sujet au greffe du Parlement. Michaelis quitta Lectoure et ses minutes ne se trouvent dans les études d'aucun des notaires actuellement en exercice. Peut-être était-il étranger à la ville; son nom

(1) Arch. mun. Livre des dépenses, 1551-1552, p. 204 et suiv.

indique une origine provençale et rappelle le souvenir d'un célèbre dominicain du XVIe siècle, auteur d'écrits pleins de détails incroyables et quelquefois ridicules sur la sorcellerie (1).

(1) Michelet, *La Sorcière*, éd. 1862. Voir, en particulier, sur l'*Histoire admirable de la possession et conversion d'une pénitente séduite par un magicien* (1614), ouvrage du P. Michaëlis, la *Revue de Gascogne* de 1885 (p. 478).

# CHAPITRE II.

Ordonnance de Blois. — Guerres religieuses. — Les Huguenots et les pauvres installés dans les écoles. — Protestation du syndic de la communauté et du clergé. — Marguerite de Pellegrue, dame de Lisse. — Le P. Audiet et les consuls. — Institution d'un quatrième régent. — Demandes de subsides et levées de tailles. — Ordonnances synodales de Mgr de Narbonne-Pelet. — Le chapitre et la Préceptoriale. — Transfert des écoles à l'ancien hôpital du St-Esprit.

Les améliorations apportées graduellement dans l'enseignement et l'état matériel du collège étaient sans doute dans le vœu des peuples, mais les décrets du Concile de Trente et l'ordonnance de Blois (1579) aidèrent surtout très puissamment à leur réalisation. Le Concile de Trente (1) ordonne l'érection d'un collège dans toutes les villes épiscopales et métropolitaines. Il enjoint aux prélats de pourvoir à l'entretien, tant des professeurs que des écoliers, par l'union de bénéfices de quelque qualité et de quelque condition qu'ils soient. Les enfants à admettre dans ces collèges ou séminaires devaient être âgés de douze ans au moins et savoir lire et écrire. Les pauvres étaient choisis de préférence, mais sans préjudice pour les riches, pourvu qu'ils y fussent nourris aux dépens de leurs familles.

(1) Session 23, chap. 18.

2

Dans l'article 24 de l'ordonnance de Blois, en ce qui concerne les collèges et séminaires, le roi dit :

Et d'autant que l'institution des seminaires et colleges qui ont esté establis en d'aucuns eveschés de cestuy nostre royaume pour l'instruction de la jeunesse, tant aux bonnes et saintes lettres qu'au service divin, apporte beaucoup de bien à l'Eglise, et mesme en plusieurs provinces de cestuy nostre royaume grandement desolées par l'injure des temps et dépourvues de ministres ecclesiastiques ; admonestons et neanmoins enjoignons aux archevesques et evesques d'en dresser et instituer en leurs dioceses, et adviser la forme qui sera la plus propre selon la condition et necessité des lieux, et pourvoir à la fondation et dotation d'iceux par union de benefices, assignation de pensions ou aultrement, ainsy qu'ils verront estre à faire.

Ces excellentes recommandations auraient été certainement exécutées si les guerres civiles et religieuses n'y avaient mis entrave. Lectoure était une des places les plus fortes du Sud-Ouest, dans laquelle Catholiques et Huguenots se rendaient à tour de rôle. Les archives municipales nous entretiennent à maintes reprises de sièges, de passages de troupes, de taxes que la population dut s'imposer soit pour éviter le pillage, soit pour obtenir leur départ (1), et enfin de l'embarras qu'éprouvaient les consuls à les loger pendant leur séjour. Est-ce à la suite de l'occupation de l'hôpital par ces troupes de passage que les pauvres se transportèrent au collège et y logèrent ? Nous l'ignorons et aucun document ne nous fixe à cet égard. Ce qu'il y a de certain, c'est qu'en 1578, ils occupaient une partie des bâtiments scolaires en même temps que les Hugue-

(1) En 1570-71, les soldats du marquis de La Valette, gouverneur de Lectoure, menacent d'abandonner la ville ; MM. de Magnas et de Gimont, lieutenants de La Valette, manifestent le projet de mettre les soldats chez les habitants avec droit d'y vivre à discrétion. La ville contracte un emprunt pour éviter ces excès. M. de Corné, nommé par le roi de Navarre gouverneur de la ville et du fort St-Thomas, arrive à Lectoure avec cinquante soldats, qui sont logés au quartier de Corhaut. On emprunte 200 livres qui sont données à M. de Corné afin de déloger sa troupe, etc. (Le fort St-Thomas était bâti à l'est de la ville, sur l'emplacement qui devint plus tard l'orangerie de l'évêché, actuellement représentée par le jardin et la maison Cabanes).

nots, qui, depuis plus de trois ans, utilisaient la grande salle du collège pour leurs exercices religieux.

Un tel empiètement ne pouvait pas être longtemps toléré, car son maintien eût été la ruine complète de l'enseignement public, déjà si cruellement éprouvé. François Soles, procureur au Sénéchal et syndic catholique de Lectoure, s'en plaignit et demanda la réintégration des pauvres dans l'hôpital du Saint-Esprit :

En la susdicte assemblée et par le present, Me François Soles, procureur en la Court de M. le Senechal d'Armaignac, scindic de la presante ville, qui a dict que la junesse des enfans de la presante ville se port à faulte de mettre regents aux escolles de la presante ville, et de tant que le coliege de toute ansienneté estoit près la porte appelée des Carmes et que l'on le tient occupé par les pauvres, Requiert que l'on y pourvoyt de regens ydoynes et souffizans pour faire les lectures, et ce au dict lieu où estoit accoustumé de toute ansienneté, comme est dict, et que les pauvres se retirent à leur maison et ospital près du temple du St-Esperit, où de toute ansienneté auroient accoustumé demouror; autrement à faulte de ce faire, apteste contre les susdicts consuls que s'ils n'y voldroient pourvoyr, de la porte de la junesse, comme aussy de tous despens, dommages intérests, et de quoy a requis (1).....

La même demande fut formulée les 17 juillet et 1er août suivants; nous en reproduisons le texte, dans lequel nous trouverons la preuve que les Huguenots s'étaient emparés d'une salle du collège et qu'ils avaient refusé de la rendre à sa destination primitive :

L'an mil cinq cens septante huict et le dix septiesme de juillet, dans la maison commune de la presante ville de Lectoure, par MM. de Campsegué, Olier licencié, Labrunye, Labarthe et Garros consuls, a esté remonstré à MM. Vacquier lieutenant principal en la Senechaussée d'Armaignac, du Juau procureur en icelle, Labarthe lieutenant particulier, du Guy, Fabre conseillers... illec convoqués et assemblés suyvant la bone volonté et mandement du Roy de Navarre : la porte de la

(1) Record du 27 février 1578.

junesse de ceste ville par faulte de l'exercisse des escolles ayant déjà cessé par deux ou troys ans, tant pour l'injure du temps que à cause de ceulx de la dicte relligion qui tiennent de présant pour faire leurs presches la grande salle du college, lequel lieu ils n'ont voulu laisser, mais s'en sont excusés à Mons. le Maréchal de Biron qui auroit différé en ordonner jusques à la premiere conference qui en seroiet faicte avec le dict seigneur Roy de Navarre... Et après plusieurs raisons admenées, attendu l'injure du temps par provision et sans consequence a esté oppiné d'ung commun advis qu'il seroit bon de remettre les pauvres de l'hospital en leur maison ancienne, qui est le lieu susdict, où est faict l'exercisse de la dicte Relligion, gardant seulement pour le dict exercisse la dicte salle en laquelle ceulx de la dicte Relligion porront avoir ung maistre pedagogue pour aprandre les premieres instructions à leurs enfans, et en la maison où les pauvres demourent apresent là où anciennement se tenoient les escoles que aussy seroit bon y remettre le college, là où sera mis un regent pour instruire les rudimans aux enfans catholiques, auquel lieu aussy seront mis deux aultres regens pour lyre et apprendre les plus provects et avancés aux arts liberaux, là où indifferemment pourront aller aprandre les enfans et escolliers de l'une et l'aultre religion, attendu que les lectures des susdicts deux regens ne consisteront en la doctrine d'aulcune des susdittes relligions et que touts les gaiges seront payés indifferemment à l'accostumée et des deniers or linaires..... Touttefois que pour sur ce avoir plus grande resolution, ont remis la deliberation finale à la premiere assemblée (1).

**Enfin, le 1er août, la jurade décide, en conformité du vœu ci-dessus :**

Voix, advis et oppinions recueillis par le dict Baraignes, greffier, que quant au remuement des pouvres à leur maison et l'exercisse des lettres au lieu ancien et accostumé, il sera effectué et l'execution remise aux susdicts seigneurs consuls (2).

**Les ecclésiastiques avaient déjà protesté dès le 11 juin de la même année, et vers la fin de 1579 la dame de Lisse, fondatrice du couvent du Chapelet en la maison de Ste-Gemme,**

(1) Record du 17 juillet 1578.
(2) Record du 1er août 1578.

menaça les consuls de transférer à Condom l'établissement
fondé par elle à Lectoure (1). Ils avaient tout intérêt à l'empêcher de prendre cette décision, parce qu'au couvent était
jointe une donation de certains de ses biens dont le revenu
devait servir à instruire et à doter les jeunes filles pauvres de
la ville (2). Les consuls tinrent compte de ces protestations,
ils luttèrent avec énergie contre toutes les difficultés du présent; mais l'unité de croyance, qui était leur force et leur guide,
n'existait plus comme autrefois. Le temps était loin où ils
demandaient au P. Audiet, général de l'ordre des Carmes, alors
à Lectoure, des lettres de fraternité desquelles il résultait
qu'eux, leurs familles et leurs successeurs seraient participants
« à toutes les bonnes œuvres desdits religieux en toute la
chrétienté et en retireroient tous les avantages spirituels (3). »
A l'époque où nous sommes arrivés, trois consuls sont catholiques et les trois autres protestants (4). Les « catholicz »
votent pour eux-mêmes des torches et « ung torchon de sire
blanche pour aller à l'offrande le jour de Nostre Dame de Chan-
deluze (5), » tandis que les protestants allouent des « pipots
de vin » à M. Duchalsne (6) et un salaire à M. de Sonis (7),
ministres de l'église réformée.

Malgré ces divisions intérieures et les tiraillements qui
devaient fatalement résulter de l'acharnement d'une guerre
civile dont la religion était la cause, les consuls purent sauver
une fois de plus de sa ruine l'enseignement public à Lectoure.

<hr/>

(1) Marguerite de Pellegrue, dame de Cassencuilh et de Lisse, veuve de Pierre
de Secondat, trésorier général des finances en Guyenne, contribua puissamment
à la fondation du collège de Condom. C'est dans sa maison, sise au quartier des
Capucins, que logea, en 1571, le marquis de Villars pendant son séjour à Lectoure.
L'acte de fondation du couvent du Chapelet avait été retenu à Mézin le 1er avril
1575 par Jean de Rinau, notaire royal. (Livre des records, année 1595, p. 380).
(2) Record du 2 novembre 1579.
(3) Arch. mun. Lettre du 28 octobre 1529.
(4) Arch. mun. Livre des records 1599-1631, p. 46.
(5) Arch. mun. Livre des dépenses 1605, p. 4.
(6) Arch. mun. Livre des dépenses 1579-1580 p. 190. On donnait une barrique
de vin au prédicateur des Avents et une autre à celui du Carême (Id.)
(7) Arch. mun. Livre des dépenses 1591, p. 44.

Les pauvres furent renvoyés à l'hôpital et les protestants dans leur temple; le collège reçut quelques améliorations, notamment des appartements pour loger « les pédagogues et précepteurs (1). » Un quatrième régent chargé d'apprendre aux enfants l'A B C fut adjoint à ceux qui étaient déjà en charge, et MM. du chapitre promirent de concourir au payement de ses gages (2).

Les Consuls, toujours vigilants et soucieux de pourvoir aux besoins de l'enseignement, profitent de toutes les occasions pour se créer des ressources destinées à y faire face. C'est ainsi que Bernard Garros, bourgeois de Lectoure, est député vers Antoine de Bourbon et Jeanne d'Albret, afin de leur exposer les charges qui résultent pour la communauté de l'entretien des maîtres du collège et obtenir d'eux, en qualité de comtes d'Armagnac, les affranchissements de tailles antérieurement accordés par les rois (3). Lorsque Henri IV monte sur le trône de France, la jurade envoie en cour le consul Daulin pour le féliciter de son avénement à la couronne, lui demander le maintien des priviléges consulaires (4), le payement de la garnison et une subvention pour le collège (5). Nous ignorons si cette subvention fut accordée, mais en 1593 les gages des régents sont augmentés (6). Le prieur de St-Gény, qui avait été condamné par le parlement de Toulouse à entretenir six religieux de l'ordre de St-Benoît dans son monastère, ne se conformant pas à la décision de la cour souveraine, la jurade est d'avis que ces frais d'entretien soient affectés au collège (7). Six tailles (8) sont votées pour parer aux réparations urgentes des

(1) Record du 15 juillet 1582.
(2) Record du 20 juin 1583.
(3) Record du 17 décembre 1554 Acte retenu par Boaly notaire. Parchemin.
(4) Notamment la justice civile des consuls.
(5) Record du 17 janvier 1593.
(6) Record du 10 mai 1593.
(7) Record du 10 mai 1593.
(8) Imposition levée sur les personnes qui n'étaient ni nobles, ni ecclésiastiques, ni exemptes à un titre quelconque. La taille réelle était assise sur les biens; la taille personnelle était imposée par tête, et la taille mixte portait à la fois sur les

bâtiments (1), et une taille extraordinaire est affectée aux gages des régents, « affin que le collège puisse estre mieux pourveu pour l'instruction de la junesse (2). »

Après avoir analysé tous les documents qui ont trait à l'existence des écoles de la ville de Lectoure depuis le siège de 1473 jusqu'aux premières années du xvIIe siècle, il nous reste à étudier le mode de nomination des régents, le rôle des consuls et du clergé dans leur recrutement et à faire connaître le peu de détails intéressants que nous avons trouvés sur les régents eux-mêmes.

L'institution des écoles primaires, en France, appartient à l'Église catholique. Elles furent d'abord établies dans les monastères et dans les villes épiscopales. On y donnait l'instruction à tous les degrés, et les plus anciens titres nous apprennent qu'elles se composaient, non seulement de cours élémentaires, mais de cours supérieurs (3). Dès l'année 788 Charlemagne fit une obligation aux prêtres des bourgs et des villages d'apprendre aux enfants les éléments du calcul, de la grammaire, de la musique, et il leur défendit d'exiger aucune rétribution de leurs élèves. Il avait probablement établi, d'après Ampère, plus d'écoles primaires en France qu'il n'y en avait en 1856 (4). Conformément aux Conciles de l'Eglise et aux ordonnances des rois, les évêques pourvurent par eux-mêmes ou par l'intermédiaire de leurs prêtres à la diffusion de l'enseignement. La nomination des régents leur appartint dès le principe, et plus tard elle fut déléguée aux autorités communales sous réserve de l'approbation épiscopale. Voici du reste dans quels termes les *Statuts synodaux* publiés

---

bicus et les revenus de toute nature. (A. Monteil, *les Gens de finance*, p. 24) — Le mot de *taille* venait de l'usage des collecteurs de marquer sur une petite taille de bois ce que les contribuables avaient donné.

(1) Record du 16 janvier 1594.
(2) Id.
(3) C. Joly, *Traité historique des écoles épiscopales*, 1678. — Landriot, *les écoles littéraires du Christianisme*, 1851.
(4) *Histoire de la littérature sous Charlemagne*, 1837, p. 214.

en 1747 par Mgr de Narbonne-Pelet (1) et conformes à ceux de ses prédécesseurs sur le siège de Lectoure, s'expriment au chapitre vIII sur les maîtres et maîtresses d'éco'e :

Notre devoir nous obligeant de veiller avec soin à ce que l'instruction des jeunes enfans ne soit confiée qu'à des personnes d'une vertu et d'une capacité requises; et voulant éviter que cet emploi ne soit jamais exercé par des personnes suspectes et inconnues : Conformément aux ordonnances de l'Eglise, Déclarations de Sa Majesté, et Arrêts de son Conseil : Nous faisons très expresse défense à quelque personne que ce soit, de s'ingérer à enseigner en public les jeunes gens de l'un et de l'autre sexe, sans en avoir obtenu de Nous la permission par écrit.

Nous souhaiterions bien, et le bon ordre semble le demander, que dans chaque Paroisse de Notre Diocèse il y eut des écoles séparées aussi bien que des Maîtres pour les Garçons et des Maîtresses pour les Filles; mais comme il Nous a été représenté par Nos Curés qu'il n'y a presque point de Paroisse où cette distinction puisse avoir lieu, Nous nous contentons d'enjoindre que cet ordre soit exactement observé dans tous les lieux de Notre Diocèse où il pourra l'être; à quoi Nous exhortons les Curés de tenir la main.

Et quant aux Paroisses où il n'y a ordinairement qu'un Maître ou une Maîtresse pour les Enfans des deux sexes, Nous voulons qu'ils tiennent Ecole à des heures différentes pour les Garçons et pour les Filles, ou du moins s'ils la tiennent au même temps, qu'ils ne souffrent pas que les Garçons de quelque âge qu'ils puissent être se placent pêle-mêle avec les Filles, ni qu'ils ayent avec elles aucune sorte de communication.

Leur ordonnons de faire exactement deux fois la semaine le catéchisme aux Enfans, et de n'en enseigner d'autre que celui de Notre Diocèse; de les conduire chaque jour eux-mêmes à la Sainte Messe et finalement d'observer tout ce que Nous leur prescrirons à cet égard dans Nos Approbations.

Exhortons tous les Curés de procurer dans leurs Paroisses l'établissement des petites Ecoles par toutes les voies que la charité leur inspirera, et de veiller sur les vies, mœurs, doctrine, conduite et assiduité des Maîtres et Maîtresses d'Ecole, et de Nous en rendre compte.

Et enjoignons très expressément aux dits Maîtres et Maîtresses, sous peine d'être renvoyés, de porter à leurs Curés, l'honneur et le res-

(1) Agen, R. Gayau, 1747, 1 vol. in-12, p. 199.

pect qu'ils leur doivent, de suivre avec docilité les avis charitables qu'ils leur donneront et de profiter des remonstrances qu'ils jugeront à propos de leur faire dans les occasions où le cas pourra le requérir.

Les régents étaient les auxiliaires des curés de leurs paroisses, et dans certains cas ils étaient tenus de délivrer concurremment avec eux des certificats de bonne vie et mœurs, notamment aux aspirants à la cléricature (1). Si la bonne harmonie régnait entre les curés des paroisses rurales et les maitres d'écoles, elle n'était pas moins réelle entre les évêques et les consuls de Lectoure. Ces derniers en donnèrent une preuve publique lorsqu'en 1505 ils assistèrent en chaperon à une messe de la Passion, qu'ils faisaient célébrer « devant le saint Crucifix » de l'église des Frères-Prêcheurs, afin que Dieu donnât à MM. du Chapitre « la grâce d'élire un bon Prélat (2). » Le même sentiment religieux les unissait les uns aux autres et leur but commun était de rendre aux enfants le bienfait de l'enseignement chrétien qu'ils avaient eux-mêmes reçu de leurs pères.

Outre les obligations résultant des décisions canoniques de l'Église, le clergé avait, surtout pendant les troubles religieux, un intérêt moral considérable à conserver son action et son contrôle sur l'enseignement public. Il contribuait d'ailleurs dans une proportion relativement importante au payement des maîtres. De temps immémorial les évêques de Lectoure affectaient aux écoles une rente de 50 livres (3), et le Chapitre leur abandonnait le revenu de la prébende préceptoriale. Il est vrai que depuis l'édit de Pacification de Nantes du mois

(1) *Ordonnance de Paul Robert de Beaufort, évêque de Lectoure.* Agen, Bru, 1728, 1 vol. in-12, p. 2. Dans le diocèse de Condom, « les maitres et maitresses d'écoles, les précepteurs ou regens, enseignant en public ou en particulier », faisaient entre les mains de l'évêque la profession de foi prescrite par le Concile de Trente. Tous les prêtres devaient posséder « le Pédagogue Chréstien. » (*Statuts synodaux du diocèse de Condom, publiés par C. L. de Lorraine,* Agen, Gayau, 1663, 1 vol. in-8°, pp. 7 et 9).

(2) Arch. mun. Livre des dépenses 1505-1506, p. 1.

(3) Record du 15 septembre 1630.

d'avril 1598 (1), le Chapitre avait refusé de continuer le payement de la prébende, sous prétexte qu'il lui répugnait d'employer les revenus ecclésiastiques au maintien d'un enseignement mi-partie catholique et mi-partie protestant. Divers arrêts du parlement de Toulouse l'y contraignirent, et ce ne fut qu'après plusieurs plaintes et sommations qu'il s'exécuta. Malgré tous les dons volontaires ou forcés et les sacrifices municipaux, l'instruction menaçait de disparaître faute de ressources suffisantes :

Le second poinct qui est communiqué, dit la jurade du 10 mai 1593, est que c'est une chouse fort deplorable en la dicte ville que la junesse demeure sans instruction et l'escolle sans precepteur, ce qui menasse la dicte ville de une ignorance future autant odieuse que deplorable; et combien que les consulz se soient mis en debvoir de faire venir regens, touttefois nul ne s'en presente à cause que les gages que la dicte ville et le chapitre ont accostumé donner ne montent en tout que cens escutz, somme si petite qu'elle n'est suffizente pour entretenir ung regent seul, au lieu qu'il y fauldroit pour le moingz avoir troys et pour les entretenir y fauldroit neuf cens ou mille livres, joinct qu'il fault reparer le colliege. A ceste cause exhortant la dicte assemblée de augmenter les dicts gages et sur ce donner aussi son advis.

Tous les moyens plus ou moins radicaux furent proposés pour mettre un terme à un état de choses aussi déplorable. M. de Marcilly expose que les Carmes et les Jacobins, ayant quitté la ville contrairement à leurs engagements, il convient de saisir leurs revenus annuels et de les affecter aux écoles. M. de Garros est d'avis de contraindre le Chapitre au payement des revenus de la préceptoriale et d'obliger le prieur de St-Gény à céder à la commune la dépense de six religieux qu'il n'entretient pas dans son monastère.

(1) En conformité de cet édit, MM. de Thumiry, conseiller d'État du roi, et Jacques de Vignolles, premier président au parlement de Toulouse et en la chambre mi-partie établie à Castres, commissaires du roi dans la haute Guyenne et le comté de Foix, rendirent le 18 février 1612 une ordonnance aux termes de laquelle les régents seraient admis sur l'avis de MM. du Chapitre, des officiers de justice et des consuls. Ils devaient être, deux catholiques, deux protestants et le Principal catholique. (Records de 1612, p. 218.)

Bourdieux propose d'ajouter au revenu de la préceptoriale celui de la chapellenie de Cressio dite de Groussan (1), et de saisir-arrêter les rentes du Chapitre. Enfin, M. de Garros, reprenant la parole, offre de donner tous les ans à la communauté une rente de quatre écus sols pour aider au payement des régents (2).

Il est incontestable que le concours de l'autorité ecclésiastique à l'entretien d'une instruction à la fois catholique et protestante ne pouvait être que forcé, de même que l'action des consuls dont trois étaient protestants devait fatalement être hostile au clergé. De cette situation résultait un relâchement dont les régents ne pouvaient manquer de se prévaloir. Dès l'année 1605, les professeurs protestants chargés de la seconde et de la troisième classe quittent, en plein exercice scolaire, la ville de Lectoure pour n'y plus revenir. M. de Fontenay, principal du collège, chargé de pourvoir aux exigences du service, trouve un écolier pour faire la seconde classe; mais aucun protestant ne se présentant pour la troisième, il est obligé de la confier, par provision, à un prêtre nouvellement ordonné et nommé Jean Castéra. Les consuls n'ayant pas contribué à cette nomination se refusèrent à maintenir Castéra en fonctions au delà d'un quartier et ils présentèrent un jeune protestant appelé Jean Dardillon, qui prendrait sa place après la fête de Pâques, « attendu que le dict Castéra a commencé à lire aux escolliers les livres qui debvoient estre lus jusqu'à la dicte feste. » De son côté, le Chapitre assigne les consuls devant la chambre des requêtes du parlement de Toulouse pour voir casser le contrat passé entre eux et le Principal, par la raison qu'il n'y avait été « ny present ny appelé, d'autant plus qu'il y avait notable interest puisqu'il contribue à l'entre-

---

(1) Etablie au XVIᵉ siècle, dans l'église Saint-Gervais, par le chanoine de ce nom. Elle jouissait des revenus de la métairie de Groussan, située dans la juridiction de Lectoure.

(2) Record du 10 mai 1593.

tion du college et qu'il a toujours assisté au bailh qui a esté
passé de ce. » Le cas était grave et le conflit ouvert. Les
consuls, en hommes prudents et avisés, proposèrent de régler
cette affaire à l'amiable, de rompre le bail ancien et d'en
passer un nouveau, conçu dans les mêmes termes, mais à la
rédaction duquel le syndic du Chapitre serait prié d'assister.
Quatre habitants de Lectoure, dont deux protestants et deux
catholiques, MM. Dupred et de Lussy avocats, Nicolay et
Macary bourgeois, furent députés vers le Chapitre et remplirent
leur mission. Comme toujours en pareil cas, le faible paya
pour le fort. Castéra fut renvoyé de l'école à la fin de son
quartier, et Dardillon, non agréé par le Chapitre, dut se pourvoir ailleurs (1). L'incident fut ainsi vidé et les consuls évitè-
rent la juridiction du parlement de Toulouse, qui, d'après
eux, « paroissoit resolu de rabaisser et aneantir en toutes les
occasions non seulement l'authorité des Capitoulz, mays
mesmo de tous les consulz du ressort, ainsi que le prouvent
certaines decisions prises contre les consulz de Tarbes et de
l'Isle-Jourdain (2). »

Les écoliers profitaient de ces discussions intestines et
délaissaient complètement leurs études, « ce qui occasionnoit
un très grand prejudice tant particulier que general. » En
1626 il n'y avait plus qu'un seul régent remplissant ses fonctions avec exactitude; les autres trouvaient dans la ville plusieurs occupations domestiques (3), qui augmentaient d'autant leur salaire. Le découragement s'était emparé des Consuls, et les écoles n'étant plus fréquentées ne furent plus
entretenues. Au dire du consul Blanchard, le collège était,
en 1610,

en fort pouvre estat, estant comme impossible d'y habiter ny demourer
en classe deux heures sans recevoir de grandes incomoditez oultre l'in-

(1) Records des 8 décembre 1605 et 27 mars 1606.
(2) Record du 22 octobre 1607.
(3) Record du 21 juin 1626.

comodité pour la conservation de la santé des enfans qui vont au dict collège, car les classes sont exposées à l'injure du mauvais temps; et de faict, tant à cause de cela que pour n'y avoir tels regens qu'il seroit à desirer, la plus part des habitans qui font estudier leurs enffans sont constraints de les envoyer en aultres villes, ce qui redonde en ung grand prejuddice tant particulier que general. De quoi il a puis long-temps d'aultres plaintes sur le manque d'entretien d'ung bon collège et precepteurs tels qu'il appartient (1).

Le sieur Danes, bourgeois, et autres soutiennent l'urgence qu'il y a à améliorer une situation aussi défectueuse, « tant c'est pitié de veoir que ceste ville est fort sy mal pourveue. » Les consuls se trouvaient dans l'alternative de faire aux bâtiments scolaires des dépenses considérables ou de les changer de place. Cette dernière proposition prévalut, sur l'avis qu'émit M. de Lussy de chercher en ville une « belle maison », dans laquelle on pourrait établir une installation plus confortable et définitive. La Jurade décida que la com-munauté achèterait une maison, après en avoir, au préalable et « à l'accostumé », conféré avec MM. les ecclésiastiques.

Telle est l'idée mère du transfert du collège à l'ancien hôpi-tal, c'est-à-dire à l'emplacement qu'il ocupe encore aujourd'hui. Mais quand eut lieu cette translation? Les archives municipales et hospitalières n'en font aucune mention, et c'est dès lors par voie d'induction que nous pourrons la fixer entre les années 1620 et 1650. Nous savons, en effet, par les répa-rations faites en 1601 et par la création de classes nouvelles établies du côté du jardin de Berduquet, qu'à cette date, le collège était au quartier de Guilhem-Bertrand près de la porte des Carmes; il est certain qu'il y était aussi en 1612, le livre terrier de cette année faisant confronter « la maison de Ber-duquet avec le colliege (2). » Enfin, il est probable qu'en 1620 l'hôpital n'avait pas encore été transporté au vieux collège et

(1) Record du 15 août 1610.
(2) Page 514. En 1605 une réparation fut faite aux murailles « près le couliege et la porte des Carmes » (Livre des dépenses 1605, p. 8).

qu'il était toujours placé près de la porte du Saint-Esprit, puisque le 15 novembre 1620 Benjamin d'Astarac, baron de Fontrailles, sénéchal et gouverneur d'Armagnac, représenté par Pierre de Vilate, consul et administrateur du droit des pauvres, lui fait donation d'un moulin à vent bâti dans l'enclos de la ville, près de la dite porte du Saint-Esprit, au lieu de Marquedieu (1). Or, ce moulin, bâti à la place actuellement occupée par la bascule publique et près de l'hôpital, ne pouvait être utilisé pour les besoins de cet établissement que parce qu'il en était très rapproché. Cette proximité fut sans doute la cause déterminante d'une donation qui n'aurait pas eu sa raison si en 1620 le collège avait déjà pris la place de l'hôpital du Saint-Esprit.

(1) Arch. mun. Parchemin.

# CHAPITRE III.

Nomination, gages et obligations des régents. — Disputes ou conclusions. — Régents et Principaux des écoles et du collège. — Gilles du Quéme-neur. — Rentrée des évêques et du sénéchal à Lectoure.

Les consuls, justement exigeants pour les qualités mora-les requises chez les maîtres, ne l'étaient pas moins pour leurs connaissances professionnelles et pédagogiques. Ils leur imposaient un examen public, appelé « dispute ou conclu-sion, » dans lequel les sujets les plus graves et les plus variés étaient traités. Les candidats devaient répondre d'une manière satisfaisante sous peine d'ajournement. C'était parfois dans l'église Saint-Gervais et sous la présidence de personnes étran-gères à la ville que l'examen ou concours était subi, ainsi que cela se passa en 1514, lorsque des présents furent offerts au P. Jean de Montréal, qui avait prêché le carême et l'avent à Lectoure, « *lo jorn que las conclusios deus magisters de las* » *scolas se tengon a Sent Gerbasi et lo sus dit Carme era cathe-* » *dra* (1). » Si le candidat était reconnu « apte et ydoyne, » on lui donnait la régence d'une classe dans l'école; si au con-

(1) Arch. mun. Livre des dépenses 1513-1514, p. 7. Le P. Jean de Montréal appartenait au couvent des Carmes de Bordeaux.

traire il était refusé et étranger à la ville, on lui accordait
une indemnité. Ce fut en 1555 le cas de Jehan Boudecy, de
Bernard de Abbatia de Lannepax, de Pierre Treilh de Chas-
teauneuf de Montratier, de Pierre Angellier et de Jehan Dupré,
qui s'étaient rendus à Lectoure « pour proceder à dispute. »
Ils y avaient passé deux jours et reçurent, le premier 25 sols,
le second 20 sols, le troisième 25 sols et les deux derniers 5
livres 8 sols chacun (1).

Si les consuls avaient le droit de nommer les maîtres, ils
avaient aussi le devoir de se les procurer et de les installer
dans leurs fonctions. Le plus souvent, les maîtres venaient
d'eux-mêmes et après la dispute ils s'accordaient sur le montant de leurs gages annuels. On leur allouait des frais de
déplacement lorsqu'ils venaient d'une ville éloignée, de Toulouse par exemple (2). Quelquefois les maîtres refusaient de
tenir leurs engagements et les consuls étaient obligés d'aller
ou d'envoyer des délégués dans les lieux qu'ils habitaient
pour les y contraindre. Nous n'avons trouvé que deux voyages
faits dans ce but, à Agen, en 1529 (3) et 1533 (4). Le cas
devait, en effet, être rare, car les maîtres et les consuls pas-
saient entre eux un véritable contrat synallagmatique, et
« l'instrument ou bail » qui le constatait était toujours retenu
par un notaire. Sa durée était d'un an. Le bail le plus ancien
dont la date puisse être précisée est du 24 novembre 1585 ;
Me Antoine Sédillac, notaire qui l'avait retenu, reçut 5 sols
pour ses honoraires (5).

Comme on doit le comprendre, cet acte contenait des engagements réciproques : « bien regir, gouverner les escolles,
endoctriner les enffans » d'une part, et de l'autre, payer un
salaire convenu. Si ce salaire formait la part la plus impor-

(1) Arch. mun. Livre des dépenses 1555-1556, p. 170.
(2) Id. Id. 1522-1523, p. 96.
(3) Id. Id. 1529-1530, p. 109.
(4) Id. Id. 1533-1534, p. 258.
(5) Id. Id. 1585-1586, p. 35. Ces minutes sont perdues.

tante du traitement des régents, ceux-ci devaient sans aucun doute percevoir aussi une rétribution de la part des élèves étrangers à la juridiction. Leurs gages, qui de 1501 à 1517 étaient de 10 écus pour deux maîtres (1), sont élevés en 1518 (2) à la somme de 56 écus, par suite de l'établissement de la gratuité et de l'augmentation du personnel enseignant. Ils sont réduits à 29 écus en 1525 (3) et remontent en 1526 (4) à 59 écus 4 gros 4 liards, pour redescendre en 1529 à 49 écus (5). Depuis cette date et jusqu'au premier quart du xvii<sup>e</sup> siècle, ils s'élèvent successivement jusqu'à 74 (6), 100 (7), 116 (8), 289 (9), et 500 (10) livres. Les termes des payements, fixés d'abord au 24 juin de chaque année, furent changés et, à partir de 1593, ils s'effectuèrent par quartiers trimestriels, en janvier, avril et août (11). Les maîtres en percevaient l'intégralité s'ils avaient rempli leurs fonctions durant toute la période écoulée, de même qu'ils subissaient une retenue proportionnelle à raison de leurs absences ou de leur départ anticipé (12). Un traitement stipulé d'avance était en outre alloué aux maîtres intérimaires ou « depputés » pour remplacer temporairement les titulaires (13).

Il ne nous reste plus, pour terminer cette partie de notre étude, qu'à publier la série malheureusement incomplète des régents qui se sont succédé dans les écoles de Lectoure jusqu'à l'établissement, au collège, des Pères de la doctrine chrétienne.

(1) Arch. mun. Livre des dépenses Années diverses.
(2) Id. Id. 1518-1519, p. 82.
(3) Id. Id. 1522-1523, p. 96.
(4) Id. Id. 1526-1527, p. 10.
(5) Id. Id. 1529-1530, p. 79.
(6) Id. Id. 1551-1552, p. 174.
(7) Id. Id. 1553-1554, p. 151.
(8) Id. Id. 1585-1586, p. 94.
(9) Id. Id. 1594-1595, p. 34.
(10) Id. Id. 1605-1606, p. 5.
(11) Id. Id. 1595-1596, p. 49.
(12) Id. Id. 1529-1530, et années suivantes.
(13) Id. Id. 1533-1534, et années suivantes.

1501-1502. MERULUS DE NAVALHE et JOHANNES LANA, aux gages de 10 écus, soit 5 écus pour chacun « *per lor soldada coma apar per bilhetas* (1)... »

1502-1503. DOMENGE DE BORDAS et JOHANNES LANA, aux mêmes gages (2).

1508-1509. MARSAN CASTIEN, « *magister et rector de las scollas, per* » *seus gatges accostumats, sieys escutz* » valant chacun 18 gros (3).

1513-1514. FRANCES COMBORT, « *la soma de detz escutz petitz* (4). »

1516-1517. PIERRE ESQUIBIAS, lequel, à raison de la gratuité établie comme nous l'avons dit plus haut, reçut « *per sos gat-* » *ges la soma de cincanta et sing livras tornesas que* » *balen en scutz de* XVIII *gros la soma de quarante* » *scutz, treitze gros, dus arditz* (5). »

1518-1519. JEHAN MAURUS touche « *cinquanta livras tornesas que* » *montan en scutz de* XVIII *gros la soma de* XXXVI » *scutz, detz sept gros et dus arditz* (6). » Ce régent né à Coutances (Manche), ou peut-être à Constance (Allemagne), grammairien distingué, d'abord imprimeur à la Réole, dirigea l'école de Lectoure de 1518 à 1519. Son nom ne figure qu'à cette date sur les livres des recettes et dépenses des consuls; mais il ne serait pas impossible qu'en 1526 il fût encore dans notre cité, s'il faut en croire le sixain suivant de Bertulphe inséré en tête d'un commentaire de Jean Maurus sur les Adages d'Erasme :

*Hilarius Bertulphus ledius in Lactoreo*
*Gymnasio hexastichon :*

Fulget Athænoum vivis præsigne columnis
Lactore : ut cultis arte Neoptolemis.
Cujus id auspicio, quo sic auctore nitescit?
Cujus id ingenio, cujus id arte viget?
Vis dicam? Maurus, quo nil solertius unquam,
Dedalon unus agit: Roscion unus agit (7).

(1) Arch. mun. Livre des dépenses 1501-1502, p. 6.
(2)　　Id.　　　　Id.　　　1502-1503, p. 17. En 1505 on donnait à chaque consul 5 écus, au notaire de la jurade 7 écus, à l'assesseur 2 écus, aux deux boursiers de la ville 13 écus, aux sergents 5 écus et une paire de « savates, » au serrurier pour régler l'horloge 9 écus 4 liards, au trompette de la ville 6 écus et aux portiers du boulevard 13 écus. (Années 1505-1506, p. 8).
(3) Arch. mun. Livre des dépenses, 1508-1509, p. 7.
(4)　Id.　　　Id.　　　1513-1514, p. 4.
(5)　Id.　　　Id.　　　1516-1517, p. 7.
(6)　Id.　　　Id.　　　1518-1519, p. 82.
(7) Si le gymnase de Lectoure brille d'un vif éclat, c'est que des colonnes

L'auteur de ce sixain, Hilaire Bertulphe, était, d'après M. Madden (1), un collaborateur ou compagnon de Maurus, ce qu'indiquerait le mot *ledius* qui, d'après du Cange, signifie *employé*; ce serait donc par erreur que M. Desbarreaux-Bernard a dit (2) que ce sixain a été composé par H. Bertulphe *de Lier*. Peut-être que MM. Desbarreaux-Bernard et Madden se sont trompés tous les deux et que Bertulphe, compagnon de Maurus, appartenait à la famille de Lier ou Delier, mentionnée dans les archives municipales, quoique les prénoms doubles soient très rares au xvie siècle et que celui de Bertulphe ne figure pas une seule fois, à notre connaissance, sur les papiers publics de Lectoure à cette époque.

Quoi qu'il en soit, voici la liste des ouvrages de Jean Maurus dont nous avons pu retrouver les titres :

I. Joannis Mauri Constantiani in commentarios compositionum ac derivationum linguæ latinæ. (In fine) Reole, impres. in ædib. Joannis Mauri Constantiani, anno Dni millesimo quingentesimo xvii, xv junii. In-4°, goth. de lij ff. chiffrés.

D'après Brunet (3), ce petit vocabulaire grammatical de la langue latine n'a en lui-même que fort peu d'intérêt, mais il est remarquable comme ancienne production typographique de la petite ville de la Réole. Une seconde édition de cet ouvrage parut en 1526 (4).

II. Joannis Mauri Constantiani in chiliades adagiorum D. Erasmi Rot familiaris et mire compendiosa expositio, cum indicatione figurarum Proverbialium in unumquemque adagiorum.
Hoc opus Proverbiorum in Epitomen sive compendium (ut vides) redactum, multis adagiorum centuriis editioni anni M. D. XXVI ab Erasmo additis auctum Lector inter legendum deprehendet.
Venale prostat floridum hoc adagiorum Enchiridion Monsalbani, in ædibus M. Gilberti Grosseti, et Tolosæ in ædibus Antonii Maurin, cum privilegio. — In-8°, goth. de 8 ff.

vivantes en sont le soutien. Ces colonnes sont les jeunes élèves que la science y instruit. Qui le fait briller d'un tel éclat? qui est l'homme de génie, l'homme habile qui fait sa renommée? Faut-il vous le dire? c'est Maurus, Maurus qui n'eut jamais d'égal, et qui, à lui seul, vaut Dédale et Roscius! (Traduction de M. A. Madden).

(1) *La Typologie Tucker*, n° 43, novembre 1876, p. 654.
(2) *Établissement de l'imprimerie dans la province de Languedoc*. 1876, 1 vol. in-8°, p. 312.
(3) *Manuel du Libraire*, éd. 1862, v° Maurus.
(4) Desbarreaux-Bernard, *op. cit.* p. vii.

limin., 176 ff. chiff. au recto et de 2 ff. de table non chiffrés.
— Ce livre est imprimé par demi-feuille, et chaque cahier
n'est composé que de 4 ff. signées *a* I, *a* II, *a* III, etc.

III. Joannes Maurus Constantianus traductio vocabulorum
de partibus ædium in linguam Gallicam et Vasconicam ex
Francisco Mario Grapaldo (1). — Mons Albani, in ædibus
Joannis Gilberti bibliopolæ (absque anno). In-18 ou petit
in-8°.

« Ce titre, dit Brunet (2), est donné dans le Quérard, II,
» p. 273, par M. Pierquin de Gembloux; mais on y a
» imprimé *bibliopolo* au lieu de *bibliopolæ* que je donne
» ici. M. Pierquin ajoute que la dédicace porte : *Aginni*
» *Kalend. Martias quingent.* (1500), ce qui ne saurait
» être exact. Du Verdier, qui a parlé de ce livre à l'ar-
» ticle Jean le More, n'en a pas donné la date. »

**1522-1523.** CLAUDE AUXIS, « romiu » ou étranger, vient de Toulouse
et il lui est alloué pour indemnité de déplacement la
somme de 1 écu 8 gros 4 liards. Ses gages et ceux de ses
compagnons étaient de 29 écus (3). Il tint les écoles de
la Noël à la Saint-Jean.

**1526-1527.** CLAUDE ENCIS et « ses compagnons », 59 écus 4 gros 4
liards (4).

**1528-1529.** JULIAN TABRE ou FABRE, pour ses gages accoutumés de
chaque année, 80 livres tournoises valant, en écus de 108
arditz, 59 écus 4 gros 4 liards (5).

**1529-1530.** RAMOND DE RIEUX devait, comme son prédécesseur, toucher par an 80 livres tournoises; mais comme il ne régit
l'école que pendant dix mois, les consuls lui infligèrent
une retenue proportionnelle de 108 arditz, de telle sorte
qu'il ne reçut à son départ que 49 écus 4 gros 4 arditz (6).

**1530-1531.** MATHURIN ALAMANDE, appelé à remplacer Ramond de
Rieux, ayant refusé de quitter Agen où il demeurait, les
consuls lui députèrent M° le Maire (7) pour le contraindre à tenir ses engagements (8).

(1) Michaud, *Bio. univ.*, v° Grapaldi.
(2) *Manuel du Libraire*, v° Grapaldi.
(3) Arch. mun. Livre des dépenses, 1522-1523, p. 96.
(4)     Id.          Id.          1526-1527, p. 10.
(5)     Id.          Id.          1528-1529, p. 83.
(6)     Id.          Id.          1529-1530, p. 79.
(7) Il y avait à cette époque un notaire de Lectoure qui portait ce nom.
(8) Arch. mun. Livre des dépenses, 1529-1530, p. 109.

1531-1532. AMASI RABOUIT, « arcien, » qui quitta l'école de Lectoure pour régenter celle de Vic (1).

1533-1534. BERNARD DE FONTAN OU FONTANO, « arcien, » était de Galan et ne passa qu'un an à Lectoure, puisqu'en 1535 il était régent aux écoles de Condom (2).

DENIS FLORIMONT DE GOUTES, « poète, » ayant refusé de tenir l'école de Lectoure en cette qualité, Bernard de Fontan, son collègue, fut envoyé à Agen pour le ramener après avoir payé les dépenses qu'il avait faites dans cette ville (3).

JEHAN DE LOUET, prêtre et curé d'une des paroisses de Condom, vint, moyennant une indemnité, enseigner la poésie à Lectoure pendant l'absence de Denis Florimont (4).

Les gages de Bernard de Fontan et de Denis Florimont étaient pour chacun de 80 livres tournoises (5).

1545-1546. JULLES DES VALLES OU DES BALLES, « maître ès-arts, » recevait pour lui et les autres régents 50 écus. Il fut révoqué de ses fonctions pour avoir « mis un murtre » sur la personne d'un de ses compagnons dont le nom nous est inconnu (6).

1550? Un régent dont les archives municipales ne rapportent pas le nom, mais que ses épigrammes nous révèlent comme ayant exercé à Lectoure vers la fin de la première moitié du XVIe siècle, est BERNARD DU POEY, né à Luc en Béarn. Il quitta Lectoure avant 1551, puisqu'à cette date, il était professeur au collège d'Auch sous le principal Fontan, qui n'est autre peut-être que l'ancien maître de nos écoles en 1533. Bernard du Poey, dont la vie a été écrite par Colletet, était un poète médiocre, né sous le règne de François Ier et vivant encore en 1565, au moment où parut sa traduction de l'Art vétérinaire de Publius

(1) Arch. mun. Livre des dépenses, 1533-1534. p. 260.
(2) Les écoles de Condom avant la fondation du collège, par J. Gardère. (Revue de Gascogne, t. XXVI, p. 423).
(3) Arch. mun. Livre des dépenses, 1533-1534, p. 258.
(4)   Id.      Id.       1533-1534, p. 258.
(5)   Id.      Id.       1533-1534, p. 96.
(6)   Id.      Id.       1545-1546, p. 260.

Végèce, comte de Constantinople et favori de l'Empereur
Valentinien (1).

1551-1552. MICHEAU DES LANDES et JEHAN LE BLANC, 73 livres 16
sols 8 deniers tournois (2). Micheau des Landes subit
une retenue pour avoir abandonné l'école vers les fêtes
de Pâques (3) et s'être retiré à Auch.

1553-1554. SANS BARTHE, OLIVIER DE BERNILH et BÉNÉDICT DE BER-
NILH, aux gages de 80 livres, augmentés de 20 livres
suivant record de la jurade, soit en tout 100 livres (4).

1555-1556. JEHAN TORTUEL, régent des écoles, avait près de lui un
arcien et un grammairien dont les livres de dépenses ne
donnent pas les noms quoiqu'ils indiquent leur présence :
« aux régens, savoir grammairien, poète, arcien, six
» vingt-cinq livres, et pareille somme à Jehan Tortuel
» qui a tenu lieu de poète » (5).

1568-1569. ROBERT GONDARD, régent principal, quitta le collège de
Lectoure pour celui d'Agen dont les consuls le nommè-
rent régent (6).

1570-1571. JEHAN LANDRESSE, « arcien », principal régent, 100 livres
de gages touchés en trois termes. Il était chargé de payer
le poète et le grammairien (7).

1570-1580. Les régents du collège ou des écoles ne sont pas nommés,
mais ils étaient en fonctions : « Item a esté payé aux
» régens des escolles de la présente ville la somme de
» 33 escuts ung tiers pour leurs gages de la ditte an-
» née » (8).

1584-1585. JEHAN BAILLET, régent (9).

1585-1586. DOMINIQUE DAUBIN, principal, et JEHAN BAILLET, aux
gages de 110 livres (10). Sous l'administration de Domi-

---

(1) *Revue de Gascogne*, t. II, p. 500; VI, p. 467; XIII, p. 477; XVII, p. 570, Brunet, *Man. du libr.*, v° Pooy.
(2) Arch. mun. Livre des dépenses, 1551-1552, p. 174.
(3) Id.       Id.       1551-1552, p. 174.
(4) Id.       Id.       1553-1554, p. 151.
(5) Id.       Id.       1555-1556, p. 162.
(6) Arch. mun. d'Agen, s° rie BB, p. 50. En 1561 les régents d'Agen touchaient 140 livres, CC, p. 62.
(7) Arch. mun. Livre des dépenses, 1570-1571, p. 101.
(8) Id.       Id.       1570-1580, p. 100.
(9) Id.       Id.       1584-1585, p. 94.
(10) Id.      Id.       1584-1585, p. 94.

nique Daubin, des réparations furent faites à la seconde
et à la « tierce » classe du collège (1).

1588-1589. Joseph Labainhoye ou Labaynone, de Nérac, régent du
collège, reçoit « 6 livres 13 soulz 4 deniers, pour fin de
» paye du premier quartier de gages à lui ordonnés (2). »

1589-1590. Joseph Labainhoye ou Labaynone, Blaize Granier
d'Armentières, Françoys la Rivière et Sanson ou
Jannon Dupuy, régents (3). Le principal régent touchait
200 livres (4).

1591-1592. Le 5 novembre 1591, Jean de Pérès, docteur, et Daniel
Caritan, chanoine de la cathédrale de Saint-Gervais,
agissant au nom de tout le Chapitre, présentèrent aux
consuls de Lectoure (5) Me Jehan Garnier, Angevin,
comme principal du collège pour l'année 1592. Les consuls acceptèrent ce candidat, qui prit l'engagement de
s'adjoindre deux régents, « grammayrien et abecedere,
» quallifiés de suffizance, ydoynes et cappables. » Les
gages « accoutumés » dont Garnier se contenta s'élevaient
à 300 livres, payables dans la proportion de 150 livres
par le Chapitre, de 50 livres par l'évêque et de 100 livres
par la communauté (6).

1594. Jacques Reverson, second régent, remplacé après les premiers quartiers de janvier et d'avril par Françoys la
Rivière (7). Il avait touché pour lui et ses compagnons la somme de 25 écus afférente à ces deux quartiers (8).

Guillaume Saint-Pol, Pierre Couergue et Jehan la
Mothe, régents. Guillaume Saint-Pol et Pierre Couergue,
quatrièmes régents, ne percevaient que 5 écus par quartier; tandis que Jean la Mothe était payé à raison de 7
écus et 1/2 et Françoys la Rivière à raison de 10 écus (9).

(1) Arch. mun. Livre des dépenses, 1585-1586, p. 33.
(2)    Id.         Id.        1588, p. 31.
(3)    Id.         Id.        1589-1590, p. 31.
(4) Record du 20 janvier 1589.
(5) Les consuls de Lectoure se nommaient : Bernard Desedraing, licencié,
Bertrand Labrunye, Antoine Dufour, Louis Gaïvadont et Jehan Rizon.
(6) Arch. mun.
(7) Arch. mun. Livre des dépenses, 1594, p. 31.
(8)    Id.         Id.        1594, p. 31.
(9)    Id.         Id.        1594, p. 34.

**1595.** Gilles de Quémeneur ou Quémeneux, parisien, nommé principal du collège aux termes ci-après d'un record du 14 juin 1595 :

Ce jour d'huy quatorziesme de juing mil cinq cens nonante cinq, sur l'occurrence de pourvoir au college de la present ville d'ung principal, pour prandre la charge d'icelle se seroit presenté M' Gilles du Quemeneur, parizien, lequel apprès avoir esté par les disputes et concluzions par luy presantées et soustenues dans la presente maison commune ung moys, puis l'avoir trouvé et jugé ydoyne, capable et suffizant de la dite charge, et de venir et autres avec luy aux conditions passées avec ses predecesseurs que luy aurions faict entendre et de faict monstré les contracts qui en auroient esté rettenus : voyant nous consulz soubsignés que le dict Duquemeneur mesprisoit et faizoit si peu d'estat des dictes conditions et gaiges antiens, estant resolu de n'accepter aulcunement la dicte charge à moinz de cens escutz par an, ce que jamais n'avoit esté accordé à aulcuns, par noz predecesseurs, nous susditz consulz, voyant l'importance de ce negoce, pour n'estre par nos successeurs dicts et baptizés nouveaux auteurs de telle augmentation, aurions prins resolution sure et d'avoir et recueillir les adviz de la plus saine et meilleure partie du corps de la jurade et principallement de Messieurs les officiers de la cour de M. le senechal d'Armaignac, conseilhers, advocatz, et autres gens litterés et plusieurs autres bourgeois, marchans de la ditte ville, faizans jusques au nombre de quarante troys, sçavoir: Messieurs les Juge Maige, Lieutenants principal et particuller et procureur du Roy en la dicte senechaussée, de Foyssin, Marcilly, Garros, Levenuyer, Boudet, Lucas conseilhers, Bourdieux, Doat, Despés, Dupred, Aulin, Barelet, Soles, Blanchard, Ticler, Labrunye, François Soles, Vilate, Borrosse, Lasserre, Aneezis, Dumas, B. Tartanac, Laspeyreres procureurs, Lafont secretaire du conseilh, Bron, Marucque greffiers, Despés, conservateur d'Armaignac, Laburgulere, Sanx Borrosse, Robert Darré, Fortis Anecezis, Plumassan, Dufoure, Montz, Anthoyne Nicolay marchans et Ducasse apothicquaire, à tous lez quelz, après avoir au long conferé et communiqué du dict affaire et entendeu par eux l'indigence de pouvoir recouvrer de personne de telles mœurs et capassitté qu'ilz jugent estre le dict Duquemeneur, lez aucungs pour le bon et loable rapport qu'ilz en ont appris des lieux où il a hanté et demouré, et

,qu'il est propre et apte pour instruire et enseigner la junesse
plus que beaucoup d'autres et qu'il promet, oultre le latin,
enseigner du Grecq en la quelle langue il est bien versé,
qu'est une grande esperance pour le proffiet et avantaige de
la junesse, la quelle se pourroit desbaucher à faulte d'en
pouvoir recouvrer ung aultre de semblable estoffe et qualité; pour ses considerations et plusieurs aultres qui ont
esté desduictes et admonées par les dicts sieurs sus nommez,
toutz sans exception auroient resolu en ung mesme adviz et
oppinion que l'on debvoit retenir le dict du Quemeneur et
ne permetre qu'il s'en aille et de luy accorder et promettre
la dicte somme de cens escutz par luy demandée pour
remuneration et gaiges de ses peynes de principal au dict
college. Touttefoys que ce sera sans entrer en consequence
d'aultres qui par y apprés se vouldroient prevaloir de sem-
blables guaiges, en ensuyvanet les susdict adviz et deliberation nous aurions convenu des susdicts gaiges avec le dict
Duquemeneur à la dicte somme de cens escutz et passer
instrument autenticq retenu par de Martin notaire (1) et
inseré au livre ou l'on a accoustumé de meettre les contracts
de la dicte ville couvert de bazane tanée (2). En foy de ce
avons icy appoutzé nos saingz : Boysset consul, Lannier
consul, Dufaur consul, de Macary consul, Poignant consul,
Tartanac consul. »

N'ayant trouvé aucun procés-verbal de ce genre antérieur
en date, nous avons cru, à titre de curiosité, devoir reproduire celui-ci en entier. Me Jean Martin, qui retint l'acte
de bail, reçut pour ses honoraires 7 sols et demi (3).

Françoys la Rivière, second régent, Jehan la Mothe,
troisième régent, et Pierre Couergue, quatrième régent,
touchaient 22 écus par quartier (4). Pierre Couergue
parait comme témoin du testament public de Blaise Borrosse, procureur au sénéchal, en date du 16 octobre
1601 (5).

(1) Les minutes de Jean Martin (1592-1597) sont déposées dans l'étude de
Mᵉ Boué du Boislong, notaire à Lectoure. Les plus anciennes minutes conser-
vées à Lectoure sont celles de Mathey, notaire (1492-1505) (Boué du Boislong).
(2) Le livre des contrats n'existe plus aux archives municipales; sa perte a
entraîné celle d'une quantité considérable de curieux renseignements.
(3) Arch. mun. Livre des dépenses, 1595, p. 49.
(4) Id.        Id.        1595, p. 40.
(5) Minutes de Lapèze, notaire à Lectoure (étude de Mᵉ Latour).

**1597.** Barthélemy de Fontenay, régent (1).

**1598.** Les régents ne sont pas nominativement désignés, mais leurs gages sont fixés à 163 écus (2).

**1599.** Le collège étant dépourvu de principal, les consuls demandent que cette charge soit donnée à Blaize Granier d'Armentières, ancien régent du dit collège, et aux gages ordinaires (3). La jurade y consent et Granier accepte.

**1600-1601.** Bail du collège retenu par Me Gavarret, notaire à Lectoure (4). La communauté paye aux quatre régents, pour une année et demie, la somme de 750 livres, à raison de 500 livres par an (5).

Blaise Granier d'Armentières, principal du collège, avait acquis le grade d'avocat en la cour du sénéchal d'Armagnac, et son nom se retrouve souvent avec cette dernière qualité dans les registres municipaux et dans les minutes des notaires (6).

**1604-1614.** Michel Cassian, régent protestant, se maria le 12 juin 1604 (7) avec Judith Gourgout, veuve de Germain Gualy, « maistre orphevre » de Lectoure. Il exerçait encore ses fonctions en 1614 et se qualifiait de régent royal dans l'acte de mariage de Susanne Gualy, fille aînée de sa femme, avec Guillaume Dazimont (8). La seconde, nommée Jeanne, se maria le 16 septembre 1606 avec François Cochet, orfèvre de Lectoure, né à Genève, fils de noble Pompée Cochet et de Claudine de Bergtely (9). Michel Cassian sert de témoin à presque tous les mariages des protestants lectourois, et dans l'un de ces actes, il est qualifié de « régent et diacre en l'église réformée (10). »

(1) Acte du 18 mars 1597, Martin, notaire à Lectoure (étude de Me Boué du Boislong).
(2) Arch. mun. Livre des dépenses, 1598, p. 8.
(3) Record du 17 octobre 1599.
(4) Arch. mun. Livre des dépenses, 1600-1601, p. 114. Les minutes de ce notaire sont perdues.
(5) Arch. mun. Livre des dépenses, 1600-1601, p. 98.
(6) Actes des 20 février 1601, 17 décembre 1606, 14 août et 9 octobre 1610, 17 mars 1612, devant Lapèze, notaire de Lectoure.
(7) Acte devant Lapèze, notaire à Lectoure.
(8) Actes devant le même notaire en date des 8 décembre 1606 et 1er novembre 1607.
(9) Minutes de Jean Lapèze, notaire à Lectoure (étude de Me Latour).
(10) Acte du 22 septembre 1614, même notaire.

1605-1606. BARTHÉLEMY DE FONTENAY, avocat (1) et principal du collège, était un disciple de Blaise Granier. C'est sous son administration que, lors du départ de deux régents protestants, la troisième classe fut confiée d'abord à PIERRE CASTÉRA, prêtre, qui la dirigea jusqu'à Pâques, ainsi que nous l'avons dit plus haut, et ensuite à JEAN DARDILLON, « escoullier » protestant, dont la nomination ne fut pas ratifiée par le Chapitre. Il reçut une indemnité de 20 livres (2).

1606-1613. FRANÇOIS DE SAUTÉRAN, principal et directeur du collège(3), est mentionné dans plusieurs actes passés devant Jean Lapèze, notaire à Lectoure (4).

1611. GERMAIN CAMPIS, maître d'écriture, figure en cette qualité sur la liste des confrères « du très sacré et précieux Corps de Notre-Seigneur Jésus-Christ » de l'église Saint-Gervais(5).

1615. NICOLAS LABARRIÈRE, principal, nous serait inconnu, sans une page du « mandefeuilh » des actes volants passés en 1615 devant le notaire Lapèze. Ces actes sont perdus, mais la feuille heureusement conservée porte cette mention : « Mars 1615 : Acte de declaration pour » Nicolas Labarriere, principal du college de Lectore, » contre MM. du Chapitre du dict Lectore (6). »

1617. ADRIAN ROULLIER, principal, fournit, le 9 octobre 1617 (7), quittance à l'évêque de Lectoure, représenté par François Monteil, son aumônier, « de touts les gaiges que le Sgr » evesque du dict Lectore estoit tenu payer pour l'entre- » tenement du dict college jusques à aujourd'huy, de » quoy le tient quitte. »

1623-1627. JEAN CASTETS, docteur et régent (8), est témoin dans un acte public du 4 août 1627, relatif à certaines prétentions de l'abbé de Bouillas (9).

(1) Records des 8 décembre 1605 et 27 mars 1606.
(2) Arch. mun. Livre des dépenses 1605-1606, p. 17.
(3) Arch. mun. Livre des dépenses 1605-1606, p. 15.
(4) 31 mai 1610, 24 mai et 9 décembre 1611, 9 septembre 1613.
(5) Arch. de l'église Saint-Gervais.
(6) Étude de M⁰ Latour.
(7) Acte devant Lapèze, notaire de Lectoure (étude de M⁰ Latour).
(8) Actes des 15 novembre 1623 et 7 mai 1624, devant Lapèze, notaire de Lectoure.
(9) Arch. mun.

1626. BERTRAND CANET, régent (1).

1628-1630. TOBIE TISSANÉ, régent, fit, le 23 avril 1630, un échange de terres avec Jean Soucaret, dit Laitourette, soldat de la garnison de Lectoure (2).

Tels sont les régents des écoles et du collège primitif dont les registres de comptabilité, les records et autres documents nous ont transmis les noms.

Après avoir établi jusqu'ici l'existence très ancienne à Lectoure d'un enseignement primaire, suivi du *trivium* ou enseignement secondaire, nous avons raconté tout ce qui se rattache pendant la durée du XVIᵉ siècle et les premières années du XVIIᵉ à ses progrès, ses vicissitudes et son déclin. Il était défectueux sans aucun doute et les épreuves auxquelles il a été soumis étaient la suite des divers fléaux qui frappèrent Lectoure pendant cette période agitée de notre histoire, notamment la peste et la guerre. En 1630 la ville a repris son importance d'autrefois ; les évêques, qui l'avaient quittée pendant les guerres religieuses (3), y ont de nouveau fixé leur résidence, et le sénéchal, momentanément transféré à Auch, vient d'y être rétabli (4). L'élément religieux et judiciaire a rapporté avec sa présence le bien-être et le confortable des anciens jours. Le calme s'est fait dans les esprits comme dans les cœurs et il ne manque plus à Lectoure qu'un établissement d'instruction fortement organisé, complément nécessaire de tout centre intellectuel.

(1) Acte du 24 mars 1626, devant Lapèze, notaire de Lectoure.
(2) Actes des 20 décembre 1628 et 23 avril 1630, devant le même notaire.
(3) L'évêque, qui s'était retiré à Auch, est prié de revenir à Lectoure (record du 26 mars 1576). Il y revint à la fête des Rois de l'année 1582 ; il lui fut fait à l'occasion de son retour un présent de trois pots de vin. (Livre des dépenses 1581-1582, p. 19).
(4) Les consuls demandèrent le 12 mai 1616 le rétablissement du sénéchal qui leur fut accordé, d'après les lettres patentes de Louis XIII du 29 juillet 1617. (Records 1617, p. 320).

# CHAPITRE IV.

Négociations relatives à l'établissement d'un collège congréganiste. — Jean d'Estresse, évêque de Laodicée, propose les Jésuites ou les Doctrinaires et refuse les Oratoriens. — Traité passé avec les Doctrinaires.

Pour remplir cette lacune, les consuls, d'accord avec l'autorité diocésaine, devaient choisir entre les trois congrégations religieuses qui, au XVIIᵉ siècle, se partageaient en France la direction de l'enseignement. C'étaient les Jésuites, les Oratoriens et les Pères de la Doctrine chrétienne ou Doctrinaires. Ces derniers, fondés par le vénérable César de Bus et récemment érigés en religion (1), possédaient à Toulouse et à Gimont des collèges importants dont le succès était connu à Lectoure. Aussi le choix des consuls se fixa-t-il sur eux dès avant 1623. Ce n'est pourtant qu'à partir de cette dernière année que les pourparlers antérieurs prirent une certaine consistance et que la proposition de confier le collège aux doctrinaires fut officiellement faite à la jurade.

(1) La soutane des clercs de la Doctrine chrétienne était cousue à la hauteur de deux pieds et le reste se boutonnait jusqu'en haut. Le manteau était de même longueur. A dater de 1733, l'habit des convers devint une tunicelle et un manteau de drap noir descendant un peu au-dessous du genou; mais il pouvait être plus court pour les voyages. (Encycl. théol. de Migne, *Dict. des ordres religieux.*)

Le moment paraissait mal choisi, car les finances municipales étaient obérées et la communauté empruntait au baron
de Castelbieilh (1), beau-frère du juge-mage, une somme de
9,000 livres pour parer aux exigences de son budget. Ce
n'est donc pas sans une appréhension évidente que M. de
Pérès, premier consul, expose la demande formulée par le
sieur Dagras au sujet du collège :

Le sieur Dagras, dit-il, un des susdits opinans nous auroit supplié
et à la compaignie d'agreer qu'il proposat comme quoi les peres de la
Doctrine, aultrement appellés Jesuistes, luy auroient donné congnois-
sance, voire mesme escript et parlé comme quoy ils desiroient prendre le colege de ceste ville en leur assignant fonds pour cinq cens escus
de rente touttes les années, avec ceste condition neantmoingz que sy
par les bienfaictz à l'advenir de quelques ungs, soit par beneffice ou
autrement, ils acqueroient quelque chose, ils defalcqueroient au prorata
du beneffice ou bienfaicts le prix de ladite rente; que si on n'agreoit
pas ces personnages, il desiroit qu'on jettat les yeux sur quelques
autres affin que la junesse pepiniere des republiques fust mieux ins-
truite et cultuée qu'elle n'est à present.

### A la suite de cet exposé, il fut arrêté

d'ung commun accord qu'on en parleroit à la premiere assemblée,
et que cependant les sieurs consulz s'informeront avec Messieurs les
Jesuites s'ils voudroient faire les mesmes conditions que les Peres de
l'Oratoire, n'estant que trop raisonnable par esgard aux biens faictz
que nous avons receu de plusieurs de leur compaignie (2)

L'idée était semée et elle ne devait pas tarder à produire
des fruits abondants. Une réunion générale de la jurade eut
lieu le 25 janvier 1626, sous la présidence de Mⁱ Jean de Larroque, conseiller, en l'absence du juge mage, du juge criminel et du lieutenant principal de la sénéchaussée. Plus de
soixante personnes y assistèrent, et le président, prenant la
parole, représenta « comme quoy il y a quelque temps que
» nos devanciers seroient entrés en quelque porparler et

(1) Record du 6 décembre 1623.
(2) Record du 6 décembre 1623.

» acomodement avec les peres de l'oratoire pour prandre le
» college de la presant ville, sy bien que sur ce pourparler
» deux peres de l'oratoire se sont transportés dans la presant
» ville afin de veoir le fruit qu'ils pourroient esperer de ces
» porparlers. » Il ajouta que, devant exercer une action commune avec l'évêque et le chapitre, les consuls s'étaient rendus à l'évêché, et que, consulté par eux, le Prélat leur avait répondu « qu'il desiroit faire savoir de sa bouche, en plaine
» assemblée, ce qu'il avoit à dire sur un dessaing sy sainct,
» si louable et proffitable pour tout le publicq. » Jean d'Estresse ayant ajouté que, comme ses prédécesseurs, il voulait présider la réunion, M. de Saint-Martin, avocat du roi, protesta contre cette prétention, en s'appuyant sur le texte des ordonnances, en vertu desquelles un magistrat royal avait seul qualité pour présider les assemblées consulaires. Un conflit de préséance serait certainement né de cette décision sans la bienveillance de l'évêque, qui, au lieu de la présidence, voulut bien se contenter « de la place la plus honnorable. » MM. de Pérès, Irague et Tartanac, consuls, suivis de plusieurs magistrats et jurats, allèrent au devant de l'évêque de Laodicée, qui se rendit avec eux dans la grande salle des délibérations, où chacun s'assit à son rang. M. de Pérès fit un nouvel exposé du but de la réunion et, quand il eut terminé, Jean d'Estresse prit la parole et dit :

Comme quoy il y avoit long temps que Messieurs les Consuls, tant des passées que de l'année presente, luy avoient proposé d'establir ung college et de faire en sorte que ce feust Messieurs les Jouisnistes ou ceulx de l'Oratoire ou Doctrinaires pour le dict établissement. Mais qu'on en soyt venu jamais sy avant que d'estre sur le poinct d'y passer contract avec les peres de l'Oratoire, c'est ce qui n'est pas venu à sa cognoissance, et de quoy il a occasion de se plaindre, veu que cest affaire ne peult estre faict sans son advêu et consentement; que ce qu'il en dit ce n'est pas pour s'excuser à l'établissement d'un college et d'y contribuer aultant ou plus que par aulcuns de ses predecesseurs ayt encore faict : Pouvant dire avec verité qu'il a en cour ung ecclesiastique très capable pour negociation d'affaires pour faire en sorte avec le Roy et Nos

Seigneurs de son Conseilh de trouver fonds suffizant pour y establir les peres Jesuistes, le tout au soulagement du peuple affin que à l'advenir on ne soyt tenu d'y contribuer en rien, la nouvelle duquel il attend de jour à aultre : Supplyant la compaignie de surseoir pour ung moys de parler de l'establissement du dit college avec les peres de l'Oratoire ny aultres, auquel temps il pense d'avoir nouvelles de Sa Majesté et de Nos Seigneurs de son Conseilh sur ce subject; declarant, au cas on vouldroit passer oultre avec ceux de l'Oratoire, tant en son nom que pour le Chapitre duquel il est advoué, de s'oppozer à ce qu'ils ne soient point establis, comme estant gens qui ne font point corps d'assemblée et avec lesquels on ne sauroit contracter valablement; car pour encore, ce n'est qu'un ramas d'ecclesiastiques, et inouy qu'ils ayent college en pas ung lieu de ce royaulme, ny droict d'en y avoir (1), ainsi il ne scauroit estre d'advis de contracter avec les dicts peres de l'Oratoire : Offrant, o cas il n'y s'y pourra trouver fonds par le moyen de la negociation qu'il faict faire en cour sur ce subject, de donner mil escutz une foys payables pour en retirer l'interest et l'employer à l'effaict de l'establissement du college, moyennant et à la charge qu'on baille le college aux Jesuittes, à ceux de la Doctrine ou aultres qu'il sera advizé, sauf et excepté les peres de l'Oratoire.

La jurade remercia chaudement l'évêque de l'intérêt qu'il portait au collège et s'ajourna à deux mois pour prendre une décision (2). Cependant les négociations de Jean d'Estresse à la Cour n'aboutissaient pas; le délai stipulé le 25 janvier 1626 était expiré depuis longtemps et les régents laïques qui savaient que sous peu ils seraient remplacés, ne s'occupaient que très accessoirement de leurs fonctions (3). Les consuls se décidèrent à conférer avec l'évêque et ils étaient sur le point de tenir séance lorsque celui-ci se présenta inopinément dans la salle du conseil. Il dit avoir appris que les consuls se réunissaient pour délibérer sur le collège et sur le contrat

(1) Cette assertion est étrange. Les Oratoriens avaient déjà, à cette date, un assez grand nombre de collèges dans plusieurs provinces de France. Voyez le P. Lallemand, *Essai sur l'hist. de l'éduc. dans l'ancien Oratoire de Fr.* (Paris, Thorin, 1887), ch. II et III. — J. d'Estresses, par l'expression *ramas d'ecclesiastiques*, veut dire sans doute simplement que les Oratoriens étaient une congrégation *séculière*; celle des Doctrinaires était *régulière* à cette époque.
(2) Record du 25 janvier 1626.
(3) Record du 21 juin 1626.

à passer avec les pères Doctrinaires; il leur renouvela l'offre de mille écus déjà faite et ajouta que, si la ville voulait traiter de préférence avec les Jésuites, « il donnerait fondz pour 300 livres de rente », à condition que la ville elle-même augmenterait sa dotation dans la mesure qu'elle jugerait convenable. Les Jésuites étaient donc les candidats préférés de l'évêque; à défaut de ceux-ci il acceptait les Doctrinaires, mais il est établi qu'à aucun prix il ne voulait agréer les Oratoriens.

Les consuls tenaient principalement aux Doctrinaires, avec lesquels ils s'étaient déjà mis en rapport et qui leur offraient des conditions avantageuses. Ils avaient en effet donné l'espoir qu'ils se chargeraient du collège et y établiraient quatre classes, moyennant un logement meublé plus confortablement installé que celui des régents actuels et une rente annuelle de cinq cents écus, susceptible d'être ultérieurement réduite, à concurrence du revenu des dons ou bénéfices qui leur adviendraient par suite de libéralités. Dans le cas où la ville ne pourrait d'ores et déjà assurer le payement de la rente de cinq cents écus, ils s'engageaient à diriger le collège avec trois classes en se contentant des gages des régents laïques, pourvu que cet état de choses ne dépassât pas cinq années. La question financière était difficile à résoudre; mais elle n'arrêta pas les consuls, décidés qu'ils étaient à vaincre tous les obstacles pour atteindre leur but. Un irrésistible et louable mouvement de générosité s'empare d'eux. M. de Saint-Martin propose à chacun de contribuer selon sa fortune à la construction du collège et à l'achat des meubles qui doivent le garnir. Il offre cinquante écus pour sa part. M. de Mauléon, lieutenant principal, s'inscrit pour cent écus. Dagras se charge de faire en ville une quête dont le produit sera affecté à l'achat desdits meubles; si la quête est infructueuse ou insuffisante, il les payera lui-même de ses deniers personnels. MM. de Vilate, Maruque, Pérès et Borosse sont députés vers l'évêque, pour lui communiquer le vœu des consuls et le prier d'accepter les Doctrinaires. Jean d'Estresses se rend à leurs désirs et l'accord est complet (1).

Malheureusement les choses n'allèrent pas aussi vite que les Lectourois l'auraient souhaité, et près d'un an s'écoula dans l'attente d'une décision. Les agissements continuèrent cependant de part et d'autre. Les consuls de Saint-Pierre et Corrent, qui s'étaient rendus à Toulouse dans le courant du mois de septembre 1627 pour s'assurer de l'exécution d'un arrêt du conseil du roi relatif à l'installation de l'élection de Lomagne à Lectoure (2), profitèrent de ce voyage pour conférer avec les Doctrinaires, dont la maison principale était à Saint-Rome. Il leur fut répondu que le P. Provincial était au collège de Gimont, où se tenait le chapitre de la congrégation.

Ils s'y rendirent et renouvelèrent leurs propositions. Le P. Dufaur, provincial, leur adressa « plusieurs belles parolles »; mais il ajouta aussi qu'il ne pouvait pas prendre d'engagement, parce qu'il était sur le point de conclure avec la ville de Condom un traité semblable à celui qu'on lui proposait et qu'il devait, avant tout, pourvoir aux besoins des collèges déjà créés. Il assura ses interlocuteurs que sous peu de jours il se rendrait à Lectoure, afin de s'assurer par lui-même de la sincérité du désir exprimé par les délégués de la ville et des chances de réussite de l'entreprise projetée. Rien n'était définitivement arrêté et, en attendant l'accomplissement du vœu public, la jurade décida « qu'il seroit pourveu » à ce que la junesse ne demeure pas sans discipline, remet- » tant cella au soing et à la prudance des sieurs consuls (3). »

La résolution de la communauté lectouroise ne fut définitivement prise que le 50 avril 1628. Ce jour-là, une jurade générale fut convoquée et M. de Pérès, premier consul,

(1) Record du 4 octobre 1626.
(2) Arrêt donné à Corbeil le 21 juillet 1627. (Records 1627, f° 514 verso).
(3) Record du 26 septembre 1627.

exposa le but de la réunion, qui devait porter sur trois points principaux : 1° remercier le duc d'Epernon de son intervention dans un procès pendant entre la ville et la maréchale de Roquelaure; 2° statuer sur l'autorisation demandée par les pères Capucins de fonder un couvent de leur ordre au faubourg (1); 3° « prendre une bonne resolution pour exe- » cutter plusieurs deliberations pendantes concernant le col- » lege. » On décida que le collège serait agrandi, meublé et donné au Doctrinaires, moyennant une rente annuelle de 1,500 livres et autres conditions accessoires acceptées par eux, sous la réserve qu'ils fairaient cinq bonnes classes « pour la grammere et rethoricq » et une autre pour la philosophie, en tout six classes. Pour parer à une charge aussi considérable, les consuls abandonnent leurs gages, ils hypothèquent les droits de la communauté sur la grande et la petite boucherie (2), ils sollicitent du roi l'autorisation d'établir un impôt sur les hôteliers, les cabaretiers et le vin étranger qui serait porté en ville, enfin ils demandent au chapitre d'augmenter la somme annuellement donnée par lui sur les revenus de la préceptoriale. Tels sont les moyens proposés « pour faire ung bon colliege. » M. de Mauléon, lieutenant principal, reçoit mission d'aller à Paris, présenter au roi la requête de la communauté, tandis que les Consuls l'adresseraient directement au chapitre (3).

Il ne restait donc plus qu'à traiter avec les Doctrinaires; il y avait urgence, car « la junesse estoit plongée dans la des- » bauche pour ne recepvoir instruction de personne. » M. de Guy informa le 3 septembre 1630 l'assemblée municipale que ces religieux tenaient alors un chapitre provincial à Brives en Limousin et il demanda s'il ne serait pas opportun de

(1) Record du 30 avril 1628. L'autorisation fut accordée « au P. Plasside, per-
» sonnaige assez cognieu et un des plus notables d'entre eux. »
(2) Record du 30 avril 1628.
(3) Record du 11 novembre 1629.

leur envoyer deux délégués chargés de leur faire des offres définitives. MM. de Lucas, consul, et Baysse, avocat, ayant accepté cette mission, se rendirent à Brives (1). Ils y trouvèrent le P. Provincial très favorablement disposé et décidé à envoyer, à la fin du mois, deux de ses religieux à Lectoure, avec mandat de conclure le traité. Cette bonne nouvelle parvint aux consuls le 15 septembre et dès le lendemain ils tinrent une réunion générale, à laquelle l'évêque assista. M. de Guy exposa de nouveau toutes les phases de la combinaison relative à l'organisation du collège, « estant digne » d'estre procuré au dict projet tous les soings possibles, » jugé qu'il estoit au contentement et proffict de tous les » habitants. » Les bases du contrat étant connues et acceptées, il n'y avait qu'à les maintenir et à faire en sorte qu'il fût signé avant la Saint-Luc, époque de la rentrée des classes. La question de savoir à qui appartiendrait la direction de la discussion des clauses du traité et le droit de le conclure restait seule à résoudre ; les avis furent partagés sur ce point. M. de Castaing proposa de donner plein pouvoir aux consuls et à douze jurats ; M. de Pérès émit la même opinion, mais proposa de leur adjoindre le juge criminel ; enfin M. Dagras fut d'avis de remettre la haute direction du contrat à l'évêque ou à son vicaire général délégué et aux consuls, avec faculté pour ceux-ci de prendre conseil des magistrats et des jurats de leur choix. L'évêque fut prié de demander au chapitre, qui n'était pas représenté à la réunion, de se montrer généreux comme lui lors de la rédaction des articles. La jurade partagea l'opinion de M. Dagras, qui était, en vérité, la plus juste au fond et la plus convenable en la forme (2).

Le P. Camin, recteur désigné du nouveau collège, était arrivé à Lectoure dans les premiers jours du mois d'octobre, et le 12 du même mois fut retenu dans la maison com-

(1) Record du 3 septembre 1630.
(2) Record du 15 septembre 1630.

muno, par M° Bégué, notaire royal, l'important traité dont il
n'existe plus aujourd'hui qu'une seule copie déposée aux
archives municipales. Le registre des minutes de M° Bégué
afférent à l'année 1630 est perdu (1); c'est donc pour nous
un devoir de reproduire *in extenso* cet acte, dont la cause la
plus involontaire pourrait à tout jamais détruire le dernier
vestige :

Au nom de Dieu et à son honneur et plus grande gloire soit.
Sachent tous presens et à venir que comme aucunes villes ny estatz ne
peuvent longtemps subsister ny heureusement flurir que par la bonne
education de la junesse qui est le seminaire de toute bonne communauté et comme la pepiniere d'ou sortent tous bons et savants ecclesiastiques, officiers et bourgeois bien méritans (?)... et autres bons
sittoyens, ce qui est aussi du tout impossible que cette jeunesse soit
aussi bien instruitte sans avoir des bons et de capables precepteurs
la nourrissant et élevant a la vertu et aux Bonnes Lettres, Monseigneur le Reverendissime pere en Dieu Messire Jean d'Estresses, seigneur evesque de la presente ville de Lectoure, Messieurs de son venerable Chapitre, avec Messieurs de la Cour presidialle et senechalle
d'Armaignac, Messieurs les Consuls, jurats et habitans de laditte ville
auroient diverses fois deliberé d'establir en icelle un bon college comme
etant l'erection d'iceluy très importante au bien public et aux particuliers et habitans de laditte ville, lesquels l'auroient trouvé très utile et
digne d'estre procuré dans tous les soins possibles, voire jugé qu'elle
pourroit estre au contentement et au profit de tous les voizins et autres
habitans de l'étendue de cette senechaussée; sur lesquelles considerations et par un zelle vrayment paternel, ledit seigneur evesque, vu que
luy et ses predecesseurs en laditte qualité souloient contribuer pour les
gaiges des regens, auroient en son propre et privé nom offert de docter
ledit college de la somme de trois mil livres et pour du pied d'icelle en
tirer annuellement la rente; et à son exemple lesdits sieurs du Chapitre
auroient pareillement offert bailler pour la preceptorialle la somme de
deux cens livres et en ce compris ce qu'ils bailloient auparavant, à telle
condition neanmoins reservée par ledict seigneur evesque et par ledit
venerable Chapitre, que tous installant et erigeant un college parfait à
l'instar des villes d'Auch et d'Agen qui sont administrés et gouvernés

(1) Les registres de M° Bégué (1610-1646) sont, sauf celui de l'année 1630, dans les minutes de M° Boué du Boislong, notaire à Lectoure.

par les Reverands peres de la Doctrine Chrétienne (1), cela ayant été resolu dans la maison commune de laditte ville en plusieurs assemblées generales et particulieres des sixieme decembre mil six cens vingt trois, vingt cinquieme janvier, quatorzieme octobre mil six cens vingt six, trentieme avril mil six cens vingt huit et second de septembre de la presente année mil six cens trente; et par la derniere le sieur Antoine de Lucas, bourgeois et consul, et Me Jean Baisse, docteur en droit et avocat en laditte Cour presidialle et senechalle d'Armaignac et promoteur en laditte maison de ville, ayant été priés de s'acheminer à Brive la Gaillarde au Bas Limouzin, où l'assemblée generalle des peres se tenoit audit tems, pour savoir avec le Reverand pere provinsial president en icelle s'il plairoit à sa congregation prendre la charge du college en la presente ville de Lectoure, lequel, eut deliberation avec les autres Reverands peres, promit d'envoyer un deputté dans quelques jours avec tout pouvoir de traiter desdits, les conclure et même de passer contrat; et étant le Reverand pere Jean Baptiste Camin, religieux de la susditte congregation et Recteur designé audit college, venu audit effect; avec lequel après plusieurs conferances, à l'instance de Messieurs Maitres Bernard Ducasse, chanoine de l'eglise cathedralle de Saint-Gervais de laditte ville, official et vicaire general dudit seigneur evesque, François de Lucas, aussi chanoinne en laditte eglise et sindic du venerable chapitre d'icelle, Messieurs les Magistrats de laditte cour presidialle et senechalle d'Armaignac, consuls et plusieurs jurats qualifiés de laditte ville, il auroit été resollu et accordé comme sera dict cy-après.

Pour ce est-il que aujourd'huy douzieme du mois d'octobre mil six cens trente, avant midy, reignant très chrétien prince Louis le Juste par la grace de Dieu roy de France et de Navarre, dans laditte ville et citté de Lectoure et maison commune d'icelle, par devant moy notaire royal soussigné et presens les temoins bas nommés, ont été presens et constitués en leurs personnes, Messieurs Maitres Bernard Ducasse, docteur en theologie, chanoinne en laditte eglise cathedralle Saint-Gervais, vicaire general et official dudit seigneur evesque en l'evesché dudit Lectoure, François de Lucas, aussi chanoine en laditte eglise et sindic dudit venerable Chapitre, et faisant pour iceluy en conseqcuence du pouvoir à luy donné par acte capitulaire, extrait de laquelle signé Soucaret secrettaire dudit chapitre en datte du jour d'hier onzieme du

(1) Les collèges d'Auch et d'Agen étaient dirigés par les Jésuites; mais beaucoup de gens confondaient alors deux congrégations régulières qui avaient à peu près le même habit et la même mission.

courent et remis devers moy dit notaire, laquelle sera inserée au pied
du present contrat, Messieurs Maitres Dominique de Guy conseiller du
roy, magistrat en laditte cour presidialle senechalle d'Armaignac,
Antoine de Lucas, Bertrand Larlat bourgeois, Jacques de Jolies docteur en droit et avocat en laditte cour, Pierre Bourrousse aussi bourgeois et Bertrand de Petit procureur en la susditte cour, les tous consuls, Pierre de Vilate aussi bourgeois et sindic des manans et habitans
de laditte ville, lesquels faisant pour laditte communauté et ce suivant
les susdicts records, ayant prins advis desdits sieurs magistrats et des
douze jurats, à laquelle communauté ont promis faire ratifier ces presentes dans un mois prochain, et ledit sieur de Lucas sindic audit Chapitre en executant les deliberations dont au susdit narré, de leur bon
gré et libre volonté, tout dol et fraude cessant, ont baillé et par la
teneur du present baillent aux Reverands peres de la Doctrine Chrétienne de la congregation de Somaque (1) et à perpetuitté, pour eux icy
present, estipulant et acceptant ledit Reverand pere Jean Baptiste
Camin, religieux de la susditte congregation et recteur designé audit
college et à ce faire par laditte congregation deputté, ainsi qu'a fait ap-
paroir par la procuration à luy faitte par les Reverands peres Dufaur
Gabriel, provincial dudict ordre en France, Espitalène..... (?), François Hillain, conseiller dudit provincial, Adrian Bridanau, secrettaire,
Simon Fromoze, Jean Astier, Gaillard Dotous, Heroulles Audise,
Jacques Golignac et Guillaume Camboulas, comme entions peres de la
Congregation, retenue dans la ville de Brives au bas Limouzin par
Me Dacier de Lormant, notaire royal, le dix septieme septembre dernier passé, extrait de laquelle a remis devers moy dit notaire, qui a été
aussi inserée à suitte du present contrat avec promesse de le faire rattifier à leur dit chapitre provincial ou autres comme il appartiendra;
Savoir, le college de laditte presente ville que les Reverands peres seront
tenus diriger et entretenir à perpetuitté aux conditions suivantes :

Premierement est pacte convenu et accordé que ledit sr Ducasse, chanoinne, vicaire general et official, pour et au nom dudit seigneur oves-
que, de Lucas, chanoine et comme sindic dudict venerable Chapitre, et
lesdits sieurs consuls et de Villatte, bourgois et sindic de laditte ville,
bailleront comme dès à present baillent à perpetuité auxdits Reverands
peres de la Doctrine Chrétienne pour leur logement, habitation et constructions qu'il conviendra faire tant dudit college que d'une chapelle, les

---

(1) Les Doctrinaires, congrégation d'origine française, restèrent unis de droit
avec les Somasques d'Italie, depuis 1616 jusqu'en 1647.

bastimens et maison en laquelle les classes entiennes et logement des Regens souloient estre au cartier de Reillas, paroisse du St Esprit, dans l'enclos de la presente ville, ensemble la place vuide où l'entienne eglise parroissialle du St Esprit étoit bastie, confrontant le tout par trois endroits avec toutes rues publiques et par l'autre qui est vers l'orient avec une petite place et carrerot appartenant entiennement à ladite communauté, et des dépendances dudit college....., d'iceluy, lequel carrerot confronte à une maison de Antoine Laurens, dit petit Marechal, et grange du sieur de Villatte bourgois syndic et autres confrontations; lequel bastiment, plasse vuide de ladite entienne eglise led. Reverand père Camin ayant recconneu s'en est contenté, à la charge neanmoins que lesdits sieurs consuls et sindics de ladite presente ville fairont faire les bastimens et reparations dont a été dressé estat et rolle particulier signé de toutes parties, lequel est demouré ès mains de moy dit notaire pour en bailher extraict aux parties; et le bailh de ladite place vuide de l'entienne eglise du St Esprit a été fait en la presence de Monsieur Me François de Foissin docteur en theologie, chanoinne en ladite eglise cathedralle Saint-Gervais de ladite ville et curé de ladite paroisse du St Esprit, lequel, attendu l'ordonnance dudit sieur vicaire general et consentement dudit sieur sindic du Chapitre et parroissiens de ladite parroisse, a déclaré n'entendre empécher ledit bail, et de M. Me Jean de Cazeneuve, docteur en droit et avocat en la cour de ladite senechaussée d'Armaignac et siege presidial d'ycelle, illec present, comme procureur expressement fondé à l'effet du present contrat par les parroissiens de ladite paroisse du St Esprit ainsy qu'apert par acte retenu par moy notaire le neuvieme du present mois et an, en consequence de laquelle il fait la declaration y contenue, et aussi suivant ladite ordonnance donnée le dixieme du present mois et an par ledit sr Ducasse, vicaire general, sur les sujets dudit bail et au pied d'une requette présentée par le syndic de ladite presente ville. Dans laquelle maison si dessus dessignée les dits Reverands peres de la Doctrine Chrétienne seront tenus, comme le Reverand pere Camin, faisant pour eux, promet, instruire la jeunesse aux Bonnes Lettres grecques et lattines, Bonnes mœurs et Doctrine Chrétienne, et commencer l'exercice dans quinzaine de jours après que lesdits sieurs Consuls et sindics de ladite presente ville auront fait rattifier le present contrat; auquel effet ils seront tenus de fournir personnes de leur Congregation capables pour enseigner la Doctrine Chrétienne et instruire aux Bonnes Lettres et mœurs la junesse en six classes par six regens et professeurs publics et faire tout ce qui se doit et est accoutumé de faire aux classes dudit college bien reglé : en l'une desquelles sera enseigné la philosophie, logique, phisique, moralle, mathéphisique et le cours parfait en deux ans; et en autres ensuitte, en la premiere retorique, en la seconde les humanis et en autres trois suivantes la grammaire à l'ordinaire. S'obligent lesdits sieurs consuls et sindic de ne permettre en aucune fasson qu'il y aye d'autres regens en la presente ville pour enseigner publiquement, si ce n'est quelque écolier pour apprendre à lire et écrire aux petits enfans. Et en toutes lesdittes classes seront tenus les Peres faire lesson deux fois le jour sauf le jour des vacances, et en revenant des études faire les ouvertures des classes par lessons publiques; que les precepteurs par eux comis seront tenus faire appeler lesdits seigneur evesque, M. son vicaire general, Messieurs du Chapitre, officiers de laditte Cour presidialle et senechalle d'Armaignac, consuls et sindics de laditte ville, procureurs et autres; lesdits Reverands peres....., de faire déclamer, disputer et exercer lesdits écoliers par autres actions, affiquer (?) notamment en la philosophie publiquement à la fin de la logique, à la fin desdits cours à faire representer aux depens des acteurs parfois quelque tragedie; fairont de plus lesdicts peres annuellement imprimer et afficher le catallogue des livres qu'ils auront dans leurs classes. Et reciproquement lesdits sieurs consuls et sindics s'obligent de bailler audit nom et fournir pour une fois tant seulement l'amublement dudit college et tel qu'est expeciffié au rolle signé par lesdittes parties et retiré par devers chacune d'icelles; s'obligent aussi de batir et reparer laditte maison et place y joignant pour le dict college et eglise dans cinq ans et autrement à la plus grande commoditté dessignée en l'état aussi signé par lesdites parties, l'original duquel est demuré devers moy dit notaire. Et le bastiment étant parfait, lesdits Reverands peres seront tenus de l'entretenir et reparer à leurs propres dépens, sans qu'ils puissent avoir recours ny faire autre demande à laditte ville. Promettent en outre lesdits sieurs consuls et syndic et s'obligent de donner et payer annuellement auxdits Reverands peres, pour l'entretenement à l'effet desdittes six classes et Doctrine Chrétienne et entretenement dudit college, la somme de dix huit cens livres payable egalement en trois pactes et termes : le premier janvier, juin et mois de septembre de chaque année, à ce compris la rente de la somme de trois mil livres que ledit sieur Ducasse, vicaire general, faisant pour ledit seigneur evesque en vertu de la procuration qu'il luy a fait le vingt quatrieme septembre dernier retenue par Malus notaire (1), qu'il a remis en original devers moy dit notaire, a donné et

---

(1) Les minutes de ce notaire sont perdues.

donne le fonds en laditte qualitté de procureur et au soulagement de
laditte communauté, gratuitement et liberalement, des biens propres et
particuliers dudit seigneur evesque pour la dottation dudit college des
peres de la Doctrine Chrétienne et non d'autres ny autrement, ce que
par exprès il se reserve; laquelle somme de trois mil livres ledit sieur
Ducasse, aussy audit nom, a promis et promet payer dans trois années
suivantes chaquune année mil livres, le deuxieme fevrier jour et feste de
la Purification Notre Dame, avec les interests aussi chacune année et en
mesme jour et fête, jusques à l'entier payement dudit principal, lesquels
interets demeureront toutes les années à concurrence des payements
qui seront faits dudit principal et sans qu'ils puissent estre divertis en
fasson quelconque; lequel principal de trois mil livres, à mesure que
lesdits payemens se fairont, sera employé en rente et baillé en main sol-
vable à l'effect susdit pour subvenir au payement des pactes de laditte
dotation ou pension annuelle de dix huit cens livres ; laquelle presente
ratiffication faitte par ledit seigneur evesque est acceptée par lesdits
sieurs consuls et sindic sans qu'elle puisse faire consequence ny servir au soulagement de ses successeurs en l'evesché ny autres ecclesiastiques pour raison desquels sont tenus de contribuer legitimement audit
college; mais sera ledit seigneur evesque quitte et déchargé pendant sa
vie de plus grande subrogation ou contribution audit college et moyennant ladite somme de trois mil livres et les cinquante livres qu'il a
accoutumé donner et payer pour les gages des regens dudit entien college; comme aussi sera compris en icelle pension de dix huit cens livres
la somme de deux cens livres que ledit sieur de Lucas, chanoinne et
sindic dudit Chapitre, promet pareillement audit nom donner et payer
à l'effect du mesme employ annuellement et perpetuellement chacunne
année aux susdits temps et pactes auxdits sieurs consuls pour l'entretenement dudit college, et le tout comme dit est au soulagement et
décharge de laditte communauté; moyennant laquelle rente annuelle et
perpetuelle de deux cens livres, ledit Chapitre demurera aussi quitte et
déchargé de ce qu'il souloit payer cy-devant pour lesdits gages des
regens dudit entien college, cede toute autre subrogation et constitution
pour lesdits gages des regens tant sullement : neanmoins, advenant que
lesdits peres auroient cy-après des benéffices ou d'autres rentes ou revenus, legats, dons et gratifications faites en faveur et consideration dudit
college par quelques personnes que ce soit sans distinction ny diffe-
rance, le tout viendra en diminution de ladite pention de dix huit
cens livres, à la décharge de ladite communauté sullement. Est aussy
par exprès convenu que lesdits Reverands peres, ne pouvant tenir de

pentionaires sans expresse permission desdits sieurs consuls, il sera permis auxdits Reverands peres, nonobstant toutes deffences, de faire entrer du vin et autres provisions à eux necessaires pour leur entretien (1), sans payer aucun droit à laditte ville et sans qu'ils soient tenus à aucunes charges personnelles ny autres impositions quelconques, pour raison tant sullement de laditte maison et place vuide qui leur sera baillée aux fins que dessus. Et au cas que quelqu'un des regens comis à faire lesdittes classes ne fairoit son devoir, sera permis audit seigneur evesque ou M. son grand vicaire, Messieurs du Chapitre, Magistrats et autres consuls, après en avoir averty le Reverand pere Recteur dudit college, s'il n'y remedioit promptement, d'y pourvoir comme ils verront estre à faire par raison. Ce que toutes parties respectivement entre chacune d'elles en ce qui leur concerne ont promis de bonne foy garder et observer et en rien y contrevenir directement ny indirectement, auquel effet ont obligé et hypothéqué, savoir : ledit M. Ducasse, vicaire general et official, tous et chacuns les biens dudit seigneur evesque et par exprès la maison qu'il a acquise dans l'enclos de la presente ville, cartier de Marès, en laquelle il fait son habitation (2), en consequence du pouvoir à luy donné par la procuration qu'il a, comme est dit, remis à son original devers moy dit notaire; ledit sieur Lucas, chanoinne et sindic susdit, tous et chaqu'un les biens et rentes dudit Chapitre, suivant et conformement au pouvoir à luy donné par l'acte capitulaire et dont il a aussi remis l'extrait devers moy notaire; ledit sieur de Cazeneuve, tous et chacuns les biens de ses constituans, aussi en consequence du pouvoir à luy donné par l'acte retenu par moy dit notaire, en ce qu'il leur concerne tant sullement; lesdits sieurs consuls sindic, tous et chacuns les biens et revenus de la presente ville tant sullement, et sans qu'iceux sieurs consuls et syndic pour

(1) Les Consuls ayant, lors de l'établissement de l'octroi, obligé les Doctrinaires à payer certains droits, ils s'exécutèrent, mais ne tardèrent pas à menacer la ville d'une action en restitution (Record du 16 novembre 1788).

(2) La maison de l'évêque, acquise par lui aux héritiers de Mᵉ Ogier (de Vacquier, juge-mage d'Armagnac), était située au quartier de Marès, et elle confrontait à la grand'rue au midi, au levant à la maison du sieur de Larroque-Parroh, au septentrion à rue publique et au couchant à maison de M. de Lacarry, conseiller (Terrier de l'enclos 1638, p. 308). Donnée par Jean d'Estresses à la fabrique de Saint-Gervais, elle fut vendue avant 1647 à Jean-François Pouzergues, bourgeois, par le syndic de la fabrique, suivant contrat retenu par Bégué, notaire, et revendue, vers 1658, à M. de Pérès, seigneur d'Hustarreau, lieutenant au Sénéchal (Terrier du dedans, 1682, p. 57, verso). Elle fut enfin revendue en 1674 par Madame de Castelnau, qui l'avait acquise de M. de Saint-Géry, héritier de la demoiselle d'Hustarreau, à M. Bernard Junqua, avocat, aux descendants duquel elle appartient encore aujourd'hui (Livre des charges et des décharges, 1682, p. 39, verso).

entretenement du present contrat puissent estre en aucune fasson convenus en leurs biens propres, à quoy par exprès lesdits Reverands peres ont renoncé; et ledit Reverand Pere Camin, religieux de la susditte Congregation et Recteur designé au college, tous et chacuns les biens et rentes de la communauté en vertu de sa procuration, copie de laquelle il a, comme dit est dessus, remis devers moy notaire, quelconques presens et à venir, qu'ont soumis aux reglemens de Justice et Cours du royaume de France, renonçant à toutes exceptions et renontiations à ce dessus contraires requises et necessaires. Et ainsi l'ont promis et juré, savoir lesdits sieurs Ducasse vicaire general et de Lucas sindic et ledit Reverand pere Camin, leurs mains dextres mises sur leurs poictrines, et lesdits sieurs Consuls, sindic et de Cazeneuve, les saincts Evangiles touchés; en presence dudit sieur de Baisse docteur et avocat, Antoinne Pena, Bernard Tartanac, Jacques Decastaing bourgois, Me Marc Courrent procureur en laditte Cour presidialle et senechalle d'Armagnac dudict Lectoure, habitans soussignés avec lesdittes parties cy-dessus denoncées et moy dit notaire qui l'ay rettenu : Ducasse vicaire general, de Lucas sindic susdit, de Foissin recteur du St Esprit, Guy consul, de Lucas consul, Bourrousse consul, Depotit consul, Cazeneuve procureur, Camin acceptant, de Villatte sindic, Baisse present, Pena present, Tartanac present, Courrent present, Ducastaing present et de Begué notaire royal, ainsi signés.

Advenu le vingt unieme dudit mois d'octobre an susdit mil six cens trente, avant midy, regnant qui dessus, par devant moy notaire, dans laditte ville de Lectoure, en ma boutique, et presens les temoins bas nommés, a été present et constitué en sa personne le sieur Pierre Villatte, bourgois et sindic des sieurs consuls, manans et habitans de la presente ville de Lectoure, lequel de son gré et libre volonté, tout dol et fraude cessant et suyvant le pouvoir à luy donné par l'acte de record et deliberation tenue en la maison comune de laditte ville et en l'assemblée generalle le quatorzieme du courant, a aprouvé et ratifié et par la teneur du present aprouve et ratifie le contrat de bail du college de la presente ville en tous ses chefs, passé en faveur des Reverands peres de la Doctrine Chrétienne ce douzieme du mesme mois et an, retenu par moy notaire, ce qui a été accepté par le Reverand pere Jean-Baptiste Camin, religieux de la Congregation, Recteur designé au college d'icelle. — Et pour l'observation et entretenement tant dudit contrat de bail que presente ratification d'icelle, le dit sieur de Villatte, en la susditte qualité de sindic, oblige et hipotheque tous et chacuns les biens, rentes et revenus de laditte ville qu'a soumis à la Justice et

Cours du royaume de France, ainsi l'a promis et juré, les saints Evangiles touchés, en presence de Mᵉ Marc Courrent procureur, Guillaume Duprat greffier de la Cour presidialle et senechalle d'Armaignac, Guillaume Masieres et Jean Taste, praticiens du dit Lectoure y habitans soussignés avec lesdits sieurs de Villatte sindic et Reverand père Camin, et moy qni l'ay retenu : de Villatte, le Pere Camin, Corrent present, Duprat present, Taste present, Mazieres present, de Begué notaire royal, ainsi signés à l'original; duquel extraits cy-dessus ont été tirés par moy notaire royal de la ville de Lectoure soussigné, successeur de l'office du dit sieur Begué notaire, duement vidimés et collationnés à Lectoure le troisieme juillet mil six cens quatre vingt quatre. Castera notaire royal signé.

Le 14 octobre, une assemblée générale de la jurade fut tenue et M. Ducasse, vicaire général, y assista. M. de Guy exposa que le traité avait été passé avec les Pères de la Doctrine chrétienne; qu'il y avait urgence à payer la rente stipulée et notamment le premier quartier échu; qu'il fallait réparer et meubler le logement provisoire des professeurs; qu'enfin les consuls ayant été obligés de céder l'ancienne église du Saint-Esprit, il convenait « d'en trouver une autre » de même dimension. » M. de Lucas, président de la réunion, lut le texte du traité et ouvrit la discussion. M. de Castaing, lieutenant particulier, protesta d'abord contre la primauté accordée dans le corps du contrat au chapitre sur les officiers de justice, et il proposa d'affecter dans l'avenir les gages consulaires au paiement de partie de la rente de dix-huit cent livres. M. de Pérès, autre lieutenant particulier, fut de l'avis de son collègue de Castaing relativement à l'emploi des gages des consuls; il demanda en outre la vente de 4,000 livres de bois et l'établissement d'une forte amende contre les hôteliers qui « mettaient bruchon » sans autorisation préalable. En un mot le contrat de l'établissement et de la dotation du collège ne fut même pas discuté. Les consuls sacrifièrent leurs gages (1);

(1) Un arrêt du parlement de Toulouse du 9 juillet 1643 porte que les consuls en exercice ne toucheront aucun gage et que les consuls sortis de charge devront rendre et restituer les gages par eux perçus, lesquels seront employés à l'entretien et aux réparations du collège (Records 1643).

le paiement du premier quartier de la rente et les réparations à faire au logement des Pères furent votés et durent être ultérieurement effectués avec une somme de 5,000 livres, que la communauté fut autorisée à emprunter à M. de Lagrave (1).

Le collège était fondé.

(1) Records des 13 et 14 octobre 1630.

# CHAPITRE V.

Acquisition de divers immeubles. — Imposition de la rente affectée aux
Doctrinaires. — Plaintes des Doctrinaires et délibérations relatives à
leur logement. — Déplacement de l'ancienne église du Saint-Esprit. —
Construction du collège. — Peste et manifestations religieuses. — Réparations à l'église Saint-Gervais et au château. — Le duc de Montmorency prisonnier à Lectoure. — Emeute populaire. — Achèvement du
collège. — Délibération sur l'édit royal de 1667.

Il est facile de se convaincre, par la lecture des clauses acceptées par les Pères doctrinaires et les consuls, que l'enseignement donné dans le collège de Lectoure devait être gratuit et
accessible à tous ceux qui voulaient en profiter, sans distinction de rang ni de fortune. De plus, il était complet et comprenait tous les degrés de l'instruction depuis la classe de
cinquième, dans laquelle on apprenait les éléments de la
lecture et les autres rudiments, jusqu'à la philosophie, dont
le cours comprenait deux années d'études. Les Doctrinaires
étaient maîtres absolus de la direction de leur établissement;
mais, s'ils avaient le monopole de l'instruction, ils n'en étaient
pas moins, à certains égards, soumis à la surveillance et au
droit d'inspection des consuls. Grâce à ces réserves, les
négligences possibles et les abus pouvaient toujours être

évités ou réprimés. Les « disputes déclamées » par les professeurs à l'ouverture des cours, en présence de l'évêque, du chapitre, des officiers de la Cour présidiale et des consuls, étaient une garantie de leur science et de leur aptitude, en même temps qu'elles constituaient une fête scolaire à laquelle les mandataires de la cité étaient très fiers de présider. Enfin l'impression et l'affichage du catalogue des livres classiques choisis par les Pères indiquaient que les cours se faisaient conformément aux usages du temps, et la représentation des tragédies terminait agréablement la série des classes de philosophie.

Tout semblait devoir marcher à souhait; les régents étaient arrivés à Lectoure, les classes étaient ouvertes depuis la Saint-Luc. Le collège existait de fait; mais il n'était pas encore bâti et les constructions restantes de l'ancien hôpital étaient dans un tel état de délabrement qu'elles ne pouvaient être habitées. Les Pères tenaient leurs engagements et ils demandaient à la commune de remplir les siens, sans quoi ils menaçaient de se retirer. Celle-ci en effet ne payait pas les termes échus de la rente stipulée; elle ne fournissait pas davantage le mobilier promis au contrat et elle semblait apporter à la construction des bâtiments une lenteur calculée (1). Il est vrai que ses finances étaient obérées et qu'elle fut obligée d'emprunter à Mᵐᵉ de Verduzan, religieuse du couvent des Ursulines de Gondrin, une somme de 6,000 livres, dont la moitié fut affectée à la bâtisse du collège et au payement de l'arriéré dû aux professeurs (2). Les consuls se mirent cependant à l'œuvre; mais l'emplacement choisi par eux pour l'assiette du nouvel établissement était défectueux

(1) Records des 9 février, 9 mars et 8 mai 1631, 25 avril 1632.
(2) Record du 20 juillet 1631. Dans le courant de l'année 1631, la commune envoya à Toulouse le sergent Pey Arrousat, avec mandat d'emprunter une certaine somme à M. de Lacoupète, conseiller au parlement (livre des dépenses, 1635, p. 1). En 1631, les consuls donnèrent au P. Camin six couvertures et le logement dans la maison Manceau, moyennant une somme de 106 livres par an (idem, 1638, p. 27 et 48).

à plus d'un titre. Il ne pouvait se développer au couchant puisqu'il était adossé à l'ancienne église du Saint-Esprit, qui, avec son cimetière, occupait la place de la chapelle actuelle du collège communal; ni au nord, ni au midi, à raison de la rue Déserte ou de Reillas et de la grande rue Droite, qui longeaient ses murailles. Il fallait donc de toute nécessité l'agrandir du côté du levant et acheter pour cela les maisons de Laurens Maréchal, de la veuve Mauriet, de Fontanières, de Cazeneuve et les granges de Vilatte et de François Marcoul dit Manceau, situées au lieu actuel des bâtiments et de la cour de l'école primaire. La communauté avait d'ailleurs le plus grand intérêt à faire tout ou partie de ces acquisitions, puisque le déplacement seul de l'église du Saint-Esprit lui aurait coûté environ 16,000 livres (1). Elle acheta le 15 octobre 1631 la grange de Pierre Vilatte pour le prix de 150 livres, en payement desquelles elle donna vingt-deux sacs de blé au vendeur, et dans le courant de la même année elle acquit en outre les maisons de Maréchal, de la veuve Mauriet, de François Marcoul, et l'impasse qui aboutissait de la grande rue droite à la grange de Vilatte (2). Les consuls furent ainsi entraînés dans une dépense de 900 livres, pour le remboursement de laquelle ils furent autorisés à vendre une partie des bois du Carpoa, de la Hengarde et du Gajan (3). De leur côté, les Pères achetèrent, en leur nom personnel et antérieurement à 1638, les maisons de Pierre Fontanières, avocat, de Jean de Lauze, avocat du roi, et les granges de François Marcoul (4), de telle sorte que, sauf la chapelle, le collège au XVIIᵉ siècle occupait la même surface qu'aujourd'hui.

---

(1) Record du 7 septembre 1631.

(2) Minutes de Bégué et Lascombes, notaires de Lectoure (étude de Mᵉ Boué du Boislong); record du 11 juillet 1631.

(3) Records des 3 juillet 1632, 10 janvier 1633, 4 et 5 août et 12 décembre 1634.

(4) Livre de l'enclos et juridiction de la ville de Lectoure, 1638, p. 133. Livre des charges et décharges pour 1638, pp. 116, 117 et 124. — Record du 29 novembre 1642.

La communauté et les Doctrinaires avaient donc acheté quelques maisons, qu'il s'agissait de démolir pour construire à leur place un édifice nouveau, approprié à la destination que l'on sait. Les Pères s'adressaient à la communauté, qui ne savait comment faire face au payement de la rente. On comprend que, dans ces conditions d'embarras financier, les projets de construction furent forcément ajournés. La rente annuelle, défalcation faite de la somme donnée par l'évêque et le Chapitre, s'élevait à 1362 livres, que les consuls étaient obligés de prélever sur le budget fort restreint des dépenses ordinaires.

Or la ville était accablée d'affaires, « faisant de rente annuelle plus de quatre mille livres, comme la compaignie sait trop mieux, oultre les ordinaires qui reviennent à la somme de deux mille quatre cens livres, en ce comprins les six cens livres des fortifications et les troys cens livres de boys et chandelles (1). »

Le seul moyen de diminuer cette lourde charge était de demander au roi de rendre imposable la rente faite aux Doctrinaires, de telle sorte que les exempts et les privilégiés seraient tous obligés de contribuer « à son acquittement » (2). L'affaire était délicate et la solution proposée par M. Baisse, premier consul, pouvait présenter dans son application de sérieuses difficultés. Elle fut néanmoins favorablement accueillie par les membres de la jurade, qui,

Ayant tous oppiné l'un après l'autre suyvant l'ancienne coustume et l'advis d'un chascun recueilli par le dit sieur president, a esté resolu qu'on fairoit très humbles supplications au Roy de vouloir permettre l'impozition annuelle de la susdite rente tant sur les habitans que terres tenans, et à ces fins qu'on chargeroit le sieur Garros, nostre depputé, pour poursuivre l'obtention de la susditte..... (3).

(1) Record du 10 mars 1636.
(2) En 1636, la commune de Lectoure était grevée de 7,207 livres de rentes annuelles. (Record du 20 avril 1636).
(3) Record du 10 mars 1636.

Près de trois ans se passèrent à attendre la sanction de l'autorité royale, et pendant ce temps les Doctrinaires obtinrent du parlement de Toulouse un arrêt condamnant la ville à faire bâtir le collége. Le consul Baisse reconnaissait la justice de leur demande.

Car ils sont, dit-il, très mal logés et puisque la communauté y est obligée et par contrat et par arrest, il seroit à propos pour en esvitter de plus grands despens de satisffaire partie du dict contract, car ils ne demandent pas que la communauté fasse bastir entierement le college en une mesme année, sachant bien qu'elle est grandement endettée, mais qu'on en face bastir presentement une petite partie et ainsy consecutivement année par année, jusqu'à ce que le college soit en sa perfection (1).

Sur cette proposition, il fut décidé que, pour l'année 1656, on construirait jusqu'à concurrence de 7 à 800 livres. Deux ans plus tard, les mêmes difficultés renaissaient et le 20 octobre 1658, le P. Gabriel, recteur du collège, qui, le 31 août précédent, avait obtenu un arrêt du parlement de Toulouse, faisait signifier par huissier une protestation en forme aux officiers municipaux. Il les avisait que les classes avaient été ouvertes le lundi précédent, que les régents étaient arrivés, mais qu'il ne pouvait pourvoir à leur subsistance si on ne lui payait pas les arriérés dus sur l'année écoulée et sur l'année courante. Le P. Gabriel avait été dans la nécessité d'emprunter une quantité considérable de blé pour nourrir ses confrères; il devait de tous côtés et ne trouvait plus aucun crédit; d'autre part, le collège étant inhabitable et menaçant ruine, il demandait un logement convenable pour les professeurs et l'installation des classes (2). Cette protestation ne fut suivie d'aucun effet, puisqu'elle fut renouvelée le 26 octobre et le 2 décembre suivants (3). Les consuls gardaient le silence

(1) Record du 19 avril 1636.
(2) Arch. mun. Ministère de Bégné, huissier royal.
(3)        Id.                    Id.

parce qu'ils ne pouvaient satisfaire à des demandes dont ils reconnaissaient la légitimité. Les classes furent fermées à diverses reprises, notamment pendant plus d'un mois consécutif, et les pères de famille joignant leurs plaintes à celles des professeurs, M. de Lussy, syndic de la ville, présenta une requête au sénéchal, afin de mettre un terme à un état de choses aussi préjudiciable (1).

Sur ces entrefaites, l'autorisation d'imposer la rente des Doctrinaires fut accordée par le roi. Deux lettres de M. de Borrosse, en date à Paris des 19 et 26 mars 1659, informèrent les consuls que l'arrêt du Conseil d'Etat était rendu et qu'ils devaient lui envoyer la somme de 5 ou 400 livres nécessaire pour payer les divers frais de procédure et obtenir expédition de l'arrêt (2). Cette somme fut votée avec empressement, et peu de jours après parvinrent à Lectoure l'arrêt et les lettres patentes ci-après :

*Extrait des registres du Conseilh d'Estat.*

Vue la requeste presantée au Roy en son Conseilh par les consuls et sindic de la ville de Lectoure, contenant que les habitans de la ditte ville desirant de faire eslever et instruire leurs enfans à la picté et aux bonnes murs, auroient pour cest effect appellé en la ditte ville les peres de la doctrine chrestienne et, pour leur subsistance et entretenement, auroient promis de leur payer chacune année la somme de treitze cens soixante deux livres, ainsy qu'il appert par le contrat qui en a esté dressé. Mais d'autant que c'est une ville de garde et que pour le service de Sa Majesté plusieurs grandes et notables sommes sont impozées annuellement, tant pour repparations des murailles, fermeture et raffraichissement du magazin, que pour le boys et chandelles de la garnison du chasteau et boloüart, logement des cappitaines, officiers et soldats de la ditte ville, en consequence des arrests du Conseilh, et qu'ils ne peuvent imposer la ditte somme pour la subvention d'entretien des dits peres sans la permission de Sa Majesté, les supplyants requeroient qu'il luy plust ordonner que la ditte somme de treitze cens soixante deux

(1) Arch. mun., 23 décembre 1638.
(1) Record du 25 avril 1639.

livres sera annuellement imposée par les dits supplyants sur les habitans et terre tenans de la ditte ville et banlieue d'icelle, exemptz et non exemptz, privillegiés et non privillegiés, en la forme accoustumée; Veu par le Roy en son Conseilh la ditte requeste, le dict contract en forme de bailh fait par les habitans de la ditte ville avec les dits peres de la Doctrine chrestienne du college de la ditte ville que les dicts Peres seront tenus diriger et entretenir à perpetuitté pour y tenir classes et y enseigner la jeunesse aux conditions portées par icelluy le doutze octobre mil six cens trente, acte de deliberation de la ville du dixiesme mars mil six cens trente six, par lequel il a esté arresté que très humbles supplications seroient faictes au Roy pour permettre une impozition annuelle de la dicte rente de treitze cens soixante deux livres; ouy le rapport de la ditte requeste et tout consideré : Le Roy en son Conseilh a ordonné et ordonne que la ditte somme de treitze cens soixante deux livres sera imposée et levée sur tous les habitans de la ditte ville de Lectoure, exemptz et non exemptz, privillegiés et non privillegiés, par chacun an, en la forme accoustumée, pour estre la ditte somme employée à l'entretien de leur college et non ailleurs, et à ceste fin que toutes lettres necessaires en seront expediées.

Fait au Conseilh d'Estat du Roy tenu à Paris le dix septiesme jour de mars mil six cens trente neuf. Collationné, Bordier signé.

Louis, par la grace de Dieu roy de France et de Navarre, à nostre senechal d'Armaignac, salut. Suyvant l'arrest dont l'extrait est cy-attaché, sous le contre scel de notre chancellier, ce jourd'huy donné en nostre Conseilh d'Estat sur la requeste des consuls susdits de la ville de Lectoure, Nous vous demandons et ordonnons que par..... dit..... vous ayez à faire assoir, imposer et lever par chascun an, en la maniere accoustumée, sur tous les habitans de la ditte ville de Lectoure, exemptz et non exemptz, privillegiés et non privillegiés, la somme de treitze cens soixante deux livres avec celle de huiet vingt livres à laquelle nous avons moderé les frais de l'expedition et sceau des presantes, pour estre les dictes dernieres employées à l'effect du dit arrest, constreignant et faisant constraindre les relfuzans contribuables à la dicte levée au payement de leurs cotités par toutes voyes deues et raizonnables, nonobstant opposition ou appellation quelconques, par le premier nostre huissier ou sergent sur ce requis, auquel commandons de faire tous autres actes et exploits necessaires pour l'execution du dict arrest sans demander aultre permission. Car tel est notre plaisir.

Donné à Paris le dix septiesme jour de mars, l'an de grace mil six cens trente neuf et de nostre regne le vingt-neuviesme. — Par le Roy en son Conseilh : Bordior, ainsy signé. Et au reply : Enregistré au Conseilh general des finances par moy, conseilher du Roy en ses Conseilhs, intendant et controrolleur general d'icelles soubsigné : à Paris, le dix huictiesme mars mil six cens trente neuf : Tubufz ainsy signé. Scellé du grand et petit sceau de cire jaulne (1).

Cette décision du pouvoir souverain, si vivement désirée par les consuls, leur permettait d'astreindre à l'entretien du collège tous les habitants de la juridiction. Rien n'était plus juste assurément, ce collège ayant été créé en vue de l'intérêt général et après un vote unanime de la jurade. Il y eut cependant quelques oppositions à l'application de la taxe (2); certains gentilshommes, tels que les sieurs de Magnas, de Castelnau et de Combarreau, menacèrent les consuls soit de faire saisir leurs gages, soit de les priver de leurs robes, et ne s'exécutèrent qu'après avoir été condamnés par le sénéchal (3).

La levée de l'impôt était assurée pour l'avenir; mais il fallait parer aux nécessités les plus urgentes du présent. Parmi celles-ci se dressait en première ligne la question du logement des professeurs et de la construction ajournée des bâtiments. Les Doctrinaires se plaignaient avec raison que la ville ne tenait pas vis-à-vis d'eux les engagements stipulés dans le contrat du 12 octobre 1630 (4). Ils s'étaient provisoirement logés dans la maison de M. Depetit (5), qu'ils ne pouvaient continuer d'habiter et qui était, au dire du consul de Jolis, « ruynée à tel point que leurs vies n'y étoient point assurées ». Les meubles promis ne leur avaient pas encore été remis et pour couper court à toute réclamation ultérieure, le P. Gabriel aurait, d'après M. de Jolis, proposé aux consuls de lui donner une somme de 6,000 livres, moyennant le payement de laquelle la communauté serait dechargée de l'obli-

(1) Records, année 1639, p. 237.
(2) Record du 5 juin 1640
(3) Record du 10 décembre 1641.
(4) Record du 25 octobre 1640.
(5) Située au quartier de Reillas, près du collège.

gation de lui fournir le logement et le mobilier (1). Quelques
difficultés s'étant élevées sur l'interprétation de cette question, qui, d'après le P. Gabriel, ne comprenait que le simple
logement et non l'abandon des meubles, aucune décision ne
fut prise. Les Pères furent donc obligés de se procurer une
maison, et par acte d'huissier, ils notifièrent aux consuls leur
intention de louer, aux frais de la ville, celle de M. de Fontrailles, sénéchal d'Armagnac, dans laquelle ils avaient déjà
fait porter leur mobilier. Cette maison (2), sise dans la grande
rue, à une distance relativement considérable du collège et
d'un prix de location trop élevé, ne pouvait être acceptée par
les représentants de la cité. Une réunion générale de la jurade
fut tenue le 18 juin 1640 et la décision à prendre fut l'objet
d'une vive discussion. M. de Cazeneuve, syndic de la commune, dit qu'il fallait chercher une autre maison « et jusques alors laisser les Pères sans rien dire ». M. Dagras fut
d'avis qu'il fallait « respondre à l'acte et dire que de gayetté
de cœur, ils (les Pères) s'estoient jettés dans la maison du
dict seigneur de Fontrailles », et que, somme toute, la
maison où ils étaient actuellement logés était plus convenable
pour eux. D'après M. de Lussy, il fallait agir par la douceur,
décider amiablement les Pères à renoncer à leur projet et
attendre que la ville pût négocier l'achat « du Jeu de
paulme » (3), quand elle aurait de l'argent à dépenser en
constructions. Si les Pères se refusaient à attendre, on se
pourvoirait devant le Parlement. M. de Maruque déclara que

(1) Records des 5 et 6 novembre 1639.

(2) Actuellement à M. Descamps, maire de Lectoure. Record du 21 juin
1640.

(3) Le Jeu de paume était près du collège et on y entrait probablement par le
carrérot ou la petite place qui bornaient à l'est le collège lui-même. En 1613,
il était établi dans une maison ou grange du quartier Constantin, appartenant à
Anne de Juau, veuve d'Henri Leventer, lieutenant criminel. Manceau Forai-
gnan, maître paulmier, et Ambroise Tartanac, avocat postulant, en avaient l'entreprise, moyennant un loyer annuel de 120 livres pour la maison et le jeu de
paume avec ses accessoires, « plasteratz, tables, filletz et toyles ». (Act. du
6 décembre 1613, Gavarret notaire, arch. de M. Plieux).

les Doctrinaires étaient fort bien logés et qu'ils n'avaient aucune raison de changer de résidence. Les consuls de Pérès, Dagras, de Maruque et Molas reçurent le mandat de s'aboucher avec le P. Gabriel et de l'amener, s'il était possible, à renoncer à la maison de M. de Fontrailles (1).

Ils se rendirent à cet effet chez le P. recteur; celui-ci étant à l'évêché, ils y allèrent aussitôt, dans l'espoir qu'en présence de l'évêque, l'accommodement serait plus facile. Ils se trompaient. Le P. Gabriel persista dans ses prétentions et déclara qu'il ne renoncerait à la maison de Fontrailles que quand le collège serait achevé. Vainement les consuls lui représentèrent que son logement était au collège, qu'il ne pouvait convenablement habiter dans la grande rue; que les bâtisses seraient faites et terminées dès qu'on aurait reçu l'autorisation de la maréchale de Roquelaure et de son fils, gouverneur de Lectoure; qu'on l'avait déjà demandée, qu'on la demanderait de nouveau par l'intermédiaire d'un député qui se rendrait à Toulouse dans ce but; que, si la maréchale la refusait, la ville bâtirait dans un autre lieu; qu'enfin la communauté lui donnerait deux mille écus s'il préférait présider lui-même à la confection des travaux. Le P. Gabriel accepta l'offre des deux mille écus et promit de procéder aux constructions, mais il refusa de quitter la maison de Fontrailles, malgré « les semonces », qu'au dire de M. de Jolis, l'évêque ne lui aurait pas ménagées. En présence d'une pareille attitude, les consuls décidèrent que, si le P. Gabriel et ses confrères persistaient dans leur projet, « ils fairoient rapporter leurs » meubles au dict collège pour les obliger d'y rentrer doul- » cement » (2). Les Pères s'adressèrent au Parlement; mais ils échouèrent dans leurs prétentions, et nous les trouvons quatre mois plus tard installés dans les maisons de M. de Lauze, avocat du roi, et de M. de Larroque, conseiller au

(1) Records des 18 et 21 juin 1610.
(2) Records des 23 juin et 6 juillet 1610.

sénéchal (1). La location de la première de ces maisons, excessive d'après les consuls, s'élevait à cent livres, qui, après estimation, furent réduites à quarante (2), et elle dura de 1640 à 1650 (3). Les Pères laissèrent la maison de M. de Lauze en si mauvais état, par suite du défaut d'entretien, que, sur ses réclamations, les consuls lui allouèrent une somme de 200 livres à titre d'indemnité (4).

La difficulté relative au logement des Doctrinaires étant résolue, les consuls devaient encore se préoccuper de la construction du collège. C'était pour eux une très lourde entreprise, dont ils ne pouvaient plus ajourner l'exécution. Il était établi depuis dix ans et nous avons vu combien son installation était défectueuse. Les professeurs ne pouvaient habiter dans les anciens bâtiments de l'hôpital, qui menaçaient ruine; ils faisaient tant bien que mal leurs classes dans des maisons particulières lorsqu'ils n'étaient pas obligés de suspendre les cours (5); la vie de communauté leur était impossible et la discipline en souffrait autant que l'instruction. Un établissement dans ces conditions ne pouvait avoir qu'une existence précaire et ne présentait aucune garantie d'avenir. Il fallait donc bâtir, et M. de Borrosse, dans la jurade du 15 mars 1641 en exposa la nécessité en ces termes :

Entre autres, dit-il, il est obligé de faire une proposition sur le subject du collège; car il est vray qu'il n'est rien de plus juste que de donner sattisfaction à des personnes quy sont vouées à la vertu et aux sciences et qu'on a appellé en ville par le comun consantement des habitans comme il rezulte des precedantes deliberations, sy bien que les dits sieurs consuls supplient l'assemblée de considerer la faveur des lettres et des peres de la doctrine qui instruisent la jeunesse et enseignent tout

(1) Arch. mun. Quittance du 15 décembre 1642. La maison de Larrocque était au quartier Constantin et la maison de Lauze attenante au collège.
(2) Record du 29 novembre 1642.
(3) Records des 8 décembre 1640 et 28 décembre 1650. Le loyer de la maison de Larrocque était de 36 livres par an.
(4) Record du 28 décembre 1650.
(5) En 1640 le collège fut fermé pendant quatre ou cinq mois (Record du 8 décembre 1640).

le monde avec proffit meme sur les choses publicques sans que leur cha-
ritté en soyt refroidie, que ces regents ayent souffert dans le college où
n'y a point d'endroit qui ne menasse ruyne et où leur vye ny celle des
escolliers n'est pas assurée, affin que ce soit le bon plaisir des dits
jurats et habitans de bastir le dit college suyvant le plan et les quallifications que les dicts consuls en ont en main, ce quy se pourra faire en
donnant pouvoir aux dits consuls, après les enchéres faictes, de passer
contrat en faveur de l'architete moyns disant, sy mieulx la communauté n'ayme qu'on convienne avec les dits peres de la doctrine du dict
prix moyennant lequel elle sera quitte de tout ce qu'elle doibt contribuer pour le bastiment du dit college.

La jurade décida —

Que l'on bastiroit le dict college et qu'à cet effect on tascheroit de
demeurer d'accord avec les dicts peres de la doctrine à certain prix
moyennant lequel la dicte communauté sera deschargée de tout ce
qu'elle peult avoir promis touchant le dict bastiment, à la charge par
les dicts peres de rapporter par escrit permission de M. le marquis de
Roquelaure de bastir le dict college en l'endroict où ils sont, à la charge
aussy de le faire sur le plan et quallifications déja baillés (1).

Ce plan, dressé par l'architecte Léglize (2), fut agréé d'un
commun accord le 26 avril 1641 et les Pères acceptèrent de
faire procéder eux-mêmes à tous les travaux moyennant une
somme de 6,000 livres, qui leur serait payée dans un délai de
trois ans. Ils passèrent à cet effet le 7 juillet 1641, devant
Bétous, notaire royal, un contrat pour le prix fait de la bâtisse
en faveur de l'architecte Etienne Léglize, et la construction de
l'aile droite fut commencée dans le courant de la même année.
La communauté se trouva dans l'impossibilité d'effectuer à
l'échéance le premier payement des 2,000 livres stipulées ainsi

(1) Record du 13 mars 1641.
(2) Le nom de cet architecte se trouve dans un acte public du 9 juillet 1641
retenu par Bétous, notaire royal de Lectoure, portant vente de sable et stipulant
le prix des charrois à payer pour la construction du college à Jeannot Lauze,
Peyrot Lascombes et Domenge Juis, *sablaires*. Deux autres actes du même
jour sont relatifs à l'entreprise de la pierre et des travaux de menuiserie (Arch.
mun.).

que la rente annuelle (1). Elle offrit aux Pères de leur donner
en compensation une partie des bois de Heugarde et du Carpoa (2), et sur leur refus, elle s'obligea à demander au parlement de Toulouse la permission de s'imposer jusqu'à concurrence de 2,500 livres (3). D'un autre côté, les Doctrinaires,
qui avaient les matériaux à pied d'œuvre (4), se refusaient à
bâtir l'aile gauche tant que la salle qui servait d'église à la
paroisse du Saint-Esprit ne serait pas préalablement démo-
lie (5). Nous savons en effet que l'emplacement de cette
église leur avait été donné en 1650 comme une dépendance
du collège. En vertu de cet engagement, ils assignèrent dès
les premiers jours de l'année 1645, M. de Foyssin, curé du
Saint-Esprit, devant le sénéchal; celui-ci à son tour appela les
consuls en garantie et la sentence fut rendue le 50 mars.
M. de Foyssin fut condamné à délaisser l'église dans quatre
mois à dater du prononcé du jugement, et les consuls furent
soumis à l'obligation de bâtir ailleurs, dans le même délai,
une nouvelle église en remplacement de celle dont les paroissiens du Saint-Esprit se trouvaient ainsi dépossédés. Les quatre mois étaient plus qu'écoulés et les consuls, qui n'avaient
pas obtempéré au jugement, ne cherchaient qu'à gagner du
temps, ainsi que le prouve la délibération suivante :

A esté prononcé quant à l'affaire des peres doctrinaires et du sieur
de Foyssin, chanoyne et curé du Saint-Esprit, que les diets peres doctrinaires seront priés par les dits sieurs consuls avec l'assistance d'aulcuns des habitans, de vouloir surseoir leur poursuitte contre le dit sieur

(1) Record du 11 janvier 1642. Arch. mun. François Bousquet, intendant de
Guyenne, statue sur la pension des doctrinaires par ordonnance du 17 juin
1642.
(2) Record du 12 juin 1642.
(3) Record du 8 janvier 1643. La commune devait encore aux Doctrinaires
2,000 livres sur les 6,000, à la date du 1er janvier 1644 (Record du 24 janvier
1644). Ce record très intéressant énumère toutes les dettes de la ville et donne
la date des contrats constitutifs d'icelles.
(4) Record du 22 mai 1644.
(5) Record du 3 août 1644. Il fut sursis à l'examen de la construction d'une
nouvelle église pour la paroisse du Saint-Esprit jusqu'au retour de l'évêque alors
absent.

de Foyssin, attendeu les grandes affaires et necessités dont la ville est
affligée, en attendant qu'on puisse satisfaire le dict sieur de Foyssin en
luy baillant un lieu pour son eglize, suyvant la sentence donnée au
procès, ou bien les dicts peres doctrinaires en les récompensant d'aultant
de fonds à eux sceant et comodes comme est celuy de l'eglize ancienne;
et en cas ils ne vouldroient temporiser et soy donner cette pattiance,
les dicts sieurs consuls et syndic relleveront et exploicteront
appel de la dicte sentence au parlement (1).

Les Pères auraient voulu élever une construction sur le
terrain occupé par l'ancienne église du Saint-Esprit et obtenir
ainsi un bâtiment régulier, composé, comme aujourd'hui,
d'un corps de logis central, flanqué de deux ailes au levant
et au couchant. Celle du levant était bâtie, mais celle du
couchant ne put pas l'être. L'évêché s'était interposé entre la
communauté, les Pères et M. de Foyssin. Un arrangement fut
conclu et les religieux renoncèrent à leurs droits sur l'emplacement
de l'église, à la condition que M. de Roquelaure, gouverneur
de la ville, autoriserait au même lieu la construction
d'une église neuve, plus étroite « d'un pain » que l'ancienne
(2). Dans le cas où celui-ci refuserait cette autorisation,
la communauté s'engageait à payer aux Doctrinaires
une somme de 500 livres, qui leur fut allouée six ans plus
tard (3). Le marquis de Roquelaure ayant rejeté la demande
des consuls, la chapelle établie sur l'emplacement de l'ancienne
église du Saint-Esprit fut abandonnée, et depuis l'année
1647 le service paroissial se fit dans la maison du sieur
Darmaignac moyennant un loyer annuel de 40 livres (4). La
construction d'une église neuve ne fut votée qu'en 1668 (5),
grâce aux libéralités de l'évêque de Lectoure (6), de l'abbé

(1) Record du 28 juillet 1645.
(2) Record du 1er septembre 1645.
(3) Record du 20 août 1651.
(4) Record du 9 mars 1648 et suivants.
(5) Record du 25 avril 1668.
(6) Louis Cazet de Vautorte, évêque de Lectoure de 1654 à 1671, donna 1,000
livres; l'abbé de Champigny en donna autant (Id.).

de Champigny, prieur du Ritouret, et des consuls (1). Son ancien sol devint le cimetière dont les Pères se séparèrent par un mur.

Les bâtiments du collège, commencés en 1644, ainsi que nous l'avons déjà dit, ne s'élevèrent pas aussi vite que les Doctrinaires et les consuls l'auraient souhaité. La ville de Lectoure traversait alors et depuis quelques années une de ces crises très fréquentes dans son existence. Tous les fléaux s'abattaient sur elle avec une telle persistance que ses revenus déjà peu considérables ne pouvaient suffire à ses besoins. La peste de 1653 fit de nombreuses victimes (2) et entraîna les consuls dans des dépenses auxquelles il était urgent de pourvoir. La ville devint déserte. Des huttes furent construites pour les malades à la métairie du Bousquet de Laboire; les chirurgiens furent pourvus d'une clochette, afin que chacun pût éviter d'être contaminé par eux (3); les Carmes et les Capucins rivalisèrent de charité et plusieurs d'entre eux moururent victimes de leur zèle (4). Les consuls se souvinrent, comme leurs devanciers, que la prière est le moyen le plus puissant pour apaiser la colère divine, et le 12 juin 1653 ils ordonnèrent à tous les habitants « de se mettre à genoux en quel » lieu qu'ilz seront soudain qu'ilz antandront sonner à » branle la grande cloche et celles de tous les couvants, qui à » cet effect seront priés de le faire et dire ung *miserere*, » ou ceulx qui ne le sauront pas diront cinq *pater* et cinq » *ave marias*, affin qu'il plaise à Dieu de vouloir appaiser » son ire et retirer le fléau duquel il a pleu à Dieu de nous » chastier (5). » Pour être suivi, l'exemple devait venir de haut, et il était nécessaire que les autorités de tout ordre

(1) Les consuls allouèrent aux paroissiens du Saint-Esprit une somme de 500 livres payables dans trois ans et certains matériaux de construction (Id.)
(2) Record du 14 mai 1653 et suivants.
(3) Record du 6 juin 1653.
(4) Record du 5 juillet 1653.
(5) Record du 12 juin 1653.

prissent part à la grande manifestation religieuse dont l'initiative leur était due. Les officiers du présidial, les membres du Chapitre et les consuls décidèrent que l'un d'entre eux irait tous les ans, la veille de sainte Magdeleine et le jour de sa fête, à sept heures du matin, pieds nus, à l'église de Saint-Gervais et qu'il suivrait, dans cette humble tenue, la procession expiatoire jusque dans la chapelle des Frères Prêcheurs, où la messe serait célébrée à l'autel de sainte Magdeleine par un chanoine spécialement désigné (1). Ce vœu fut fait le 21 juillet 1653 et accompli le lendemain; les consuls firent la sainte communion; mais Dieu ne se laissa pas fléchir et la peste continua ses ravages. Tous les services publics furent désorganisés, le sénéchal suspendit ses audiences et les magistrats, qui avaient presque tous quitté la ville, furent condamnés par arrêt du 9 septembre à reprendre leurs fonctions sous peine d'une amende de 1.000 livres. Comme ils se refusaient d'obtempérer à cette injonction, un nouvel arrêt du 20 du même mois éleva l'amende à 4,000 livres (2). Le collège fut fermé « pour éviter la communication du fléau » des ungs dans les aultres » (3) et les écoliers qui étaient restés en ville durent se retirer dans leurs familles. La peste avait déjà depuis l'année 1645 (4) ruiné la plupart des habitants de la campagne, dont les ressources étaient plus qu'absorbées par l'obligation de loger et de nourrir les troupes de passage, si nombreuses en Gascogne pendant les guerres de la Fronde (5). Pour comble de malheur la cathédrale Saint-Gervais menaçait ruine et il fallut la reconstruire en partie (6).

(1) Record du 21 juillet 1653. Le s' Vincegverte, chirurgien, désinfecta 850 maisons.

(2) Record du 23 septembre 1653.

(3) Record du 26 mai 1653.

(4) Record du 2 novembre 1645 et suivants.

(5) Record du 29 mai 1650 et suivants.

(6) Records des 28 juillet 1632, 6 et 20 octobre 1639, 16 et 25 février 1646, 23 juillet 1659, 14 juin 1738, etc. Le chapitre, qui faisait son service dans l'église des Cordeliers pendant les réparations de la cathédrale, n'y revint qu'en 1747 (Arch. de Saint-Gervais, registre de la Confrérie de N.-D. de l'Assomption).

Le château dut être réparé pour recevoir le duc de Montmorency, qui y fut conduit par le maréchal de Schomberg dans le mois de septembre 1632 (1) et en repartit le 25 octobre suivant sous la garde du marquis de Brézé (2). Le peuple, exaspéré par la misère, ne tarda pas à se soulever et l'établissement de la gabelle mit le comble à son irritation. Lestrade, sergent de Saint-Clar, chargé de publier l'édit royal, fut pris par les émeutiers; le consul de Lacoste n'échappa aux fureurs populaires qu'avec l'aide de la troupe mise par le marquis de Roquelaure à la disposition des officiers municipaux (3). Ces troubles et ces désordres ruinèrent à peu près complétement la ville et il n'est pas surprenant qu'en 1656 la construction du collège fut encore inachevée. Les Pères étaient comme précédemment logés dans les maisons particulières, et celle qu'ils occupaient fut trouvée « si incommode » que les consuls prirent le parti d'en acheter une plus convenable et mieux située (4).

Le collège fut enfin achevé et il devait l'être depuis peu d'années lorsque son existence se trouva gravement compromise. Louis XIV (5) avait rendu en 1667 un édit ordonnant la vérification des dettes de toutes les communautés du royaume et l'attention de M. Pellot, intendant de Guyenne, dut se fixer particulièrement sur l'état des finances de la ville de Lectoure. Les consuls avaient, à maintes reprises, demandé à contracter des emprunts (6); l'entretien des Doctrinaires, l'achat des maisons contigües au collège, la construction du collège lui-même, avaient été plus d'une fois allégués pour obtenir l'avis favorable de l'autorité supérieure.

(1) Record du 10 septembre 1632.
(2) Record du 25 octobre 1632.
(3) Record du 14 juin 1635.
(4) Record du 3 mars 1656.
(5) Louis XIV était passé à Lectoure le 4 octobre 1659 avec la Cour (Records).
(6) Record du 20 janvier 1666 et autres. Pour être payés de leur pension annuelle, les Doctrinaires étaient obligés de menacer la ville d'un procès, et celle-ci devait fatalement recourir à des emprunts très souvent répétés.

Il s'agissait maintenant de savoir si la ville trouvait plus d'avantages que de charges au maintien d'un établissement dont la création avait exigé de si lourds sacrifices. M. Pellot ne pouvant se rendre personnellement à Lectoure y envoya, en qualité de commissaire subdélégué, M. Daspe, président et juge au siège présidial d'Auch. Ce magistrat étant arrivé vers la fin du mois de janvier 1668, visita le collège, dressa un procès-verbal de son état actuel et prit une note exacte de ses revenus et de ses dépenses. Il se rendit ensuite à l'hôtel de ville, lut aux consuls le texte de la commission en vertu de laquelle il agissait et les requit de convoquer une jurade générale. La décision à prendre était de la plus haute importance, puisqu'il fallait, d'après M. de Boubée, premier consul, « savoir si les habitans agréent la continuation du » dict college et s'ils jugent que ce soit une utilité publique. » La discussion ne fut pas longue, et d'un commun avis, sans trace de la moindre contradiction, le maintien du collège fut voté. Nous ne croyons pouvoir mieux faire que de repro- duire le texte entier de la délibération, qui nous édifiera sur les diverses œuvres dont les Doctrinaires s'occupaient en dehors et sans préjudice de l'enseignement classique :

M. Ducasse, juge mage et president, a representé que de tout temps il y avoit en ceste ville jusques à quatre regents aux gaiges de 1,200 li- vres; mais parce qu'ils se revoltoient bien souvent comme c'estoient des personnes seculieres qui ne prenoient pas dutout le soing qui estoit necessaire pour regler les mœurs de la jeunesse et leur inspirer la piété avec la doctrine, l'année 1640, les habitans de ceste ville, portés à ce bon dessein par Mgr d'Estresses lors evesque d'icelle, y appelerent les peres de la doctrine et les establirent en la presante ville, leur baillant le college avec une augmentation de cent soixante deux livres de gaiges tant seulement pour ce qui concerne la rente, le reste des gaiges qui leur sont attribués se prenant sur la prebande preceptorialle, qui y est affectée par les ordonnances, et sur les cinquante livres que le dict seigneur evesque leur a donné de rente annuelle et perpetuelle; depuis lequel establissement, c'est chose cognue à toute la province, que les dicts peres ont travaillé avec tant de sussès à l'extirpation de l'eresie et

et à la conversation *(sic)* de ceulx de la religion pretendue refformée
qu'il n'y poinct bon habitant qui ne juge qu'il est importanturpot, achever la conversion de ceulx qui restent faisant profession de la dicte relligion pretendue refformée, de supplyer très humblement le Roy de
laisser en la presante ville le college des dicts peres, veu qu'ils travail-
lent non seullement à l'instruction de la jeunesse, aux bonnes lettres et
à la philosophie dans une ville où il y a un evesché, chapittre cathe-
dral, et où les roys ont estably dès longtemps un senechal et siege presidial, mais aussy par leurs catechismes enseignent au public la doctrine qui est necessaire pour leur salut. Le procureur du roy a dict
n'empescher qu'il ne soit deliberé sur la dicte proposition, pour n'y avoir
rien de contraire au service du roy et bien publicq, et à suite, les sieurs
syndiqs du Chapitre, de la noblesse, de la ville et juratz ayant oppiné,
tout d'une comune voix ont dict : que le dict college depuis son establissement faict en l'année mil six cens trente a porté une infffinitté de
biens au publicq de ceste ville et jurisdiction par le soing continuel
qu'ilz ont de bien et fidellement instruire la jeunesse et à catechiser le
puble tous les dimanches et festes en la ville et paroisses de la dicte
jurisdiction qui est d'assés grande estendue, étant constant que le menu
puble seroit sans eux fort ignorant des mysteres de nostre relligion; et
sy d'ailleurs aulcun des peres du dict college sont perpetuellement attachés à vizitter les prisonniers et malades, les confesser, exorter et
ayder à bien mourir et confessent aussy continuellement en leur esglize,
de maniere qu'ilz ont beaucoup aydé à la conversation de plusieurs
habitans de ceste ville qui faisoient profession de la relligion prethan-
due refformée, et continuent à faire leur possible à convertir ceulx quy
restent encore; en oultre de ce, bien temporel et utillité publicque s'y
rencontre en ce que le dict college attire en ville beaucoup d'estraugers
des lieux du voysinage, et par ce moyen les habitans desbittent leurs
denrées; et c'est encore constant qu'auparavant l'establissement du dict
college, la ditte ville tenoit gaiges à quatre regens seculiers aus quels
on donnoit annuellement pour leur entretient ou gaiges doutze cens
livres et quelquefois davantage, sy bien que par l'establissement du dict
college, la communauté n'a augmenté la despence que de bien peu,
n'ayant donné par an, comme il appert des contratz sur ce passés, que
treitze cens soixante deux livres, les seigneurs evesques et messieurs
du Chapitre de ceste ville ayant contribué pour le surplus de leur
entretien; et pour toutes ces considerations, demeurent tous les habitans bien satisfaicts des peres du dict college qui ont tousiours vécu
exemplairement et sans le moindre reproche; sy bien que par le dict

sieur juge mage a été conclu un arresté que la presante deliberation demeurera chargée que, vu les biens et advantaiges que la presante ville retire du dict college, tous les habitans d'icelle supplyent très humblement Sa Majesté d'y maintenir les peres de la doctrine et mon dict seigneur de Pellot, intendant de la province, de donner son avis conforme aux vues et suffraiges des dicts habitans, et qu'à ces fins il sera baillé extraict du present record au dict sieur Daspe commissaire, son subdelegué (1).

(1) Record du 28 janvier 1668.

# CHAPITRE VI.

C'est donc « tout d'une commune voix » que le clergé, la
noblesse, les consuls et les jurats demandaient le maintien
d'un établissement dont l'existence fut pendant longues
années à l'abri de toute vicissitude. La commune et les Doctrinaires exécutèrent scrupuleusement les conditions du
contrat du 12 octobre 1650 et c'est sans doute à cette bonne
harmonie que nous devons le profond silence qui, pendant
près d'un siècle (1668-1759), se fait autour du collège lectourois (1). Nous en profiterons pour donner la description
des bâtiments scolaires, tels que nous avons pu les reconsti-
tuer d'après un rapport d'experts du 17 août 1770 (2), et
pour tracer un rapide aperçu sur l'instruction publique et
l'éducation de la jeunesse au xviiᵉ siècle.

Le collège de Lectoure formait, lors de sa première construc-

(1) Le livre des records municipaux présente une lacune de quatre ans, de
1686 à 1690.

(2) Arch. mun., 35 pages in folio. Rapport dressé par Raymond aîné et Jean
Bressolles cadet, entrepreneurs architectes à Toulouse, sur l'état des constructions du collège. Il conclut à la reconstruction entière des bâtiments.

tion, un rectangle à peu près parfait, limité au midi par la grande rue Droite, au couchant par l'emplacement de l'ancienne église du Saint-Esprit transformée en cimetière, au nord par la rue Déserte ou de Reillas et au levant par une ruelle qui reliait cette dernière avec la rue Droite. Il était séparé du cimetière du Saint-Esprit par un mur contre lequel était adossée une travée de cloîtres intérieurs supportés par des piliers en pierre.

La porte principale de l'établissement, placée entre deux piliers surmontés d'une plate-bande, s'ouvrait au moyen d'un double vantail et donnait accès dans un couloir à ciel ouvert entouré de deux murs. Celui de gauche le séparait du cimetière et celui de droite de l'église, dans laquelle on entrait par une porte ouvrant sur un tambour en bois de chêne et de sapin. L'autel placé en face, était surélevé de deux marches et le lambris en bois, supporté par cinq poutres, était couvert d'une peinture blanche à la colle. Cette église, orientée du couchant au levant, était éclairée au moyen de plusieurs baies placées en regard les unes des autres et prenant le jour au midi sur la grande rue Droite et au nord sur la principale cour intérieure. La sacristie placée à gauche du sanctuaire était formée de quatre murs, dont un en pans de bois, et était éclairée sur la même cour par une fenêtre trop large pour sa hauteur. Les carreaux losangés du châssis étaient retenus entre eux par des bandes de plomb munies d'une double rainure. Trois portes s'ouvraient dans cette sacristie; celle de droite conduisait dans une chapelle de congrégation, dite des artisans, éclairée par une fenêtre au levant sur une petite cour appelée *cour de la souillarde*, séparée de la rue Droite par un mur de six toises environ; la seconde, placée en face de celle qui communiquait avec l'église, menait au passage de la cloche réglementaire, et la troisième correspondait avec le grand escalier.

En sortant de l'église, on revenait au couloir d'entrée, clôturé au nord par une claire-voie placée en face de la porte principale et ouvrant sur la grande cour intérieure. Cette cour, pavée sur toute son étendue, était formée au midi par le mur de l'église et aux trois autres côtés par un cloître ou galerie couverte, éclairée par des baies en forme d'arceau reposant sur des piliers de pierre. Quelques-uns de ces piliers étant trop faibles pour supporter le poids et la poussée des murs, un certain nombre d'arceaux avaient dû être maçonnés. C'est par cette galerie qu'on entrait dans les classes. Celles de philosophie, de rhétorique, d'humanités et de troisième, éclairées sur la rue de Reillas, étaient placées au nord et en face de l'église. Le réfectoire venait ensuite, ainsi que la cuisine, qui formait l'angle nord-ouest et prenait jour sur la cour de la « souillarde. » La partie du cloître adossé au mur du levant permettait d'entrer dans les classes de quatrième et de cinquième et dans une tour qui renfermait un escalier dérobé en pierre, par lequel on descendait dans les caves. Derrière cette tour se trouvait un puits, un lavoir et la procure ou économat de l'établissement.

La classe de cinquième était placée près du grand escalier, dans lequel on arrivait par un large arceau dont les côtés s'appuyaient, au nord, sur le mur de la classe de cinquième, et au midi sur celui de la sacristie et de la chapelle des artisans. En face et sur une élévation formée par deux marches, une porte donnait accès dans la cour de la « souillarde » et dans le clocher de l'église bâti au levant. Le premier palier du grand escalier était éclairé par une large croisée au levant. A gauche de ce palier, une porte, placée sur deux marches en pierre, s'ouvrait dans un premier dortoir planchéié et aéré à l'aide de trois ouvertures. Sur la gauche de ce dortoir, établi au-dessus des cloîtres et de la classe de quatrième, on trouvait trois portes, dont la première et la troisième conduisaient dans des chambres et la seconde dans l'infirmerie, éclairée au couchant par une fenêtre unique. En face de la troisième de ces portes, c'est-à-dire à droite, une autre porte s'ouvrait sur un second dortoir placé au-dessus de la classe de quatrième, du réfectoire et de la cuisine, et éclairé par une croisée. A droite et à gauche de ce second dortoir s'étendaient huit chambres éclairées au couchant et au levant, et servant selon toute probabilité au logement des professeurs. Pour sortir de ce second dortoir, il fallait nécessairement traverser le premier, par lequel on pouvait, en allant droit devant soi, revenir sur le premier palier du grand escalier, ou, en prenant la gauche, arriver à l'escalier dérobé par lequel on entrait dans la bibliothèque. Cette pièce, certainement la plus confortable du collège, était planchéiée, éclairée par trois fenêtres et garnie d'une cheminée. Le haut de l'escalier dérobé se terminait en forme de pavillon recouvert de tuile à crochet. De là, on arrivait au galetas qui occupait tout le haut du grand corps de logis, c'est-à-dire le dessus des dortoirs, de l'infirmerie et des chambres placées à droite et à gauche de ces dortoirs. Revenant ensuite au premier palier du grand escalier, on gravissait quelques marches et on trouvait à gauche une porte ouvrant sur un autre galetas, qui s'étendait au dessus de la sacristie et de la chapelle de la congrégation des artisans. Par une seconde porte placée sur le même palier, on descendait au moyen de quelques marches dans la tribune de l'église, appliquée contre le mur du nord, à gauche du sanctuaire et du maître-autel.

Telle était, aussi exactement décrite que possible, la disposition intérieure du premier collège de Lectoure; examinons maintenant la vie de l'enfant et le système d'éducation qui lui était donnée au moment où ce collège fut établi.

L'éducation au XVIIe siècle avait un but supérieur à tout autre : former l'âme plutôt que le corps de l'enfant, et l'aguerrir, en l'élevant rudement, contre les maux et les difficultés de la vie. Tout, dans ses premières années, fait naître et développe le sentiment religieux. On l'encourage aux jeux qui rappellent les traditions chrétiennes; on se plaît à lui voir dresser des crèches, des paradis et des reposoirs. Les processions surtout sont en grand honneur, et Racine, le meilleur des pères, ne dédaigne pas d'y prendre part avec ses enfants : ses filles étaient le clergé, son fils Louis le curé, et l'auteur d'Athalie, chantant avec eux, portait la croix (1). Les parents fournissaient des ornements qui servaient à ces jeux édifiants, que l'écolier reprenait avec joie quand un jour de congé l'éloignait momentanément du collège. La première instruction, presque toujours donnée par les parents, était bientôt remplacée par celle du maître ou de la maîtresse d'écriture, qui prenait l'enfant en pension et se chargeait, moyennant 60 livres par an, de lui apprendre la lecture et les rudiments du calcul. Plus tard le même enfant était admis chez un maître latiniste, qui le recevait à certaines conditions stipulées d'avance et à peu près invariables dans nos contrées. N'ayant trouvé aucun contrat de pension passé à Lectoure, nous nous permettrons de publier le suivant, à l'aide duquel on pourra être fixé sur le prix, le mode de rétribution et les obligations des régents latinistes de la Gascogne :

Sera mémoyre que le 13 febvrier 1641, j'ay convenu avec M. de Colomès de luy bailher mon fils Isaac en pension chez luy, lequel il m'a promis de nourrir et entretenir de bouche sullement et l'apprandre et instruyre aux bonnes lettres, et ce moyennant, j'ay promis de luy payer annuellement la quantité de neuf cartaux de bled, neuf escutz en argent faisant vingt-sept livres, douze charges de boys fagot, un quartier de lard, une oye et une barrique de vin, payable la susdite pension en deux parts, la moytié avant may et l'autre dans six moys, sur quoy luy ay baillé dix-huict livres, et nous sommes soubssignés (2).

(1) L. Racine, *Mémoires* dans les *Œuvres de J. Racine*, éd. Mesnard, t. 1 p. 202.
(2) Livre de raison de Guillaume Plieux, procureur du roi au siège présidial et sénéchaussée de Condom (1580-1650). — Arnaud Marquevieilhe, régent au collège de Condom, prend chez lui Pierre Ducosso, écolier, né à Lauraët, « pour le » nourrir et entretenir de bouche et couche pendant le temps et espace d'un an » moyennant la quantité de 9 cartals blé, 24 livres d'argent, 2 barriques de vin, » 12 charges de bois et un quartier de lart, le tout payable par trois mois, pro-

Le maître écrivain et le latiniste constituaient les deux étapes qu'on franchissait avant d'arriver au collège, « en la » nourriture duquel le père de famille avoit un double regard, » l'un à la conservation de la jeunesse gaie et innocente, l'au- » tre à la scholastique pour faire oublier les mignardises de la » maison et comme pour dégorger en eau courante (1). » Au xvii<sup>e</sup> siècle l'internat était à peu près inconnu, surtout dans les petits collèges de province, et nous savons que les consuls de Lectoure avaient défendu aux Doctrinaires de recevoir des pensionnaires. Il n'y avait donc que des externes, appelés Galoches ou Martinets (2), rentrant chez eux tous les soirs, et ayant le double avantage de la vie de famille et de l'instruction publique.

Il est vrai qu'il en résultait aussi parfois une certaine dis- sipation, par suite des allées et venues quotidiennes de la mai- son au collège. L'écolier allait souvent seul dans les rues de la ville, livré à lui-même et sans aucune surveillance, les bourgeois chez lesquels il était logé se souciant assez peu de l'accompagner lorsqu'il sortait pour se rendre aux classes. De là, ces « charivaris à bassins et sonnettes », dans lesquels il était trop souvent surpris par les agents du guet, malgré la salutaire terreur que lui inspirait la férule ou le martinet. Il était externe et pouvait par suite assister aux spectacles et aux représentations de toute nature qui se donnaient dans la ville qu'il habitait. Les exercices du cheval avaient pour lui un attrait tout particulier, et c'était une vraie fête que de voir

---

» mettant de le nourrir et entretenir ainsy qu'un bon pantionnaire doibt estre » entretenou ». (Acte du 9 septembre 1617, Bézian, notaire à Condom, étude de M<sup>e</sup> Préchac). — Alexandre Silvy, maître écrivain, prend en apprentissage Pierre Marcadé pour lui apprendre « à bien lire, escripre, compter et l'art d'agrimen- » seur » pendant une durée de quatre ans et moyennant la somme de 160 livres. (Acte du 15 janvier 1651, Lacave, notaire à Condom, étude de M<sup>e</sup> Préchac).

(1) *Mémoires inédits d'Henri de Mesmes*, dans les *Variétés historiques et littéraires*, t. x, p. 151.

(2) Pasquier, *Recherches*, l. ix, p. 792, dans Lacurne. — Jean Labarthe, « hoste » de Lectoure, fournissait à François Réginou, écolier, sa dépense pour une année complète moyennant 25 écus sols. (Acte du 6 août 1606, Lapèze no- taire à Lectoure, étude de M<sup>e</sup> Latour).

arriver un « académiste » avec sa suite de chevaux et de sal-
timbanques. Les hommes d'âge mûr partageaient cet enthou-
siasme de la jeunesse et les consuls trouvaient autant de
bénéfice que d'honneur à recevoir dans leurs murs les troupes
équestres, qui, y faisant un long séjour, constituaient pour
la ville une somme de revenus considérables. Un de ces aca-
démistes, nommé de Boyssac (1), manifesta le désir de venir
à Lectoure dans le courant du mois de juillet 1645, et sur
sa demande d'un logement, la jurade prit le 28 du même mois
la délibération suivante :

M. de Jolis expose qu'un académiste a esté en ville pour tascher de
s'y loger s'il peult et demande la mesme grace qu'on luy a faict en
d'autres villes, mesme en celle de Condom (2) où il est presantement,
qu'on luy donne logemeut, escuryes et couvert pour faire le manege
des chevaux et l'on dict que ceste cadémye apportera du bien et utillité
à la ville par le grand abord et l'agrement des personnes qui fairont et
suyvront cest exercisse, qui y despensseront leur argent et donnront à
gaigner aux hostelleries et artisans, ce quy fera reflection sur le corps
et communaulté, oultre que la ville en sera honnorée.

## M. de Lucas, juge criminel, dit :

Pour la cademiste qui desire de se loger en ceste ville, il est notoire
que l'exercisse de son académye sera utile et honorable à la ville puisqu'un bon nombre de gens de noblesse y viendront loger et y despen-
seoir leur bien et ainsy l'utillité en sera grande soict aux artisans et
aultres personnes oultre le divertissement honnorable qui se pourra
faire de son exercisse par beaucoup de personnes; que sy à Condom et
aultres lieux où il a logé jusques icy, on luy a donné logis, escurye et
couvert pour faire son manège, il serait d'advis de luy accorder le logis
sy tant est qu'à Condom on le luy ait donné, de quoy les dits sieurs
consuls se doibvent prealablement informer et pour le louage de son
logis luy donner 40 ou 50 livres pour le louer luy-même sans que la

(1) Record du 15 juillet 1645.
(2) MM. de Cavaignan et de Lartigue, gentilshommes d'Armagnac, avaient
établi à Condom, en 1604, une académie de cette nature « pour servir à l'ins-
» truction de la jeunesse en plusieurs actes de vertu et à la commodité des habi-
» tants » (Délibérations des 22 novembre 1604 et 31 janvier 1605).

ville soyt tenue respondre aulcunement du dict logis ny des ruynes et deteriorations qui y pourroient arriver au propriétaire ny aultre personne que ce soit.

Sur cette proposition, la jurade décida quelle payerait à l'académiste une somme de 40 ou 50 livres, mais pour un an seulement et sans que la responsabilité de la ville pût être engagée par son fait (1). Il est probable que les élèves du collège de Lectoure ne perdirent pas l'occasion, alors si rare dans nos provinces reculées, d'assister aux exercices de cette troupe composée vraisemblablement d'un « artiste », d'un maître d'armes, d'un joueur de luth, d'un baladin et de chevaux dressés en liberté.

Les travaux de l'esprit sous toutes les formes, la musique religieuse ou profane, la danse, étaient aussi très appréciés par la jeunesse du XVIIe siècle. Guillaume Amat (2), Jean Larroque (3), Ramond Gautier (4) et Bernard Balanges (5) donnaient de 1609 à 1660 des leçons de violon aux enfants de Lectoure. Arnaud Labat (6), Jean de Rizon (7), Géraud Chaubet (8), Antoine (9), Jean (10) et Bernardin Peyronel (11),

(1) Record du 28 juillet 1645. La ville paya en réalité 72 livres pour le logement et l'écurie de l'académiste (Record du 15 juillet 1646).

(2) Guillaume Amat s'était marié le 1er avril 1607 avec Ramonde Darreyx, fille de Bernard Darreyx, praticien et d'Audide Duguassin (Lapèze notaire de Lectoure; étude de Me Latour).

(3) Arch. de Saint-Gervais. Registre de la confrérie du Corpore Christi, 1609.

(4) Actes des 20 janvier 1611 et 12 septembre 1630 (Lapèze notaire de Lectoure; étude de Me Latour).

(5) Actes des 12 novembre 1620, 15 janvier 1651 et 5 février 1652 (Lapèze notaire de Lectoure; étude de Me Latour).

(6) Arch. de Saint-Gervais. Registre de la confrérie du Corpore Christi, 1609.

(7) Id. Jean de Rizon, prêtre, est qualifié dans certains actes de maître de musique, de maître de la psallette et de la musique de Saint-Gervais (Actes des 6 novembre 1652; Lapèze, notaire, 12 mai 1655, 12 janvier 1656 et 31 juillet 1658, Labat, notaire; étude de Me Latour).

(8) Arch. de Saint-Gervais. Registre de la confrérie du Corpore Christi, 1610, 1633, et 1638.

(9) Acte du 23 décembre 1665, Labat, notaire de Lectoure (Étude de Me Latour).

(10) Jean Peyronel, maître de la psallette de Saint-Gervais, marié avec Dauphine Gautier (Acte du 30 janvier 1672, Labat notaire; Étude de Me Latour).

(11) Bernardin Peyronel, marié avec Jeanne Coté (Actes des 10 juin 1672, 27 juin 1687, 23 mai 1689, 9 mai 1694, 22 mai 1714, 14 septembre 1716, Labat, notaire, et 20 octobre 1702, Bétous, notaire; étude de Me Latour).

Pierre Durand (1) leur enseignaient la musique (2), tandis que Louis (3) et Jean Molinier (4), Sicard fils aîné (5), François Thierry (6) et Jean Artiguemilh (7), maîtres sculpteurs sur bois, ornaient la chapelle de Notre-Dame de l'Assomption d'un rétable artistement fouillé et de gradins dorés, qui étaient l'objet de leur admiration. — Mais rien ne passionnait les jeunes gens comme le théâtre et les discussions philosophiques.

Non seulement les écoliers jouaient des tragédies ou des comédies, mais ils en composaient eux-mêmes. C'est ainsi qu'en 1682 « messieurs les escolliers philosophes » dédient aux consuls une comédie, qu'ils désirent faire jouer en ville, si celle-ci veut toutefois se charger de monter le théâtre et de

---

(1) Pierre Durand, prêtre, docteur en théologie, maître de musique et directeur de la psallette de Saint-Gervais, fit son testament le 8 juin 1666. Il vivait encore le 23 mai 1670 (Labat, notaire de Lectoure; étude de M° Latour).

(2) Parmi les autres maîtres de musique qui se sont succédé à Lectoure, nous remarquons :

*Henri Boret* (actes des 18 novembre 1759, 8 avril 1761, 6 janvier 1763, Comin, notaire, 23 mai 1761, Labat, notaire et 30 décembre 1736, Bétous, notaire; étude de M° Latour);

*Joseph Duvergé* (acte du 23 août 1764, Comin, notaire; même étude);

*Pierre Bellaucq* (acte du 7 mars 1771, Comin, notaire; même étude);

*Pierre-Christophe Locré* (actes des 11 septembre 1771, 16 juin 1772 et 6 février 1775, Comin, notaire; même étude);

*Jean Mouchez* (actes des 29 août 1775, Comin, notaire et 22 mars 1776, Bétous, notaire; même étude);

*Arnaud Ruamps* (actes des 17 octobre 1702 et 29 avril 1731, Bétous, notaire; même étude);

*Jean Lacouture*, maître à danser (acte du 13 octobre 1731, Bétous, notaire; même étude);

*Joseph Lachapelle* (actes des 19 mars 1735 et 26 avril 1738, Bétous, notaire; même étude).

(3) Arch. de Saint-Gervais. Registre de la confrérie de N.-D. de l'Assomption, 1705-1709.

(4) Jean Molinier, né à Breuil-de-Maigné, juridiction de la Rochelle, se maria le 10 juin 1684, à Lectoure, avec Anne Rouillan, fille de Dominique Rouillan, maître arquebusier (Actes des 23 septembre 1685, Labat, notaire, et 24 mars 1709, Bétous, notaire; étude de M° Latour).

(5) Arch. de Saint-Gervais. Registre de la confrérie de N.-D. de l'Assomption, 1705-1709.

(6) François Thierry, né à Bourges, se maria le 23 septembre 1685 à Lectoure, avec Jeanne Desvaux (Labat, notaire; étude de M° Latour).

(7) Jean Artiguemilh, maître sculpteur de Lectoure, fit en 1672, un tabernacle pour le grand autel de l'église Saint-Barthélemy de Condom, au prix de 60 livres (acte du 23 septembre 1672, de Rizon, notaire de Condom; étude de M° Préchac).

fournir une collation aux acteurs. Sur une demande si flat-
teuse, la jurade « donna aux consuls pouvoir de faire le téatre
» aus dits escoliers et de leur donner la collation, le tout aux
» despens de la communauté (1) ». Quelques années plus
tard, ce sont les professeurs qui offrent à leur tour aux consuls
une comédie de leur composition, pour la représentation de
laquelle la ville leur offrit « le téatre et les chandelles (2) ».

La soutenance des thèses avait lieu à la fin du cours de
logique et les consuls en acceptaient l'hommage (3), de même
qu'ils étaient flattés d'assister aux discussions philosophiques
qui avaient lieu dans les couvents. Le Provincial des Jacobins
ayant prévenu les consuls de Lectoure que le Chapitre de
l'Ordre allait être tenu dans leur ville, ils acceptèrent la dédicace des thèses que le P. Roques, professeur de philosophie,
se proposait de faire soutenir par les religieux (4). En reconnaissance de cet honneur, la ville fit aux religieux une aumône de 60 livres (5). On pouvait voir dans les représentations théâtrales et dans la discussion des hautes questions
philosophiques les avantages et les défectuosités de l'enseignement classique, tel qu'il était donné dans nos collèges de
province et qui tendait à former des orateurs, des prédica-
teurs ou des avocats, plutôt que des hommes destinés à remplir
des fonctions plus modestes (6). Et cependant, cet enseigne-

(1) Record du 20 mai 1682.
(2) Arch. mun. Quittance du 30 juin 1692, Record du 13 juin 1717.
(3) Record du 10 juin 1663. « Voté 30 livres pour les tesses que les escolliers
» ont desdié à la communauté ».
(4) Record du 30 mars 1734. Trois de ces thèses furent l'objet d'une vive discussion dans les facultés de théologie. Les *Nouvelles ecclésiastiques* du 1er
septembre 1734 en formulent ainsi l'exposé : « Les Dominicains de Lectoure,
» pendant la tenue du Chapitre provincial, ont soutenu (le 20 mai) que le juste
» peut rester juste sans la grâce actuelle, pourvu que ce ne soit pas pendant
» longtemps; *neque diu stabit justus sine tali auxilio.* — Que l'homme (thèse
» du 21 mai) peut sans un secours spécial de Dieu observer un ou deux préceptes
» de la loi naturelle; *unum aut alterum.* — Et dans celle du 24 mai : Dieu se
» communique, dit-on, à tous les hommes autant qu'il est en lui; la grâce suffi-
» sante ne manque à personne, et cette grâce (donnée à tous) donne (à tous) un
» pouvoir *prochain, complet et dégagé* ».
(5) Arch. mun. Quittance du 25 mai 1734.
(6) A. Babeau, *Les Bourgeois d'autrefois*, p. 298.

ment, malgré ses imperfections, ne valait-il pas mieux que
notre internat moderne, dans lequel la vie de famille et les
traditions du foyer domestique sont oubliées par la plupart
des élèves? et n'est-ce pas trop souvent le cas de répéter avec
Mercier : « Rien n'étonne plus un étranger que la manière
» leste et peu respectueuse avec laquelle un fils parle ici à
» son père. Il le plaisante, le raille…. On ne saurait distinguer
» le père de famille dans son propre logis…; s'il ouvre la
» bouche, son gendre le contredit et ses enfants lui disent
» qu'il radote… (1) ».

(1) *Tableau de Paris*, chap. 319.

# CHAPITRE VII

Misère du peuple; zèle des Doctrinaires. — Projet d'établissement d'un
Grand Séminaire par Hugues de Bar, Robert de Beaufort et Claude de
Narbonne-Pelet. — Etat des possessions des Doctrinaires. — Vote de
la jurade les autorisant à recevoir des pensionnaires. — Les Doctrinaires
et le Jansénisme à Lectoure.

Les difficultés qui avaient marqué le début du collège de
Lectoure étaient aplanies et, si les Doctrinaires donnaient à
leurs élèves le pain de l'intelligence, ils distribuaient aussi
celui de la vie spirituelle aux populations éprouvées par la
misère et la famine. Plus les besoins de l'âme et du corps se
faisaient sentir, plus ils se dépensaient en prédications de
toute sorte et en missions suivies de plantations de croix
commémoratives (1). Les pauvres mouraient littéralement de
faim et nul ne voulait les ensevelir (2); les religieux se chargèrent de ce soin pieux. Le personnel des Doctrinaires était
d'ailleurs assez nombreux pour parer à toutes les exigences,
puisqu'en 1695 ils étaient au nombre de dix, savoir quatre
prêtres, quatre clercs et deux frères lais (3). Ils formaient,
non seulement des jeunes gens aptes à toutes les professions
civiles, mais encore des aspirants au sacerdoce. Les études
de ces derniers étaient forcément limitées et, a 's les deux

(1) Records des 3 juin 1724, 21 mai 1738, 27 mai 1765, etc...
(2) Livre des recettes et dépenses, 1694, p. 12,
(3) Arch. mun. Recensement de la population de Lectoure, 1695.

années de philosophie, ils devaient se rendre dans les villes d'Auch, d'Agen ou de Toulouse.

L'évêque Hugues de Bar, voulant faciliter le recrutement de son clergé, résolut d'établir un grand séminaire dans sa ville épiscopale. Il acheta dans ce but à Bernard de Mauquié, avocat à la cour présidiale, trois maisons, dont l'une très vaste était entourée d'une vigne et d'un jardin. Ces divers immeubles, situés au faubourg Saint-Gervais, furent payés avec une somme de 2,000 livres, que Pierre de Castaing, lieutenant principal à la sénéchaussée d'Armagnac, avait léguée à l'évêque par une clause spéciale de son testament du 13 février 1678 (1). Ils étaient limités au midi par une vigne appartenant au syndic des Jacobins, au couchant par un pâtus communal, au levant par diverses maisons qui débouchaient sur la rue du Campardiné et au nord par la grande rue (2). Malgré son étendue, cet emplacement était encore trop restreint et Hugues de Bar obtint en 1680, de la communauté, la cession d'une certaine quantité de terrain, qui lui permit d'en reculer les limites du côté du couchant (3). C'est dans ces conditions que l'évêque entra en pourparlers avec la congrégation de l'Oratoire, et que, par acte du 1er juin 1681, il revendit aux PP. Vincent Pelant et Louis Darfeuille, tant pour eux que pour leurs successeurs, au profit de l'Oratoire et de la commune de Lectoure, la maison qu'il avait précédemment achetée à M. de Mauquié (4). Les Oratoriens paraissaient décidés à prendre possession du séminaire, puisque quelques mois plus tard ils se rendaient, concurremment avec la ville, acquéreurs d'une maison appartenant à la veuve Chelle et contiguë à la leur (5).

(1) Labat, notaire à Lectoure (Etude de Me Latour).
(2) Acte du 30 avril 1680 (Id.).
(3) Record du 26 décembre 1680.
(4) Labat, notaire à Lectoure (Etude de Me Latour).
(5) Acte du 10 septembre 1681, même notaire. Cette maison, achetée au prix de 36 livres, fut payée moitié par les pères de l'Oratoire et moitié par la ville de Lectoure.

Les deux établissements d'instruction dirigés par les Doctrinaires et les Oratoriens se seraient complétés l'un par l'autre. Malheureusement des obstacles divers empêchèrent la
réalisation de ce projet, qui ne fut repris qu'en 1743, sans
pouvoir jamais être complètement exécuté, malgré le désir et
l'intérêt de la ville, nettement établis par la délibération suivante, du 31 juillet de cette année. M. Darribau, premier consul, y expose d'abord que l'évêque veut arriver à une entente
avec les Pères de l'Oratoire relativement aux biens-fonds que
son prédécesseur Hugues de Bar avait laissés pour l'entretien
du séminaire dont il avait commencé la construction, et que
les arbitres chargés de régler cette affaire étaient nommés.

Il n'est personne, ajoute-t-il, dans cette assemblée, qui ne sentît et
ne vît avec douleur que la maison des Peres de l'Oratoire de Condom (1) profitât et s'enrichît d'un bien destiné à l'utillité de ceste ville
et l'éducation de ses enfans et donné par un de ses évêques, et que de
l'autre il seroit aizé d'exposer sous les yeux de Mgr l'Evêque tous les
avantages en detail dans un memoire qui luy seroit adressé pour en
faire l'uzage que sa charité et son zele trouveroit à propos, et qu'en
veue de tous ces differents objets il prîait la communauté de deliberer
si dans une occasion sy interessante et en même temps si favorable il
ne conviendroit pas de remercier Mgr l'Evêque des soins qu'il a bien
voulu se donner jusques icy pour procurer à la ville de même qu'au
diocze l'etablissement d'un seminaire en y faizant revenir les biens
qu'un de ses predecesseurs y avoit déja donnés, de même qu'en rappel-
lant leurs revenus qui ont été si injustement perçus et employés à
toute autre destination que celle pour laquelle M. de Bar les avoit
baillés, et de prier en même temps mon dit seigneur evêque de continuer ses pieux soins affin de veoir bientôt la fin de cette affaire et l'établissement de ce seminaire desiré depuis sy longtemps par cette ville,
en l'assurant encore que la communauté faira toujours ce qui dépendra
d'elle pour remplyr de sy sages veues.

Sur quoy, les voix recueillies et après que M. Solaville-Bidon, avocat et substitut de M. le procureur du roy, a declaré qu'il n'empechoit

(1) Les revenus de l'Oratoire de Lectoure étaient de 342 livres en 1728 et de
1,580 livres en 1788. Cf. J. Gardère, *Le collège de Condom sous les Oratorien*
(*Rev. de Gascogne*, t. XXVIII, p. 321).

qu'il fut deliberé sur la proposition qu'il reconnoissoit très avantageuse
à la ville et au diocèze, et que d'ailleurs il n'y avoit rien de contraire
aux intérêts du Roy, a esté deliberé d'une commune voix, et par
M. Darribau, conseiller du roy et consul titulaire, conclu et arresté, en
l'absence du maire, que Messieurs les Consuls sont priés de remercier
très respectueusement Mgr l'Evesque des soins qu'il a bien voulu se
donner jusques icy pour l'établissement du seminaire dans ceste ville,
tachant d'y joindre les biens et revenus que M. de Bar son predeces-
seur y avoit déjà donnés et de supplier mon dit seigneur l'Evesque de
vouloir bien continuer à ceste ville les soins à ce sujet et faire valoir
les raisons qu'il peut avoir pour rappeler les revenus qui ont déjà esté
perçus par les Peres de l'Oratoire et l'assurer en même temps, de la
part de toute la communauté, que dans ceste occasion comme dans
toute autre, elle secondera ses veues avec un zelle aussi vif que respec-
tueux (1).

Les démarches de Robert de Beaufort restèrent infruc-
tueuses et les revenus du séminaire de Lectoure furent,
comme ils l'étaient depuis 1710, affectés à l'entretien du collège de Condom.

Nous ignorons si, avant ou depuis les premières années
du xviiie siècle, les Oratoriens ont résidé, même temporairement, à Lectoure, où ils n'ont laissé aucun souvenir; ce qu'il
y a de certain, c'est que le grand séminaire n'a jamais fonc-
tionné, quoiqu'il fût possible de croire le contraire à la lecture
des obligations imposées aux Clercs dans les Ordonnances
synodales de Robert de Beaufort (2). Ce prélat eut pour
successeur Claude François de Narbonne-Pelet, qui s'expri-
mait ainsi en 1747 :

Nous gémissons de nous voir nous-mêmes dans ce diocèse privés de
l'avantage d'y avoir une de ces saintes maisons (les séminaires) et
Nous sentons d'autant plus vivement cette privation que nous n'avons
pas lieu de nous flatter dans les circonstances presentes de voir jamais
cet établissement..... Nous n'avons point de seminaire et nous ne

(1) Record du 23 juillet 1743.
(2) *Ordonnances synodales*, 1728, p. 3.

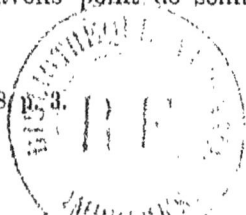

7

voyons pas même aucun moyen d'en avoir malgré tous les mouvements que s'est donné notre digne prédécesseur pour s'en procurer un (1).

Le grand séminaire n'existait donc pas en 1747 et rien ne prouve qu'il ait existé antérieurement. Les constructions avaient été commencées, puis interrompues, et finalement inoccupées. Il n'y avait à Lectoure, à cette date, aucune communauté d'oratoriens; le supérieur du collège de Condom s'y rendait lorsqu'il y avait lieu d'affermer les immeubles appartenant à la Congrégation. C'est dans ce but que le P. Boyer vint le 19 janvier 1742 (2) dans notre ville, pour consentir en faveur de Bernard Saint-Martin « hoste » un bail à location de deux maisons, granges et jardins contigus au séminaire, avec faculté pour le preneur de se servir « du » courroir d'entrée » dudit séminaire. Ce droit de passage devait prendre fin dans le cas où le P. Boyer, c'est-à-dire les oratoriens, viendraient à y loger, ou bien encore si M. de Vitalis avait besoin pour une cause quelconque de l'utiliser à son profit. Jean-Joseph de Vitalis, chanoine et grand-archidiacre de Saint-Gervais, administrait les revenus du séminaire (3) et gérait les propriétés qui en dépendaient, notamment la métairie de La Tuilerie, que Joseph de Vitalis, oratorien et vicaire général de Hugues de Bar, son oncle, avait acquise de Pierre Ducasse, juge-mage, pour en faire bientôt après donation à l'établissement projeté (4). La terre de La Tuilerie, située près de la forêt du Gajan, contenait environ 54 concades (5). Elle avait appartenu jadis à noble Raymond de la Viguerie et à Anne de Tillères, qui payaient aux consuls

(1) *Ordonnances synodales*, 1747, p. 62.
(2) Minutes de Barbalane notaire à Lectoure (Étude de M* Boué du Boislong).
(3) Actes des 10 et 24 mars, 25 avril, 4 mai 1700, 5 février 1702, 4 juin 1756, 3 mai 1758, 10 février 1760, 16 novembre 1764, Labat notaire, et 24 mai 1760, Comin notaire (étude de M* Lafour).
(4) Acte du 13 novembre 1690, Gardey notaire à Lectoure (Étude de M* Boué du Boislong).
(5) Acte du 8 septembre 1742, Barbalane notaire à Lectoure. (Id.).

de Lectoure une somme annuelle de 54 sols pour droit de fief et directe (1). Le P. Arnaud Caillous, représentant l'Oratoire, se rendait à Lectoure le 5 mai 1722 (2) et le 4 janvier 1724 (3), pour stipuler au profit de sa congrégation une rente de quinze livres, qui lui était consentie par noble Joseph de Pérès, seigneur de Hustarcau. Toutes les propriétés du séminaire étaient affermées à des particuliers, qui en jouissaient en l'absence des Oratoriens. Le jardin contigu aux bâtiments (4) était loué à une femme nommée Marquèze, à qui Marie Michelle de Fillol de Caillavet, veuve d'Alexandre de Mun, marquis de Sarlabous, légua le 24 janvier 1749 six chemises et « son vieux capuçon de Barraquan (5). » Les maisons voisines étaient affermées à un voiturier nommé Dominique Cabiran (6), et les directeurs de la tannerie royale de Lectoure autorisés à emmagasiner dans les bâtiments du séminaire les écorces nécessaires à leur industrie. Ils occasionnèrent par ces dépôts des dégâts, qui, après transaction entre Jean-Joseph de Vitalis et Jean-Antoine Maurin, caissier de la tannerie, agissant au nom des frères Duclos, banquiers à Toulouse, furent évalués à la somme de 1,500 livres (7). Le P. Jean-Antoine Fairin, supérieur de l'Oratoire de Condom, se rendit à Lectoure le 21 juin 1785, comme ses devanciers, pour affermer la métairie du Frandat, qui appartenait à sa congrégation (8).

(1) Actes du 21 mars 1540, devant Fabry, et du 16 février 1617, devant Bégué, notaires à Lectoure.

(2) Minutes de Dumoulin, notaire de Saint-Avit (Etude de M⁵ Sales).

(3) Minutes de Barbalane, notaire à Lectoure (Etude de M⁵ Boué du Boislong).

(4) Ce jardin dépend actuellement du couvent des sœurs de la Providence de Gap.

(5) Testament retenu par Comin, notaire à Lectoure (Etude de M⁵ Sales).

(6) Acte du 17 avril 1757, Comin, notaire à Lectoure (Etude de M⁵ Sales). Procuration du P. Zacharie Bordes, supérieur de l'Oratoire de Condom en faveur de Jean-Joseph de Vitalis, en date du 20 juillet 1761 (Pugens notaire à Condom, Arch. de M. Plieux).

(7) Acte du 25 février 1762, Comin notaire (Etude de M⁵ Sales).

(8) Labat notaire à Lectoure, étude de M⁵ Latour. Cette métairie était affermée pour le prix de 1,500 livres, 10 paires d'oies et 10 paires de dindons.

Il résulte de ce que nous venons de dire que les Doctrinaires restèrent les maîtres absolus de l'enseignement secondaire à Lectoure. Leurs élèves devaient être nombreux et la plus grande partie d'entre eux payait une rétribution volontaire, dont le produit permit aux Religieux de faire des acquisitions territoriales dont les Archives municipales ont gardé la mention. On lit, en effet, dans le *Livre Terrier du dedans de Lectoure pour 1682-83* (1) :

Les Pères de la Doctrine tiennent métairie à Capdaroc contenant 1 conquade 59 sols; — une vigne au même lieu contenant 46 sols; — une maison, métairie, jardin, bois, champs et vignes à Bartherote contenant 14 conquades 48 sols; — pré à Lacoustère contenant 7 sols; — métairie, jardin... aux Coutoulis, contenant 57 sols; pré à la rivière de Boulouch contenant 1 conquade 34 sols.

Et dans le *Livre des Charges et Décharges du Terrier pour le dedans de Lectoure pour 1682-83* (2) :

Les Pères Doctrinaires pour une métairie payent au simple 18 sols 2 deniers; — plus pour la métairie de Boulouch, acquise de M. de Castaing, contenant 29 conquades 13 sols, payent 1 livre 18 sols 7 deniers; — le 9 janvier 1692 sont chargés d'une maison achetée par eux à Arnaud Darmaignac le 16 avril 1686; — le 6 juin 1700 sont chargés de 13 journaux 1/4 de vigne, acquis à Géraud Montassin par contrat du 6 décembre 1693 retenu par Barbalane notaire; — Le 6 juin 1700, sont chargés de 46 sols de pré près la rivière de Boulouch, acquis aux héritiers de M. de Maignas par contrat du 6 décembre 1693; — le 27 juin 1701, de 18 sols de vigne à eux vendus par les héritiers de Barthuet; — le 3 juin 1703, chargés de 7 sols de jardin à Capdaroc, acquis de Jean Dubarry; — le 8 avril 1709, chargés de 33 sols de vigne, contrat du 8 mars 1709, retenu par Barbalane notaire.

Ces divers achats éveillèrent l'attention des consuls, qui se souvinrent qu'aux termes du contrat du 12 octobre 1630 les Doctrinaires étaient tenus de diminuer la rente à eux faite par la communauté au prorata du revenu des biens qu'ils pour-

(1) Page 166.
(2) Page 56.

raient acquérir. Plusieurs habitants s'étaient plaints de ce que cette diminution n'avait pas été effectuée et MM. Dupin et de Bastard chanoines, Belin avocat et Saint-Avit consuls furent chargés d'examiner quelle pouvait être, à ce sujet, l'étendue des droits de la communauté (1). Aucune suite ne fut donnée à ce projet et les Pères continuèrent à toucher l'intégralité de leur rente. Un vote de la jurade leur permit, quelques années plus tard, de recevoir des pensionnaires ou internes vivant et couchant dans la maison (2). C'est probablement pour faciliter à ces élèves le moyen d'aller dans les jardins situés au nord du collège, que les Doctrinaires demandèrent à la municipalité l'autorisation, qui leur fut accordée, de construire un arceau sur la rue de Reillas (3).

L'histoire des congrégations religieuses chargées de la direction des établissements d'instruction publique se lie intimement à l'histoire de ces établissements eux-mêmes, de telle sorte que l'une complète l'autre. C'est à raison de cette identification entre le collège de Lectoure et ses professeurs que nous nous permettons d'analyser en quelques lignes le rôle joué par les Doctrinaires pendant la période du Jansénisme. Robert de Beaufort voulait à tout prix faire accepter la constitution *Unigenitus* par les prêtres séculiers ou réguliers et par les communautés religieuses de son diocèse. Il ne put réussir dans son dessein et nous savons combien fut vive la résistance de certains ecclésiastiques. Celle des Carmélites dura pendant de longues années et les disciples de César de Bus ne se montrèrent pas moins récalcitrants que les filles de sainte Thérèse (4).

Le Chapitre général des Pères de la Doctrine chrétienne

(1) Record du 12 juin 1718.
(2) Record du 10 mai 1733.
(3) Record du 19 décembre 1734. La même autorisation fut accordée ce jour-là aux Pères Cordeliers.
(4) A. Plieux. *Notice sur le monastère des Carmélites de Lectoure*, 1887, p. 43 et suivantes.

s'étant réuni le 9 mai 1723 sous la surveillance de M. Bignon, intendant de Paris, chargé comme commissaire du roi de faire signer par tous les capitulants un formulaire d'adhésion, plusieurs assistants et dignitaires de la Congrégation refusèrent d'y souscrire. Cet exemple venu de haut ne pouvait qu'encourager la résistance des religieux, qui se divisèrent en deux partis : celui des adhérants et celui des réfractaires ou anti-bullistes. L'évêque de Lectoure trouva chez les Pères du collège une opposition à laquelle il ne s'attendait pas. N'ayant pu réussir par la persuasion à leur faire accepter la bulle de Clément XI, il leur montra les instructions du cardinal de Bissy et la liste des couvents de Bénédictins mitigés dans lesquels il avait la faculté de les exiler; il les menaça du cachot et de la justice impitoyable du régent, mais ce fut en vain. Les PP. Pagez, Sellier et Décis restèrent inébranlables; aussi durent-ils quitter nuitamment la ville, afin d'éviter les poursuites de Robert de Beaufort, et se réfugier dans le diocèse de Condom (1). Les chaires dans lesquelles les Doctrinaires avaient, pour ainsi dire, acquis le monopole de la prédication, leur furent interdites, et l'évêque leur déclara nettement, en leur retirant leurs pouvoirs, qu'ils étaient désormais des ouvriers inutiles dans son diocèse (2). La lecture du mandement épiscopal du 21 janvier 1730 dans la chapelle du collège occasionna un véritable scandale. Le P. Lespinasse refusant d'en entendre la lecture, quitta bruyamment sa place et fut suivi dans sa retraite par les PP. Catugier et Dolmière (3). Ils se rétractèrent peu après et firent amende honorable, mais cette rétractation n'était pas sincère et ne dura pas longtemps. Le P. Catugier, professeur de philosophie et prédicateur distingué, écrivit à l'évêque une lettre dans laquelle il lui déclarait ne point reconnaître le formulaire

(1) *Nouvelles ecclésiastiques* du 3 juin 1723.
(2)        Id.            du 31 mai 1731.
(3)        Id.            du 3 juillet 1730.

qu'il avait, disait-il, signé sous l'influence de la peur et par contrainte. Cette lettre provoqua chez Robert de Beaufort une si vive irritation, qu'ayant rencontré le P. Catugier dans la chapelle du couvent de Sainte-Claire, il ne put s'empêcher de lui adresser les observations les plus sévères :

Mgr l'évêque étant allé, disent *les Nouvelles ecclésiastiques*, célébrer la messe dans l'église des religieuses de Sainte-Claire, le jour de la fête de cette sainte, trouva dans la sacristie le professeur de philosophie des Doctrinaires, qui se préparait aussi à dire la messe : « Que faites-vous ici, lui dit le Prélat d'un ton de colère? » — Le Doctrinaire répondit qu'il priait Dieu. — L'évêque : « Vous faitez bien de ne pas dire la messe ici; il ne convient pas à des gens qui ne sont pas soumis au Pape, à l'Église, au Roi, aux Evêques d'approcher de l'autel et de se trouver avec leur évêque à qui ils refusent de se soumettre de cœur et d'esprit. » (Comme le Doctrinaire voulait se justifier) : « Puisque vous n'êtes pas de la religion de votre évêque, reprit le Prélat, tenez-vous enfermé chez vous et n'en sortez pas. » — « Monseigneur, repartit le Doctrinaire, il est permis de prier Dieu partout et je suis venu ici pour cela. » — L'Evêque : « Il faut édifier avant que de monter à l'autel. » Le Père, craignant de l'irriter davantage, se priva de dire la messe, entendit celle du Prélat avec sa permission et se retira (1).

Ces luttes des Pères contre l'évêque d'une part, et des Pères entre eux d'autre part, devaient fatalement nuire à la discipline du collège. La classe de philosophie n'était plus faite avec régularité et les professeurs négligeaient les exercices de la doctrine voulus par l'usage et prévus par les règlements. Les écoliers se plaignirent à la municipalité; M. Descamps, premier consul, rappela le P. Recteur à ses obligations, et le menaça, en cas de récidive, d'une poursuite devant le sénéchal (2). Ce désordre ne fut que passager; les Pères exilés furent remplacés plus tard par de meilleurs sujets demandés par les consuls (3), mais ils étaient sous le coup

(1) *Nouvelles ecclésiastiques* du 16 octobre 1733.
(2) Record du 16 mars 1727.
(3) Record du 8 juin 1755.

des plus grandes inquiétudes et ils craignaient de voir leur collège de Lectoure fermé, comme celui d'Aix, par ordre du roi (1). D'un autre côté, leurs élèves n'étaient admis dans les grands séminaires, notamment dans celui d'Auch, qu'après avoir écrit deux traités dogmatiques sous la surveillance des Jésuites et souvent même ils étaient refusés *de plano* par le seul fait qu'ils venaient du collège des Doctrinaires (2). Les jeunes clercs étudiants en philosophie étaient rigoureusement examinés par les vicaires généraux du diocèse de Lectoure, notamment par M. Boubée de Lacouture, grand-vicaire et curé de la paroisse du Saint-Esprit, que les ecclésiastiques avaient surnommé *Quinquennium* parce que pendant cinq ans il avait étudié sans succès la philosophie et la théologie.

Les Doctrinaires, quoique très prévenants et pleins de courtoisie vis à vis de Mgr de Beaufort, ne purent jamais obtenir ses bonnes grâces et pendant tout son épiscopat il refusa de renouveler leurs pouvoirs. Le P. Catugier, nommé recteur du collège, fut obligé d'abandonner ses fonctions avant le terme réglementaire et le P. Baric, recteur en 1744, ayant fait prêcher une mission par ses confrères, dut l'interrompre à cause d'un discours dont l'évêque n'approuva ni le fond ni la forme. Le P. Baric s'excusa et prêcha devant le prélat un sermon très orthodoxe sur la foi, mais ce fut inutile. Le P. Larlat, recteur et curé de Nérac, directeur de la mission, ayant déplu à l'évêque, dut quitter Lectoure malgré les démarches de son confrère. La procession générale qui suivit la clôture anticipée de la mission s'arrêta dans toutes les églises de la ville sauf dans celle des Doctrinaires, malgré l'avis du Chapitre et sur l'ordre formel de Mgr de Beaufort (3). La division régnait entre les Pères du collège eux-mêmes et, pendant son rectorat, le P. Catugier eut les discussions les plus violentes

(1) *Nouvelles ecclésiastiques* du 28 septembre 1732.
(2)          Id.          du 12 juillet 1737.
(3)          Id.          du 23 octobre 1745.

avec son confrère le P. Denux, qui n'était pas encore prêtre et
que Mgr de Beaufort voulait ordonner malgré l'opposition
des supérieurs. Plusieurs plaintes furent adressées par le P.
Denux et par l'évêque au P. Caraguel, alors provincial, qui
déplaça le premier sans lui accorder la satisfaction qu'il désirait (1).

Le P. François Goulard, ancien élève du collège de Lectoure, né dans cette ville et mort à Nérac le 19 juin 1746,
âgé de 70 ans, fut un des adversaires les plus ardents de la
Bulle *Unigenitus* et des « constitutionnaires. » Il fit une propa-
gande très active à Lectoure, où sa qualité de religieux et ses
attaches de famille lui donnaient une influence considérable.
Ses fonctions principales consistaient à visiter les pauvres à
domicile, à leur faire des aumônes et à leur distribuer des
livres de piété, Il dut abandonner Lectoure, comme il avait
déjà quitté Villefranche, par suite de son hostilité avec l'autorité diocésaine (2). Le P. Renial au contraire, qui préférait
à sa chaire d'humanités le rectorat de Nérac, qu'il obtint
plus tard, donnait et retirait, suivant les circonstances, l'adhésion que lui demandait Mgr de Narbonne-Pelet (3). Ce religieux fut un des derniers opposants et son départ pour le
collège de Nérac, où il fut nommé recteur vers 1755, rétablit
la paix parmi les Doctrinaires de Lectoure.

(1) *Nouvelles ecclésiastiques* du 24 avril 1746.
(2)　　　Id.　　　　du 15 octobre 1748.
(3)　　　Id.　　　　du 24 avril 1751.

# CHAPITRE VIII

Déplacement du cimetière du Saint-Esprit. — Demande de reconstruction
du collège. — Intervention de Mgr de Jumilhac, et de l'intendant Journet. — Députation à Auch. — Rapport de M. Ricau. — Transaction
entre la Communauté et les Doctrinaires.

Les luttes du Jansénisme étaient à peine apaisées que de
nouveaux conflits allaient s'élever entre la ville et les Doctrinaires au sujet de l'agrandissement du collège. Le terrain
occupé par eux était très restreint; ils étaient resserrés entre
trois rues et le cimetière de la paroisse du Saint-Esprit. C'est
de ce dernier côté qu'ils voulaient s'étendre et, à la date du
21 octobre 1759, ils adressaient la requête suivante aux consuls de Lectoure :

A Messieurs les Maire, Consuls et communauté de la ville et cité
de Lectoure.

Les Pères de la Doctrine Chrétienne ont l'honneur de vous représenter, Messieurs, que depuis que la ville les a appelés pour l'éducation
de la jeunesse, leur zèle et leur attention ont été sans bornes, et la ville
s'est déclarée dans toutes les occasions la protectrice du collège qu'elle
a fondé. Les suppliants se proposent de faire rebâtir leur maison et
comme le terrain en est fort resserré, l'emplacement qui sert de cimetière à l'église du Saint-Esprit leur seroit fort utile et même nécessaire
pour leurs classes et pour la façade qui serviroit à la décoration de la

ville et du collège. Les supplyants espèrent, Messieurs, qu'en continuant de les mettre sous votre protection, vous voudrez bien favoriser leurs projets et accorder un terrain suffizant dans la fausse braye (1) pour y placer le cimetière de l'églize du Saint-Esprit; et dans le cas qu'il plaise à Mgr l'évêque d'ordonner la translation du cimetière dans la fausse braye, leur accorder l'ancien cimetière pour y placer partie de leur construction. Les supplyants ne cesseront de renouveller leurs vœux pour le bonheur de la ville. — FAYARD, de la Doctrine Chrétienne, recteur du collège.

La communauté, ayant égard à la demande des Pères, décida que le cimetière du Saint-Esprit serait transféré sur un terrain à prendre au midi depuis l'aqueduc dit du Pourtet jusqu'à la porte des Carmes, et que l'autorisation du déplacement étant obtenue, ils pourraient bâtir sur le cimetière actuel une construction neuve destinée à devenir leur église. Dans tous les cas, le terrain ne leur appartiendrait que lorsque la construction serait édifiée (2). Cette demande d'un agrandissement partiel n'était qu'une feinte pour arriver à une reconstruction complète du collège. Les Doctrinaires, trouvant les locaux insuffisants, mal bâtis et peu solides, avaient consulté plusieurs jurisconsultes sur la valeur de leurs prétentions. Ils ne communiquèrent pas à la communauté l'avis motivé de leurs avocats et se contentèrent de formuler leurs exigences sans aucune pièce justificative. Les consuls, pris à l'improviste, chargèrent MM. Gauran frères et Comin, échevin, de rédiger un mémoire sur la question soulevée, sauf à le soumettre plus tard à des personnes compétentes (3). Ils voulaient éviter un procès, mais ne purent y réussir. En effet, les Doctrinaires les assignèrent devant le sénéchal par exploit du 14 octobre 1767 et les sommèrent de comparaître devant ce magistrat pour s'entendre avec eux sur la nomination

(1) On nommait fausse braye la seconde enceinte terrassée comme la première et qui n'en était pas séparée par un fossé, mais dont le terre-plein joignait l'escarpe de la première enceinte (Littré).
(2) Record du 21 octobre 1759.
(3) Record du 2 mai 1767.

d'experts convenus ou nommés d'office, qui seraient chargés de visiter le collège, de décider s'il devait être reconstruit ou réparé, et dans ce dernier cas, d'indiquer les réparations à effectuer.

Cette assignation irrita profondément les consuls. Les exigences des Doctrinaires leur paraissaient excessives : non seulement ils demandaient la reconstruction d'un établissement bâti depuis environ un siècle et qu'ils prétendaient tomber de vétusté, mais encore ils sollicitaient un logement sûr et commode tant pour eux que pour la tenue des classes. L'assemblée communale, à titre de représailles, rétracta aussitôt la délibération du 24 octobre 1759, en vertu de laquelle elle avait abandonné l'ancien cimetière du Saint-Esprit, et elle envoya au contrôleur général une copie du contrat du 12 octobre 1630 avec l'assignation du 14 octobre 1767 (1). Son parti fut bientôt pris ; elle résolut de résister à la prétention des Doctrinaires et elle obtint de trois avocats au parlement de Toulouse une consultation favorable à sa cause. Cette consultation fut transmise à l'Intendant de Guyenne, sans l'autorisation duquel les consuls ne pouvaient agir, et MM. Goulard, juge criminel, et Gauran, avocat, furent chargés de dresser un mémoire destiné au contrôleur général. Le but des consuls était d'obtenir de cet officier un arrêt d'attribution en vertu duquel il statuerait sur le litige ou nommerait lui-même un tiers-expert (2).

Le temps s'écoulait et l'Intendant ne répondait pas plus que le contrôleur général, lorsque le 12 janvier 1768, une lettre de M. de Sallenave, commissaire du roi, les informa que l'autorisation d'ester en justice était refusée à la communauté, et qu'ils n'avaient d'autre ressource que de s'entendre amiablement avec les Doctrinaires, si la chose était possible. Le médiateur naturel était l'évêque. Les échevins, les con-

---

(1) Record du 18 octobre 1767.

(2) Record du 20 décembre 1767. Les honoraires de la consultation des avocats et les frais du messager envoyé à Toulouse ne s'élevèrent qu'à 81 livres, 4 sols.

seillers de ville et le procureur du roi se rendirent au palais épiscopal, où ils trouvèrent Mgr de Jumilhac parfaitement disposé en leur faveur. Ce prélat leur promit d'employer tout son crédit et son autorité pour ramener la paix entre la ville et les Pères (1). Malheureusement son intervention ne put pas aboutir (2), le supérieur général de la Congrégation ayant refusé de donner à ses confrères de Lectoure les pouvoirs nécessaires pour transiger avec la communauté qui, étant mineure, ne pouvait d'après lui valablement s'engager. Les sentiments de bienveillance de l'évêque envers les représentants de la cité étaient si connus que les consuls voulurent lui donner une marque publique de leur reconnaissance. Il fut délibéré le 27 mars 1768 et —

Par M. Corrent, échevin, conclu et arrêté que MM. Goulard de Saint-Michel lieutenant principal, Goulard juge criminel, Gauran avocat et Corrent conseiller-échevin, seroient députés pour remercier ledit seigneur évêque des soins qu'il avoit bien voulu se donner à l'occasion de ce dessus; lui témoigner la douleur que ressentoit la communauté des circonstances malheureuses qui en avoient empêché le succès et le prier en même temps de continuer ses bontés à une ville qui mérite toute sa protection par les sentimens de vénération, de confiance et d'attachement dont elle sera toujours pénétrée pour sa personne; et qu'en outre l'assemblée sera continuée et prorogée à mardi prochain vingt neufviesme du courant, à une heure de l'après-midi, pour, après la réponse dudit seigneur évêque, être délibéré sur le fond d'une affaire aussi importante (3).

Une jurade générale fut tenue en effet le 29 mars. M. Mallac, procureur du roi, fit un rapport sur les tentatives amia-

(1) Record du 12 janvier 1768.
(2) Lettre de l'intendant Journet aux consuls de Lectoure, datée de Paris le 17 avril 1768. Arch. mun.
(3) Record du 27 mars 1768. Les évêques de Lectoure avaient à cœur de remplir l'office de médiateurs entre la commune et ses adversaires chaque fois que cet office pouvait être efficace. Nous l'avons déjà constaté lorsque Hugues de Bar se rendit à Montauban en 1684 pour intéresser aux affaires de la commune l'intendant Urbain Legoux de la Berchère. Il refusa d'être défrayé de ses dépenses et la ville le pria d'accepter comme gage de sa reconnaissance six fromages de Roquefort et des truffes (Record du 23 décembre 1684).

bles auxquelles les députés de la ville s'étaient livrés; il dit
que les Doctrinaires avaient repoussé tous les moyens de
pacification proposés par l'intendant et qu'ils voulaient forcer
la ville à plaider, parce qu'ils savaient qu'elle n'avait pas de
ressources suffisantes pour soutenir le procès. Il déclara
néanmoins qu'il n'y avait pas lieu de se décourager, qu'il
convenait de prendre un parti décisif et que, dans le cas où
les Pères persisteraient dans leur projet de résistance, il fau-
drait s'adresser de nouveau, soit à l'intendant, soit au secrétaire d'Etat de la province, pour demander la suppression du
collège. Après cet exposé aussi énergique que précis, la
Jurade décida à l'unanimité des suffrages :

Que l'assemblée persistoit toujours dans ses précédentes vues de conciliation et voulant en épuiser tous les moyens par l'impossibilité où
elle est de plaider et à deffaut des ressources à ce nécessaires et n'ayant
même pu obtenir à être autorisée, a révoqué et révoque d'hors et déjà
toutes délibérations dans lesquelles il auroit été question de deffendre
au procès intenté par les Pères Doctrinaires, comme aussy tous pouvoirs qui auroient pu être donnés à cet égard, même sous prétexte
d'obtenir uniquement un délai pour attendre d'être authorisée, désa-
vouant tous procureurs et voulant que tout soit regardé nul et comme
non avenu, ou fait ou occasionné par erreur, entendant que la dite
révocation soit faite en la meilleure forme possible, protestant par
exprès de toutes les poursuites qui seront faites au préjudice de ce, tant
en son nom qu'en celui du syndic du college; et pour que le dit syndic
n'en puisse prétendre cause d'ignorance, le présent délibéré lui sera
signiflié à la requette de M. le Procureur du Roy, échevins et notables,
et pareille signiflication au greffe du sénéchal; ce fait, qu'il sera écrit
à M. l'Intendant pour luy faire toutes les représentations nécessaires
en le supplyant de vouloir bien interposer ses bons offices pour finir à
l'amiable le procès en question, la communauté ayant déjà fait d'avance
les démarches qui luy furent indiquées par M. l'Intendant, qui ont été
inuttiles par le dessein formé de la part des Doctrinaires d'obtenir des
plus grands avantages en plaidant; et cependant, dans le cas où la communauté verrait tous les moyens de pacification détruits, et que toute
espérance de conciliation luy seroit ôtée, dans cette extrémité, attendu
qu'aux termes de l'édit de 1763 concernant l'administration des collèges,

ceux qui ne dépendent point des Universités doivent être supprimés en
partie, que le Roy ne s'est point encore expliqué sur la conservation ou
suppression du collège de cette ville, quoiqu'il soit du nombre de ceux
dont l'état est incertain et par là exposé à être supprimé; c'est avec
douleur qu'elle se verra forcée dans les tristes circonstances où elle se
trouve de ne pouvoir fournir à l'entretien et reconstruction du collège
dont l'état n'est pas encore assuré, qu'il luy deviendroit même onéreux
et nuisible luy étant déja inuttile soit parcequ'il est presque désert, soit
parceque la ville est environnée à trois ou quatre lieues de distance de
plusieurs collèges beaucoup mieux desservis que le sien, d'en demander
la suppression à la Cour; auquel effet demeure arrêté d'hors et déja
que dans le cas que les Doctrinaires poursuivront le procès commencé
et qu'ils se refuseront aux voyes de pacification, la communauté se
pourvoira de suite par devant M. le secrétaire d'Etat ayant le départe-
tement de la province pour demander qu'il plaise à Sa Majesté de sup-
primer ledit collège tant à cause des raisons susdittes que de l'impossibilité où la communauté se trouve de l'entretenir à perpétuité et de le
rebâtir toutes les fois qu'il plaira aux Doctrinaires de n'y faire jamais
aucunes repparations comme cy-devant ils n'en ont jamais fait, quoy
qu'ils y fussent tenus par l'acte de 1630, les actes primordiaux relatifs
à l'établissement du collège ne se trouvant pas d'ailleurs revêtus d'aucune authorisation légalle soit de la part du souverain, soit de la part
des magistrats qui le représentent, laquelle est touttefois indispensable
pour rendre ces sortes d'établissements publics irrévocables (1).

Le lendemain, cette délibération était signifiée aux Doctrinaires par exploit de Caillau, huissier au sénéchal (2).

Les relations de la ville et des Doctrinaires étaient trop
tendues pour durer longtemps dans cet état. Les deux adversaires au procès avaient, au fond, un intérêt égal à se faire
des concessions réciproques. La ville tenait quand même à
garder un collège prospère, malgré l'exagération des termes
de la délibération du 29 mars, et les Doctrinaires étaient pour
ainsi dire liés à ce même collège par les acquisitions importantes qu'ils avaient faites en vue d'une fondation considérée
par eux comme perpétuelle. Sept mois s'écoulèrent sans nouvel

(1) Record du 29 mars 1768.
(2) Records. Acte du 30 mars 1768.

acte d'hostilité, grâce à un projet de médiation dont l'Intendant avait promis de prendre l'initiative, mais auquel il ne donna pas une suite immédiate. Ce magistrat s'étant rendu à Lectoure vers la fin du mois d'octobre 1768, les consuls le prièrent de servir d'arbitre entre eux et les Pères. Il répondit qu'il ferait vérifier l'état du collège par des experts chargés d'indiquer les réparations à faire et de décider qui devrait les payer; que cette expertise serait longue et coûteuse et qu'il vaudrait mieux, pour un bien de paix, recourir de nouveau à l'intervention de l'évêque, si celui-ci voulait toutefois s'en charger. La démarche était délicate après le précédent échec du prélat; M. Journet s'engagea à lui en parler lui-même avant toute action directe des consuls. Sur la réponse favorable de l'évêque, MM. de Gauran, vicaire général, de Goulard, lieutenant criminel, Goulard de Saint-Michel, lieutenant principal, et Gauran, avocat, se rendirent auprès de Mgr de Jumilhac et l'assurèrent que la ville s'en rapporterait à sa décision (1). Le prélat échoua comme précédemment dans sa tentative de conciliation; car, plus les consuls penchaient vers la transaction, plus les Doctrinaires se montraient exigeants. Dans les premiers jours du mois de mars 1769, ils adressaient une requête à l'Intendant, et celui-ci, en la transmettant aux consuls, leur demanda d'y répondre (2).

La Jurade se réunit le 18 mars et, après la lecture de la requête ci-dessus, M. Mallac, procureur du Roi, s'éleva vivement contre les prétentions qui y étaient formulées. C'est en vain, dit-il, que les doctrinaires prétendent avoir soigneusement entretenu le collège, tandis que d'après la notoriété publique ils n'y ont jamais fait aucune réparation; c'est à leur négligence seule qu'il faut attribuer l'état de délabrement de la maison; c'est dans ces conditions qu'ils osent demander une reconstruction complète sur de nouveaux plans dressés

(1) Record du 2 novembre 1768.
(2) Arch. mun. Lettre du 14 mars 1769.

par des ingénieurs, alors que la commune pourrait tout au plus être tenue des travaux de consolidation à effectuer sur les bâtiments primitifs et non sur ceux qu'ils ont acquis en leur nom personnel; les Pères doivent se contenter du collège tel qu'il a été accepté par leurs devanciers; s'ils veulent « un bâtiment neuf et à la moderne », ils n'ont qu'à le faire construire à leurs frais, et la commune leur cédera la propriété du terrain et des vieux matériaux; si ces propositions ne leur conviennent pas, ils n'ont qu'à se retirer et ils seront dégagés de l'obligation de régir le collège. Sur cet exposé, la jurade décide que la ville fera réparer et consolider les bâtiments originairement concédés, sans nouveau plan et sans expertise, se chargeant de payer toutes les réparations malgré le recours en garantie qu'elle serait en droit d'exercer contre les Doctrinaires; que la ville veut être généreuse envers eux, mais que si, dans le délai d'un mois, il n'acceptent pas la décision municipale, ils seront remplacés. Cette délibération leur fut notifiée dès le lendemain. L'Intendant Journet en reçut aussi une copie et il fut prié de s'intéresser au sort de la ville, qui ne pouvait se prêter aux exigences des Pères sans savoir si le collège serait supprimé ou maintenu et sans se mettre dans l'impuissance d'acquitter ses charges pour les besoins de l'Etat (1).

Le syndic du collège de Lectoure ne tint aucun compte de la délibération communale et refusa d'accepter les offres de la ville. Il adressa au mois de juin suivant une nouvelle requête à l'Intendant et celui-ci la communiqua aux consuls par l'intermédiaire de M. Dufau, son subdélégué. Ceux-ci déclarèrent que tout ce qu'elle contenait était « supposition et faux raisonnements »; ils se référèrent aux propositions déjà faites et déclarèrent que pour couper court « aux tracasseries des Pères et prévenir une plus longue discussion », ils s'adresse-

(1) Record du 18 mars 1769. Cette délibération fut signifiée le 19 au syndic du collège par Caillau, huissier royal. (Arch. mun.)

raient au Ministre, afin de pourvoir au remplacement des Doctrinaires (1).

Cependant la ville était assignée devant le sénéchal; elle fit rédiger un mémoire, qu'elle envoya à MM. de Julis et Désirat (2), avocats au parlement de Toulouse, désignés par M. Journel pour donner leur avis, et elle demanda l'autorisation de se défendre en justice (3). Elle chargea en même temps, pour parer au plus pressé, Me François Carbonau, postulant en la cour sénéchale, de la représenter « en toutes réquisi- » tions et actes utiles à ses intérêts », quoique son mandat fut limité à la demande d'un sursis (4). Sur ces entrefaites, M. Journel mécontent de ce que la ville avait agi sans son assentiment préalable, écrivit le 12 juillet aux consuls qu'il désavouait leurs démarches, que leurs prétentions lui paraissaient douteuses, qu'en cet état, il ne les autoriserait pas à intenter une action judiciaire, mais que s'ils persistaient à vouloir plaider malgré lui, il ferait examiner les bâtiments et requerrait un procès-verbal de visite par experts. Comme conclusion, il engageait les consuls à transiger. Ceux-ci lui écrivirent aussitôt pour lui demander une nouvelle médiation et le prier aussi d'engager les Doctrinaires à surseoir à toute nouvelle poursuite. M. Journel leur répondit d'Auch le 18 juillet 1769 :

Il ne m'est pas possible, Messieurs, de répondre en détail à la lettre que vous m'avez écrit au sujet de votre affaire avec les Pères Doctrinaires; je pense cependant que le parti que vous vous proposez de prendre serait le meilleur pour terminer vos différends. Le P. Recteur qui s'est trouvé ici au moment que j'ai reçu votre lettre m'a paru disposé à suspendre ses poursuites jusqu'à ce qu'on eut tenté de trouver des moyens de vous concilier. Il faudroit que quelqu'un de vous, Messieurs, vint conférer avec moi là-dessus; je vous ferais part de mes idées, et si elles étaient du goût de votre communauté, il seroit aisé

(1) Record du 13 juin 1769.
(2) Cette consultation couta 27 livres, et le transport du dossier 10 livres.
(3) Record du 3 juillet 1769.
(4) Record du 16 juillet 1769.

ensuite de faire procéder aux opérations nécessaires pour cet accomo-
dement. Vous pourriez charger celui qui viendroit me parler de m'indiquer les architectes que vous croiriez propres à la vériffication du
collège pour que je puisse juger s'il convient de les en charger. Je
suis..... Signé JOURNET.

M. Goulard de Saint-Michel, lieutenant principal, fut chargé
d'aller à Auch pour défendre les intérêts de la communauté;
mais son âge avancé ne lui permit pas de remplir cette mission et il fut remplacé par MM. Ricau, avocat, et Descamps,
docteur en médecine. Une absence de M. Journet ayant
retardé l'entrevue, les délégués lectourois ne purent se rendre devant lui que dans les premiers jours de décembre (1).
Le P. Dordé, recteur du collége, s'y trouva aussi et exposa
ses prétentions dans les termes suivants, tels qu'ils résultent
du rapport de la députation :

M. le Recteur du college a d'abord été admis la veille à expliquer ses
demandes et prétentions, qui consistent à ce que la ville soit tenue à
réparer et reconstruire le collège, et cela non sur ses plans et forme
actuels qu'il regarde comme peu décents relativement au temps, mais
sur des nouveaux plans plus décents et aux moindres frais que faire se
pourra; qu'à cet effet on laisse en outre subsister la délibération qui
contenait concession du cimetière, et que la ville se charge des frais de
la translation des ossemens et de la clôture du nouveau. Il est fondé
sur les raisons contenues dans les consultations communiquées à vos
prédécesseurs; que, par la fondation de 1630 et l'accord de 1641, ils ne
sont tenus qu'à entretenir et à réparer l'édifice et non à le reconstruire
lorsqu'il tombe par vétusté comme il arrive, ajoute-t-il, dans ce cas;
que puisque l'édifice reviendrait à la ville si par quelque accident leur
Congrégation venait à cesser de pouvoir faire le service convenu, ils
ne peuvent être regardés comme propriétaires, mais comme simples
usufruitiers qui ne sont jamais tenus à reconstruction de ce qui tombe
par vétusté, la déperition de la chose étant sur le compte du propriétaire; que dans cette position de nécessité de construire, il ne seroit
pas proposable de le faire dans la forme, sur les plans et les dimen-

(1) Records des 23 juillet et 20 octobre 1769. Lettres de l'intendant Journet
aux consuls de Lectoure, en date des 22 juillet et 13 octobre 1769. Lettre des
consuls à M. Journet, du 2 novembre 1769. (Arch. mun.)

sions du college actuel ou les chambres sont petites, basses, et étroites, les ouvertures insuffisantes, sans ordre ny symétrie, ce qui rend tout l'édifice incommode, moins salutaire pour la santé, moins propre à favoriser la liberté d'esprit et la force de corps nécessaire à des gens de lettres; qu'en bâtissant ainsi à neuf, ils ne peuvent faire moins que d'avoir au rez de chaussée six classes, une préfecture, une salle d'exercices, un reffectoire, une cuisine et une souillarde, outre la chapelle, la sacristie et une chapelle des artisans; que pour le logement, il leur faut six chambres pour les régents, une avec un cabinet pour le recteur, deux pour un proffet et un surnuméraire, deux pour le provincial et son assistant ou pour des étrangers lorsqu'il en vient, une pour le frère et une infirmerie, ce qui fait en tout le nombre de douze pièces décentes et raisonnables, et que c'est aussi ce qu'ils demandent leur être accordé.

Les délégués répondirent à ces prétentions en droit et en fait. Nous ferons grâces des raisons de droit toujours arides et tirées d'Heinecelus, de Loyseau, de Pothier et de l'application de la maxime *causa data, causa non secuta*. En fait, ils déclarèrent que le mauvais état des bâtiments provenait soit du défaut d'entretien, soit de la malfaçon, dont les Pères étaient responsables, puisqu'aux termes de la transaction de 1644 ils s'étaient chargés de l'exécution des bâtisses.

Pour s'en convaincre, dit M. Descamps, il n'y a qu'à suivre l'inspection de quelques parties; les arceaux au devant des classes sont trop faibles dans leurs jambages et dans l'encoignure qui devait retenir la poussée; que l'escalier est une partie qu'ils rebâtirent à neuf, ainsi qu'il résulte non seulement par l'inspection et par sa différence avec le reste, mais encore par les armoiries et l'inscription qu'ils ont mise sur le portail et par une autre inscription qui est au bout de la première rampe que nous avons vérifié, portant la date de l'année 1646; que cependant cette partie est la plus ruyneuse et la plus dangereuse de toutes, ce qui ne peut évidemment provenir que de mauvaise construction et qu'un édifice bâti à neuf pour durer à perpétuité doit durer beaucoup au-delà de cent vingt-trois ans; que nous avons remarqué pareil vice de construction dans la chapelle; qu'au lieu de bâtir cette partie à neuf comme le portaient les deux actes de 1630 et 1641, les Doctrinaires se soient contentés de lier et de rajuster d'anciens édifices

ainsi qu'on le voit par les traces, les portes masquées et les ouvertu -
res qui paraissent encore, et que pour y donner plus d'élévation on a
fait un surhaussement sur ces vieux murs reliés qui n'étaient pas en
état de supporter cette charge, en sorte qu'il n'est pas bien surprenant
qu'après cet espace de temps le surcroît penche et se déjette.

A la suite de ces explications, l'Intendant prit la parole et
dit que, s'occupant de cette affaire « comme père de la communauté » et dans un but de conciliation, il laisserait de
côté les questions de droit et jugerait la question litigieuse
d'après les convenances et l'équité. Il résuma la demande
des Doctrinaires qui, d'après le P. Recteur, consistait —

En ce qu'il fût fait un collège à neuf sur des plans, des dimen-
sions et un goût différent, plus honnête et plus commode, en deux
ailes et un corps de logis sur une cour raisonnable, avec le nombre de
pièces que nous avons déjà détaillé, et d'y contribuer de leur pouvoir,
demandant aussi que la ville y contribue de son côté, puisque indépen-
damment que ce sera un surcroît de décoration pour elle, le collège
au fond est aussy pour son utilité et pour l'éducation de ses citoyens.

Le P. Recteur demandait d'abord, pour l'exécution de ces
travaux une somme de 50,000 livres, qu'il réduisit bientôt à
18,000 et à 15,000 livres; les délégués municipaux, dont le
mandat était limité et qui ne pouvaient promettre que 4,000
livres, se trouvaient dans un extrême embarras et ne savaient
quel parti prendre, lorsque l'Intendant mit fin à la discussion. Il déclara au P. Recteur qu'il ne le croyait pas fondé à
exiger de la ville la construction d'un collège sur de nouveaux plans; que, d'un autre côté, s'il demandait la réédifica-
tion du collège, c'est qu'il ne le croyait pas solide ; que la ville
pourrait tout au plus contribuer à cette dépense à cause de
la décoration et de l'embellissement qui en résulterait pour
elle. Il ajouta que, d'après lui, la ville devait concourir aux
frais de la reconstruction jusqu'à concurrence du chiffre total
des réparations qu'aurait nécessitées le collège actuel si on avait
pu le conserver, plus un tiers en sus dudit total à titre d'in-

demnité. C'est sur ces bases que le résultat de la conférence fut rédigé, en présence de M. Journet, dans les termes suivants et sous forme de simple projet n'engageant définitivement aucune des parties contractantes :

I. La communauté baillera aux Doctrinaires ce à quoy sera estimé le montant des reconstructions et des réparations grosses et menues qui sont à faire au collège dans la partie donnée par la ville pour la mettre en état de solidité relativement à sa disposition originaire et sans rien changer à ses plans, forme et dimension ; — et qu'en outre, en considération de la construction dans le nouveau goût et des augmentations qu'ils veulent faire, il leur sera baillé le tiers en sus dudit montant des réparations et reconstructions cy-dessus exprimées; et que l'estimation en sera faite par M. Bourgeois, ingénieur de la ville d'Auch;

II. La ville renouvellera aux Doctrinaires la concession qu'elle leur avoit faite du cimetière et, si la translation est accordée par les supérieurs, la communauté faira les frais du transport des ossements et ceux de la clôture;

III. Il sera pris des mesures dans un accord ou dans un jugement de justice pour faire déclarer que la propriété du collège appartient aux Doctrinaires, et dans la suite, la ville ne pourra plus être actionnée pour cause de réparations ny même de reconstruction provenant de vétusté et elles seront à la charge des Doctrinaires.

Après la lecture de ces divers actes et le rapport de M. Ricau, M. Devaux, juge mage président la Jurade, s'exprima ainsi :

Le rapport que vous venés d'entendre n'a peu que vous faire connoître que vous ne pouviez confier les intérêts de la communauté à des mains ni plus sages ni plus habiles, elles ont sagement pesé sur l'utilité d'un collège dans cette ville et sur le danger qu'il y auroit de chercher ce même secours dans des mains étrangères et moins connues : si ces avantages se faisoient moins sentir, je pourrois vous dire encore que c'est parmy ses élèves que l'Eglise trouve de pieux ministres, la magistrature des magistrats éclairés, le barreau des zellés deffenseurs de l'innocence, des droits et de la justice; l'éducation de la jeunesse répand ses avantages dans tous les corps de l'Etat, et tandis qu'à la faveur de ces trézors un citoyen efface les traces d'une naissance obscure, l'autre donne un nouvel éclat à l'ancienneté de la sienne, et que sy enfin de sy précieux avantages ont été dans les jours d'agitation envisagés avec indifférance, le vrai citoyen a dû toujours les regarder comme très précieux. C'est aussy sous ce point de veue que Mgr l'Intendant a, par la sagacité de ses lumières, concillié les intérêts de la communauté et des Pères de la Doctrine Chrétienne et remply les vœux du public; motifs pressants qui augmenteroient, s'il est possible, les sentiments de reconnaissance, de respect et de confiance qui lui sont dûs à tant de titres. Vous ne devez pas aussy oublier le zelle et les soins que MM. les députtés se sont donnés pour prêter aux droits de la communauté toute la force que le zèle et l'érudition lui ont procuré.

Après ce discours, qui parut sans doute fort entraînant, la Jurade ratifia les actes de ses mandataires, ordonna que leur rapport et les articles dressés en présence de l'Intendant seraient inscrits sur ses registres. Elle chargea en outre M. Bourgeois, ingénieur désigné par M. Journet, de dresser, sous le contrôle de MM. Ricau, Descamps, Brocona et Bloys-Monbrun, conseillers de ville, l'état estimatif des réparations qui devraient être faites pour remettre le collège dans sa forme primitive, et les uns et les autres étaient autorisés à s'assurer, le cas échéant, du concours de M. Mazenq, architecte (1).

Il semblait que l'accord convenu dans le cabinet de l'intendant Journet mettrait enfin un terme aux difficultés pendantes depuis trop longtemps entre la commune et les Doctrinaires. Il n'en fut rien cependant; le conseil supérieur de la Congrégation refusa de le ratifier et, à la date du 16 mai 1770 (2), les consuls furent assignés devant le sénéchal, un jugement de défaut fut même rendu contre eux le 30 septembre (3) et le 5 novembre suivant les Doctrinaires leur firent signifier un acte par lequel ils demandaient,

En attendant la reconstruction du collège et en cas qu'il croule, une maison convenable et solide pour habiter et continuer les exercices

(1) Record du 6 décembre 1769.
(2) Record du 16 mai 1770.
(3) Record du 30 septembre 1770.

classiques qu'ils vont suspendre et se tenir dispersés dans les colleges voisins, prêts à se rendre cependant dès qu'ils auront été pourvus d'une maison solide et convenable, et protestent de tout refus ou délai, notamment de leur pension, et sans préjudice de l'instance pendante à cet égard.

La Jurade répondit à cette menace que les Pères ayant suspendu leurs classes, MM. Goulard de Saint-Michel et Chastenet de Puységur seraient députés vers M. Journet pour lui demander une fois de plus sa médiation et l'envoi de professeurs nouveaux, jusqu'à la solution du procès à l'amiable ou par justice (1). L'Intendant, toujours bienveillant, écrivit le 9 janvier 1771 aux consuls qu'il se chargerait très volontiers de régler le différend et il engagea la commune à lui envoyer un mandataire le 14 du même mois.

M. de Puységur fut désigné pour remplir cette mission et les pouvoirs les plus étendus lui furent donnés, sous la condition que les Doctrinaires rouvriraient incessamment leurs classes (2). Le P. Lafont, recteur du grand séminaire de Condom, et le P. Dordé, recteur du collège de Lectoure, arbitres de la Congrégation, se réunirent le 14 janvier avec M. de Puységur dans le cabinet de l'Intendant, et le surlendemain ils signèrent la transaction suivante :

Entre messire Jacques de Chastenet de Puységur, habitant à Lectoure, procureur fondé de la communauté dudit Lectoure, par délibération du 13 janvier courant duement controllée le 14 suivant, l'extrait signé Bouchet secretaire greffier, d'une part; — et le Révérend père Joseph Lafont, recteur au séminaire de Condom et curé de Sainte-Eulalie dudit Condom, et le Révérend père Jean-Baptiste Dordé, recteur du collège de laditte ville de Lectoure, doctrinaires de la province de Toulouse, procureurs fondés par acte du 5 décembre dernier retenu par Corail, notaire de Toulouse, duement controllé le même jour, représenté en original par lesdits Révérends pères, d'autre

(1) Record du 11 novembre 1770, signifié le 24 du même mois au P. Larribeau, syndic du collège.
(2) Record du 13 janvier 1771.

part (1) ; — a été convenu, sous mutuelles stipulations et acceptations, ce qui suit :

Par lesquelles parties a été dit que, par acte du 12 octobre 1630 retenu par Me de Bégué, notaire royal de Lectoure, il fut établi un collège dans la ditte ville pour l'éducation de la jeunesse dont les Pères doctrinaires devoient prendre soin ; qu'à cet effet la communauté céda à perpétuité aux Révérends pères doctrinaires pour leur logement, habitation et construction qu'il conviendroit faire tant du dit collège que d'une chapelle, les bâtiments et maisons dans lesquelles les anciennes classes et logements des régents étaient ordinairement, au quartier de Reillas, paroisse du Saint-Esprit, dans l'enceinte de ladite ville, ensemble la place vuide où l'ancienne église du Saint-Esprit était bâtie, sous les limites et confrontations désignées dans ledit acte ; et ce bail fut fait aux charges, clauses et conditions portées par le même acte, en exécution duquel les révérends pères Doctrinaires ont dirigé ledit collège et ont pris le soin de l'éducation de la jeunesse par les écoles ouvertes ; postérieurement les Révérends pères ont prétendu que le logement du collège étoit en très mauvais état, qu'il étoit susceptible de différentes réparations indispensables qui augmentoient journellement et que le tout étoit à la charge de ladite communauté de Lectoure, du moins pour les grosses réparations qui sont en nombre. Sur ce fondement ils auroient assigné ladite communauté devant le Sénéchal de Lectoure pour s'y voir condamner à faire réparer incessamment le dit collège, où l'instance est actuellement pendante. Et pour rendre leur demande plus sérieuse, ils auroient fermé les classes et cessé l'instruction de la jeunesse, à cause du danger imminent que menace le dit collège de toutes parts.

Cette instance ainsi formée a donné lieu à certains débats entre la Communauté et les dits Révérends Pères Doctrinaires, qui, sous le bon plaisir de Mgr de Journet, intendant de la généralité d'Auch, qui a vu avec peine que la jeunesse était privée de l'éducation si nécessaire pour les Belles-Lettres, a exhorté toutes parties à se rapprocher de la conciliation, et par une déférence respectueuse pour ses représentations, toutes parties ont déterminé de se régler ainsi que s'ensuit :

ARTICLE I. — Lesdittes parties, en approuvant la narrative ci-dessus et en vertu des pouvoirs à elles donnés, ont renoncé au susdit procès,

(1) Cette procuration est signée par les PP. Joseph Etienne Dumas, supérieur provincial de la Congrégation de la Doctrine chrétienne pour la province de Toulouse ; Pierre Ducasse, ex-provincial immédiat, Jean Bonnefon, ex-provincial médiat et conseiller de province, Michel Dubouscat, recteur de la maison de Saint-Rome, à Toulouse, et Jean Castaing, maitre des novices et conseiller adjoint.

ses circonstances et dépendances, avec promesse de n'y donner à l'avenir aucune suitte directement ny indirectement, à peine de tous dépens, dommages et intérêts;

ARTICLE II — Il est convenu que lesdits Révérends Pères promettent et s'obligent de faire réédiffier à neuf les bâtiments du susdit collège dans l'emplacement qui leur fut baillé par le susdit acte du 12 octobre 1630, dans lequel est toujours la place vuide où l'ancienne église paroissiale du St-Esprit étoit battie, la ditte communauté cédant en tant que besoin pourroit être auxdits Révérends Pères tous les droits et prétentions qu'elle auroit pu exercer sur laditte place vuide qui est actuellement le cimetière de l'église du Saint-Esprit, sauf à ladite communauté à procurer à ses frais et dépens un autre cimetière à laditte paroisse;

ARTICLE III — Et en considération de la nouvelle réédiffication que lesdits Révérends Pères seront tenus de faire faire à leurs frais et dépens, laditte communauté promet et s'oblige de leur payer une fois seulement la somme de douze mil livres aux termes et pactes qui seront fixés par l'arrêt du Conseil qui en permettra l'imposition et en authorisera l'emploi, et de laditte somme de douze mil livres une fois payée entre les mains des Recteur et syndic dudit collège de Lectoure, lesdits Révérends Pères Doctrinaires ne pourront rien plus pretendre ni demander à laditte communauté pour les dépenses qu'ils auront fait à raison de la ditte réédiffication; mais il leur sera libre d'utiliser des matériaux des bâtimens actuels qu'ils pourront employer à la nouvelle construction, laquelle nouvelle construction sera faite et parachevée dans trois ans à compter du premier payement qui leur sera fait en déduction de laditte somme de douze mil livres;

ARTICLE IV — Et attendu que ledit collège est actuellement vacant, il est convenu que lesdits Révérends Pères seront tenus, comme s'obligent, de rouvrir les classes et continuer leurs instructions pour l'éducation de la jeunesse à compter de la première semaine du Carême prochain et continueront ainsi leurs instructions. Comme aussy est convenu qu'à compter du jour que lesdits Révérends Pères Doctrinaires commenceront à faire démolir les bâtimens actuels dudit collège, la communauté de Lectoure sera tenue de leur fournir à ses frais et dépens un local le plus convenable pour les classes et un logement décent pour les régens, et ce jusques à ce que le nouveau bâtiment soit logeable;

ARTICLE V — Au surplus, les parties veulent et entendent que le susdit acte du 12 octobre 1630 sorte son plein et entier effet ; et moyennant tout ce-dessus, le susdit procès demeurera pour transigé, comme non advenu et de nul effet et dépens compensés ; promettant lesdites parties de rédiger le présent en acte public à la première réquisition qui en sera faite de l'une à l'autre des parties, après qu'elles auront obtenu l'arrêt du conseil qui les authorisera à rédiger le présent en acte public et permettant l'imposition de ladite somme de douze mil livres, le quel arrêt du Conseil sera poursuivi à frais communs entre la communauté et lesdits Révérends Pères, ce qui sera ainsi pratiqué pour la rédaction du présent en acte public. Et tout ce dessus a été fait double à Auch le 16 janvier 1771, l'un ayant été retiré par M. de Chastenet de Puységur, procureur fondé de la communauté, et l'autre par lesdits Révérends Pères Lafont et Dordé, procureurs fondés des Révérends Pères Doctrinaires. — Chastenet de Puységur; Lafont, de la Doctrine; Dordé, de la Doctrine, ainsi signés sur l'original (1).

(1) Record du 20 janvier 1771. Le contrôle de cette transaction coûta à la communauté la somme de 74 l., 4 sols. (Record du 8 juin 1775.)

# CHAPITRE IX

La paix était momentanément rétablie. La ville s'empressa de tenir ses engagements. L'arrêt du Conseil homologuant la transaction ci-dessus fut prononcé le 10 avril 1771 (1), et le 27 juillet suivant M. Journet rendait une ordonnance autorisant les consuls à emprunter la somme de 12,000 livres, dont ils s'étaient reconnus débiteurs envers les Doctrinaires. Ceux-ci, de leur côté, avaient hâte d'ouvrir leurs classes, et ils demandaient qu'on leur procurât une maison assez vaste pour les exercices scolaires et pour leur logement. Il ne s'en trouvait aucune dans la ville qui remplît cette double condition. Dans cette situation, les Pères offrirent de réduire momentanément à trois les cinq classes réglementaires, de telle sorte que le régent de la cinquième professerait à la fois la quatrième et la cinquième, un autre se chargerait de la rhétorique et des humanités. La classe de troisième étant la plus importante, devait être, comme précédemment, confiée à un

(1) Record du 2 juin 1771.

maître spécial, et le cours de philosophie serait suspendu pendant trois ans à dater du commencement de la reconstruction (1). Cette combinaison ne pouvait être que temporaire; aussi les Doctrinaires usèrent-ils de la plus grande diligence pour mettre les ouvriers à l'œuvre. L'adjudication des travaux fut effectuée au rabais en présence du maire, des échevins, du procureur du roi et de M. de Puységur (2). Le bail d'entreprise fut passé le 8 février 1772, sous forme d'acte public, en faveur de Joseph Lapeyrère dit Paris, de Jacques et Samson Tourné frères et de François Ducomet, tous les quatre maçons à Condom, et retenu par Me Labat, notaire royal de Lectoure (3). Les Doctrinaires agissaient dans la plénitude de leur droit, mais il ne leur était pas possible de l'exercer valablement si la ville ne leur payait pas immédiatement les 4,000 livres exigibles dès le début de la reconstruction. Les officiers municipaux cherchèrent vainement à se procurer cette somme par voie d'imposition; le recouvrement en eût été trop lentement opéré, et comme il fallait la payer sans retard, ils l'empruntèrent au bureau de l'hôpital qui la leur prêta sur un reçu du maire (4). D'un autre côté, le déplacement du cimetière de la paroisse du Saint-Esprit fut demandé et obtenu (5). Quatre mois s'étaient écoulés depuis l'adjudication des travaux, et les entrepreneurs n'avaient pas encore ouvert leur chantier sous prétexte qu'ils attendaient la solution d'un procès engagé par eux contre un carrier nommé Banel. Celui-ci se refusait à leur vendre la pierre employée d'ordinaire à Lectoure, et comme en leur qualité d'étrangers, ils ne connaissaient pas les carrières des environs de la ville, les consuls craignaient qu'ils ne bâtissent avec la pierre de Lauba, qui était, paraît-il, de mauvaise

(1) Record du 13 octobre 1771.
(2) Record du 5 janvier 1772.
(3) Minutes de Me Latour, notaire à Lectoure.
(4) Record du 8 février 1772.
(5) Record du 3 juin 1772.

qualité. Etant intéressés « à la reconstruction indispensable, prompte et solide du collège », ils se présentèrent comme partie intervenante au procès et défendirent aux entrepreneurs de se servir soit de la pierre de Lauba, soit des arbres de la forêt du Ramier, qui ne valaient rien pour la charpente (1).

Le collège était entièrement rebâti en 1775. Le P. Dordé, délégué du provincial de Toulouse, demanda à M. de Mondran, maire, de choisir des experts chargés de visiter les travaux, au bon état desquels la ville était intéressée, puisqu'en sa qualité de propriétaire elle demeurait chargée des grosses réparations. Guillaume Laguillermie cadet, maître charpentier, et Pierre Maraignon, maçon, furent désignés par la commune (2), et l'architecte Mazenq par les Doctrinaires, qui récusèrent Maraignon comme incapable, étant illettré, de dresser un rapport. Les consuls persistèrent dans leur choix et déclarèrent qu'ils se contenteraient des explications orales de cet expert qui fut, plus tard, reconnu inutile (3). Laguillermie déposa dans le courant du mois de février un rapport dont les conclusions, acceptées par toutes les parties intéressées (4), portaient que l'entrepreneur, « pour rendre l'ouvrage parfait », serait obligé de faire quelques travaux de consolidation à la chapelle, dont la voûte s'était démontée par suite d'un faux aplomb et de nombreuses lézardes dans le mur du couchant (5). De nouveaux experts furent nommés; les entrepreneurs choisiront Maudon, architecte à Casteljaloux, en Bazadais, et les consuls continuèrent à investir de leur confiance Maraignon, qui fut récusé par les Pères et les entrepreneurs (6). En présence d'un conflit inévitable, les consuls acceptèrent Bernard Pandellé, architecte à Agen, nommé d'office par M. Goulard de Saint-Michel, lieutenant

(1) Record du 3 juin 1772.
(2) Record du 9 janvier 1775.
(3) Records des 18 et 22 janvier 1775.
(4) Arch. mun. Adhésion du P. Bonnet, recteur, en date du 30 mars 1775.
(5) Record du 26 février 1775.
(6) Record du 1ᵉʳ avril 1775.

principal, et Antoine Pouchet, architecte à Goulens. Le rapport de ces derniers experts (1) fut signifié au maire par le P. Bonnet, recteur, qui n'en accepta pas les conclusions et demanda la nomination d'un syndic chargé d'intervenir à la réception des travaux du collège et de la chapelle, qui eut lieu le 6 juin 1775 (2). Le maire répondit que les entrepreneurs ayant traité avec les Pères et non avec la ville qui n'était point partie au contrat d'entreprise, ceux-ci n'avaient nulle décharge à recevoir de sa part, et que, si la ville avait des obligations envers les Doctrinaires, les Doctrinaires seuls en avaient contracté vis-à-vis des entrepreneurs (3). La bâtisse étant terminée et les travaux intérieurs complètement achevés, une commission composée de MM. Belmont, ancien maire, Comin cadet, notaire, et Lasserre, procureur, déclara que le collège pouvait être habité sans préjudice pour la santé des maîtres et des élèves (4). Les Pères, déjà sommés par délibération du 26 février 1775 de reprendre le nombre réglementaire des professeurs sous peine de retenue d'une part proportionnelle de leur pension (5), refusèrent d'y obtempérer sous prétexte qu'ils manquaient des meubles nécessaires, et chaque classe ne fut pourvue d'un professeur spécial qu'à dater de la fête de Saint-Luc ou de l'ouverture des cours. La ville, qui aurait été en droit de retenir le montant de la pension des Doctrinaires pendant plus d'un semestre, se montra généreuse envers eux et leur paya, comme précédemment, l'intégralité des termes échus (6).

Les mesures de précaution prises par la municipalité lec-

(1) Record du 25 mai 1775.
(2) Acte devant Labat, notaire (étude de Mᵉ Latour). Le collège avait coûté 26,000 livres, non compris la valeur des matériaux provenant de la démolition des anciens bâtiments et du mur du cimetière de la paroisse du Saint-Esprit. Les Doctrinaires ajoutèrent à la somme allouée par la ville celle de 3,000 livres que la congrégation avait empruntée pour achever les travaux, suivant acte retenu le 13 décembre 1774, par Corail, notaire à Toulouse.
(3) Record du 8 juin 1775.
(4) Record du 18 avril 1775.
(5) Record du 22 avril 1775.
(6) Record du 10 décembre 1775.

touroise contre les entrepreneurs du collège et au besoin
contre les Doctrinaires, n'étaient pas inutiles. Le bâtiment
nouveau ne paraissait pas plus solide que l'ancien et, en 1778,
la voûte de la chapelle s'effondrait. Les entrepreneurs qui en
étaient responsables, offrirent de la remplacer par un plafond
à anse de panier terminé par une corniche. Cette proposition
fut acceptée, à la condition que les poutres de la charpente
seraient reliées aux murs par des ancres de fer (1). Ce n'était
là qu'une consolidation partielle, et l'ensemble du collège
présentait déjà, en 1783, une quantité de détériorations qui
dénotaient le mauvais état des matériaux et l'ignorance
absolue des règles de l'art chez les constructeurs. Tout
annonçait la chute prochaine de l'édifice. Devant une semblable éventualité, le corps de ville se décida à faire tous les
actes nécessaires pour la sauvegarde de ses droits (2). Une
sommation fut adressée au P. Recteur, afin de lui demander
d'agir contre les entrepreneurs et d'exiger d'eux les réparations nécessaires, faute de quoi, la ville l'appellerait en
garantie (3). Les entrepreneurs furent également sommés de
se rendre à Lectoure, dans un délai de huitaine, pour faire
procéder par experts à la vérification contradictoire des bâtiments et assister à la rédaction d'un procès-verbal indiquant
les travaux à exécuter par eux (4). Ils offrirent un accommodement amiable, et sur cette proposition, la commune
chargea MM. Comin, avocat, de Castaing et Chappès, de
nommer un expert, dont le mandat complexe consisterait à
établir la part de responsabilité des ouvriers pour mal-façon
et celle des Doctrinaires pour défaut d'entretien (5). Les
entrepreneurs s'étant, deux ans plus tard, dédits de leur
projet de transaction, les moyens légaux furent employés

(1) Record du 4 octobre 1778.
(2) Record du 30 novembre 1783.
(3) Records des 3 décembre 1783 et 19 décembre 1784. Acte de Lannos, huissier.
(4) Record du 20 décembre 1783. Acte de Caillau, huissier.
(5) Records des 24 avril 1785 et 24 juin 1787.

contre eux; ils furent accusés de ne pas s'être conformés à l'avis des commissaires de la ville et d'avoir dépassé les devis stipulés (1). Le sénéchal rendit un appointement en vertu duquel deux experts nommés d'office déposaient, le 15 janvier 1788, un rapport concluant à leur condamnation (2). Un appel de l'appointement du sénéchal fut interjeté devant le Parlement et les entrepreneurs demandèrent une seconde vérification, à laquelle ils renoncèrent bientôt après (5).

C'est au moment où les finances de la commune de Lectoure étaient épuisées par la reconstruction du collège et par les subsides destinés à la création des routes royales (4) que les Doctrinaires sollicitèrent de la ville un supplément de pension sur lequel la jurade refusa de se prononcer avant le retour de l'évêque alors absent (5). Mgr de Cugnac étant revenu d'un voyage en Périgord, déclara qu'il se désintéressait de la question et qu'il ne donnerait aucun avis (6). Il fut alors décidé que MM. Descamps et Gauran, avocat, rédigeraient un mémoire relatif à la valeur des prétentions des Doctrinaires et à l'étendue des ressources de la ville. Ce mémoire fut dressé, les conclusions en furent adoptées et la jurade statua qu'en présence d'une demande aussi insolite, il serait prudent de prendre l'avis de deux jurisconsultes du Parlement de Toulouse, au choix des rapporteurs (7).

Pendant ce temps, les Pères du collège assignaient la commune devant le sénéchal en payement de 5,000 livres à titre d'augmentation de pension alimentaire (8). Elle ne se fit pas représenter et fut condamnée par défaut à leur servir annuellement la somme supplémentaire de 1,200 livres, qu'ils trou-

(1) Record du 30 mars 1788.
(2) Record du 13 janvier 1788.
(3) Record du 1er juin 1780.
(4) La route de Lectoure à Condom fut piquetée en 1774 par des ouvriers placés sous les ordres de M. Laroche, ingénieur du Roi (Livre des dépenses, 1774).
(5) Louis-Emmanuel de Cugnac, évêque de Lectoure depuis 1772.
(6) Record du 13 octobre 1776.
(7) Record du 6 avril 1777.
(8) Record du 8 mai 1777.

vèrent insuffisante (4). Les Doctrinaires firent appel devant le Parlement de Toulouse, qui leur alloua le montant intégral de la demande contenue dans l'assignation. La municipalité attendait la consultation de ses avocats pour prendre un parti; elle n'était pas autorisée à se défendre, et il fallait cependant qu'elle se décidât avant la signification de l'arrêt. M. Goulard, maire, écrivit à l'intendant (2) pour l'informer de l'issue du procès intenté à la ville et des dangers qui la menaçaient si elle négligeait de se pourvoir en retraitement. Il le priait de l'excuser si, vu l'urgence, elle n'attendait pas son autorisation pour se présenter en justice; il lui demandait cette autorisation, et comme toujours sa bienveillante médiation (3).

Près de trois mois s'écoulèrent ainsi, et les consuls se trouvaient toujours dans le même embarras, lorsque le Conseil provincial de la Congrégation leur proposa une transaction par voie de proposition directe. L'intervention de l'intendant qui aurait pu, dès le début, être très efficace, devenait inutile après une décision judiciaire et aurait paru blessante pour le Parlement (4). L'autorisation de plaider avait été concédée le 1er décembre 1777, mais les Pères ayant offert de se contenter de la somme de 2,000 livres (5), il s'agissait de se prononcer sur cette demande. Le maire convoqua la jurade et prit, devant elle, la parole en ces termes:

Il est certain que vous devez à la Congrégation des Doctrinaires tous les égards et toute la reconnaissance possible; c'est chez elle que presque tous vous avez reçu les premiers principes de religion et d'éducation; c'est par ses soins que vous avez été mis à même de développer, de mettre en œuvre et de faire valoir les différents talents qui vous rendent aujourd'huy si recommandables; ce sont ces avantages

(1) Record du 8 juin 1777.
(2) Douet de Laboullaye, intendant de la généralité d'Auch de 1770 à 1782.
(3) Record du 24 août 1777.
(4) Record du 9 novembre 1777.
(5) Arch. mun. Lettre du P. Tapie, provincial de Toulouse, en date du 30 novembre 1777.

que vous exaltez et faites valoir vous-mêmes aujourd'huy à vos
enfants qui en profitent après vous, pour leur inculquer à bonne heure
les sentimens de gratitude dont vous êtes vous-mêmes pénétrés. Vous
admirez avec reconnaissance le précieux établissement que vos pères
ont fait de notre collége et vous bénissez leur mémoire d'en avoir eu
l'idée. Mais en même temps vous devez considérer qu'il est des grands
avantages auxquels on est quelquefois forcé de renoncer par l'impuissance de fournir aux dépenses nécessaires, ou pour se les procurer,
ou pour se les conserver. Quand vos pères fondèrent ce collége, la
communauté était dans une autre position qu'elle n'est aujourd'huy ;
je veux dire qu'elle n'était point surchargée de dettes et d'impositions :
elle ne connaissait presque alors que la simple taille, dépouillée même
de tous les accessoires qui y sont depuis survenus. Quoique dans ces
temps heureux, la somme de 1,550 livres fut très considérable, la communauté crut être en état de s'obliger à la payer annuellement pour se
procurer l'avantage d'avoir un collége. L'administration d'alors prévit
bien qu'on pourrait dans la suite demander quelque chose de plus ;
aussi prit-elle dans les actes de ses obligations, la précaution de faire
insérer que les Pères Doctrinaires ne pourraient plus rien demander.
Cette précaution paraît encore renouvelée dans la dernière transaction
passée entre les Pères Doctrinaires et le syndic nommé par la communauté au sujet de la reconstruction de la maison du collége.
Nonobstant tout cela, les Pères Doctrinaires vous demandent aujour-
d'hui 2,000 livres pour supplément à la pension originaire de 1,550
livres ; encore paraît-il qu'ils entendent faire grâce à la communauté
s'ils n'en exigent pas 3,000. Messieurs, sans perdre de vue et sans
altérer les obligations que vous avez aux Pères Doctrinaires, vous
devez songer que vous êtes citoyens, que l'administration des biens de
la cité vous est confiée et que vous devez à ses intérêts les mêmes
soins et les mêmes attentions qu'à ce qui vous est personnel. Or, dans
vos intérêts personnels et dans les obligations que vous contractez, vous
envisagez d'abord vos forces et les balancez ensuite avec les avantages
que vous devez ou pouvez retirer de vos traités ; peut-être vous est-il
arrivé quelquefois de renoncer, comme je l'ai déjà dit, à certains avantages par la difficulté de fournir aux frais à faire pour vous les procurer. Pour en user donc de même pour les intérêts de la communauté,
veuillez examiner ses forces, et pour cela, considérez-la telle qu'elle
est : je veux dire chargée de dettes anciennes et de dettes nouvelles
déjà forcément contractées, à la veille d'en contracter d'autres pour des
réparations indispensables dont elle est menacée et qu'elle ne peut évi-

ter, comme sont celles de cette maison commune, du palais du sénéchal, du pavé et des murs de la ville, de l'entretien de ses anciennes
avenues, de la confection des nouvelles projetées, du dédommagement
qui sera dû pour les fonds qu'on aura pris à ce sujet ; considérez
ensuite les rolles de ses impositions grossies presque tous les ans et
toujours susceptibles d'augmentation au moindre besoin de l'Etat.
Quelle surcharge pour elle dans une pareille situation, pour payer
annuellement 2,000 livres de plus ! 2,000 livres de supplément pour
un principal qui n'est que de 1,550 livres ! 2,000 livres qui faisaient
autrefois peut-être et lors de l'établissement du collège, la moitié de
toutes les charges de la communauté ! Eh quoi donc, Messieurs, lorsque la communauté ne faisait presque que 4,000 livres de charges,
elle crut que ses forces ne pouvaient faire accorder au collège que
1,550 livres et aujourd'hui que ses charges montent à plus de 33,000
livres, pourriez-vous croire qu'elle soit en état de donner au collège
annuellement 2,000 livres de plus ? Vous devez donc en revenir toujours là, consulter les forces de la communauté. Considérez aussi les
avantages que vous retirez du collège ; oui, Messieurs, il peut se faire
qu'année commune, il y a douze, quinze, vingt jeunes gens, si vous
voulez, de la juridiction, ici au collège ; tout le reste est étranger ;
cependant cet étranger peut bien par la consommation qu'il fait en
ville, entrer un peu en considération d'utilité au collège, mais cet objet
vous paraîtra-t-il d'assez grande conséquence ? D'après toutes ces
observations, à quoi vous déterminerez-vous ? sera-ce à vous défendre
comme vous y êtes autorisés et à faire valoir les clauses des transactions par lesquelles les Pères Doctrinaires paraissent s'être liés à ne
plus rien demander ni exiger ? c'est là un premier party à prendre. Si
vous l'abandonnez par un esprit de paix, entrerez-vous en composition ? Par exemple, vous résoudrez-vous à n'exiger plus que trois classes, en attendant du bénéfice du temps que la communauté soit en
état de rétablir les six ? Ce party pourrait avoir son mérite : car la
classe de philosophie est ici très inutile ; l'année dernière, par exemple, il n'y avait pas d'étudiants et cette année-ci il n'y en a que deux
ou trois. Le cours de philosophie fait ici ne servant point pour le grade,
il n'est point merveilleux que les parents envoyent leurs enfans le faire
dans des collèges où il peut être ou nécessaire ou compté pour quelque
chose dans le grade ; quant aux autres classes, elles ne sont pas assez
nombreuses pour être un obstacle que le même régent ne fasse la cinquième et la quatrième, qu'un autre ne fasse encore la seconde et la
rhétorique, et je pense que la troisième comme la plus essentielle soit

confiée à un seul régent; dans les circonstances présentes, un pareil party paraîtrait être assez assorti aux embarras multipliés où la communauté se trouve. Vous déterminerez-vous encore à ne plus avoir dutout de collège et à remercier les Pères Doctrinaires? J'avoue que nous avons vu autrefois le moment où les choses allaient être ainsi, je veux dire, où les Pères Doctrinaires allaient être forcés ou de se retirer, ou d'abandonner les prétentions qu'ils avaient alors formées pour la reconstruction de la maison du collège; mais les choses changèrent de face et il serait inutile de rien plus rappeller aujourd'hui à ce sujet. Le party donc de ne plus avoir de collège et de remercier les Doctrinaires paraît d'abord révoltant parceque, après avoir été dans l'habitude d'avoir un collège, de l'avoir regardé comme un monument et un établissement qui fait honneur à la ville et lui procure un grand avantage, on ne peut sans émotion concevoir l'idée d'en être privé! Mais tout cela tient du préjugé parcequ'en tout on doit proportionner la dépense à la valeur et à l'avantage de l'objet qu'on a à acquérir ou à conserver. Enfin, Messieurs, ferez-vous quelque proposition aux Pères Doctrinaires? Leur offrirez-vous une augmentation de pension quelconque? Accéderez-vous à la demande qu'ils vous font de 2,000 livres? C'est à prendre un de tous ces partis ou quelqu'autre meilleur que votre sagesse pourra vous inspirer que vous êtes priés de vous déterminer après qu'on vous aura fait la lecture de l'ordonnance de M. l'Intendant et de la lettre du P. Provincial des Doctrinaires.

Sur cet exposé, des remerciements furent votés au P. Recteur qui avait arrêté le procès, et on le pria de se contenter de 1,200 livres que MM. Guillon et Gauran furent chargés de lui offrir dans l'espoir que le conseil provincial reconnaîtrait les sacrifices de la ville et le désir de pacification qui l'animait. Dans le cas où la congrégation refuserait cette proposition, la jurade demandait qu'il fut procédé sans délai au dénombrement des biens possédés par les Pères de la maison de Lectoure (1).

Le conseil provincial n'accepta pas les offres de la ville et il déclara que si on n'allouait pas 1,500 livres, il faisait convertir l'arrêt provisoire en arrêt définitif. En présence

(1) Record du 7 décembre 1777,

d'une telle prétention, deux partis se formèrent au sein de la jurade; les uns penchaient vers l'acceptation du chiffre proposé et les autres vers le renvoi des Doctrinaires. Après une longue discussion, il fut décidé que la ville leur donnerait le supplément de 1,500 livres à dater du 1er janvier 1778 et que s'ils refusaient ce point de départ, le collège serait réduit à trois classes comme celui de Gimont (1). Un délai d'un mois leur fut accordé pour fournir leur réponse. Elle fut favorable, et une ordonnance de l'intendant Douet du 18 juin 1778 et un arrêt du Conseil du Roi du 20 juillet 1779 autorisèrent la communauté à transiger sur ces bases, qui devinrent définitives (2).

Les procès et les transactions elles-mêmes entraînaient la ville dans des dépenses considérables, et il était de son devoir de se créer des ressources nouvelles pour les supporter. Elle résolut d'obliger le Chapitre à lui donner le revenu de la prébende préceptoriale qui devait être affecté à l'entretien du collège. Ce revenu avait considérablement augmenté depuis l'année 1630, quoiqu'il fût toujours payé suivant le taux primitif au lieu de l'être d'après son état actuel. MM. de Puységur et de Castaing rédigèrent en faveur de la communauté un mémoire présenté à l'intendant avec une requête sollicitant de lui l'autorisation d'assigner le Chapitre devant le Sénéchal (3).

L'intendant Douet rendit le 17 septembre 1775 une ordonnance par laquelle il accueillait favorablement la demande du corps de ville, et le 11 octobre il lui permettait de poursuivre son action contre le Chapitre de Saint-Gervais. Deux syndics

(1) Records des 25 janvier et 17 mai 1778.
(2) Records des 8 juin et 4 octobre 1778. Les officiers municipaux de Lectoure firent bien de transiger, car ils auraient probablement perdu leur procès devant le Parlement. Le P. Théron, doctrinaire de Toulouse, écrivait, en effet, le 14 mai 1778 au P. Thomas, recteur du collège : « Nous poursuivons un arrêt, et » j'espère l'obtenir dans peu. J'ai déjà parlé à l'avocat et au procureur deux » fois. J'ay vizité presque tous les grands chambriers; ils me paraissent bien » disposés... »
(3) Record du 16 mai 1773.

nommés par la jurade furent chargés de représenter les consuls jusqu'à l'issue du procès (1). Pendant la durée de l'instance, les chanoines refusèrent de payer la somme habituelle de 200 livres pour la valeur de la préceptoriale; les Doctrinaires s'en plaignirent à la commune, qui engagea les chanoines à agir comme par le passé, sauf à prier l'évêque de s'interposer en cas de difficulté (2). Ces difficultés naquirent à la suite d'un arrêt du 6 septembre 1774, en vertu duquel le parlement relaxa le Chapitre des fins de la poursuite intentée contre lui et lui imposa, comme obligation unique, d'ériger en préceptoriale la première prébende majeure qui serait vacante. Jusqu'au moment de cette vacance il devait continuer à payer annuellement les 200 livres stipulées dans le contrat du 12 octobre 1630. Une prébende ayant vaqué au commencement du mois de mars de l'année 1780, le Chapitre, en exécution de l'arrêt, l'érigea en préceptoriale et fit titre en cette qualité, en faveur de M. Soulès, le 14 du même mois. Il dénonça le 22 août 1780 aux consuls l'acte qu'il venait d'accomplir, et se croyant par là dispensé de payer la rente de 200 livres, il ne versa plus aucune somme entre les mains du corps de ville, de telle sorte qu'en 1787 il devait un arriéré de 1,400 livres, dont la commune était responsable envers les Doctrinaires. Les Pères n'intentèrent de ce chef aucune action en justice; ils se bornèrent à réclamer verbalement ce qui leur était légitimement dû. La municipalité prit leur défense (3) et la cause était en instance devant le parlement lorsque le procès prit fin, en 1790, par suite de la suppression du Chapitre cathédral.

Nous avons dit plus haut qu'à dater de la Saint-Luc et de

(1) Records des 20 mai et 17 octobre 1773. MM. de Jolis et Ricard, avocats à Toulouse, avaient rédigé le 5 octobre 1773 une consultation en faveur de la commune. — Actes du 4 octobre 1774 et transaction entre les Chanoines et les prébendés de Saint-Gervais au sujet de la Préceptoriale en date du 5 novembre 1771, sur la médiation de l'évêque. (Comin notaire).
(2) Record du 24 avril 1785.
(3) Record du 9 mai 1787.

la rentrée des cours en 1775, après l'achèvement du collège,
chaque classe avait été, comme précédemment, pourvue d'un
professeur spécial. Ces classes étaient régulièrement suivies;
mais la fin de l'année scolaire, qui se clôturait le 25 août,
n'était marquée par aucune solennité, les élèves les plus
méritants ne recevant pas de prix. L'établissement lectourois
était le seul qui n'en distribuât pas et il résultait de là un
défaut d'émulation préjudiciable au progrès des études. Les
Doctrinaires auraient fait eux-mêmes quelques sacrifices
pour l'achat des livres de prix si leurs ressources le leur
avaient permis. Ils possédaient, il est vrai, deux métairies,
mais ils les avaient acquises à des conditions onéreuses et
leur revenu représentait les honoraires de fondations pieuses
à remplir, telles que missions, messes, retraites, catéchis-
mes, prières et aumônes (1). D'un autre côté ils avaient été
obligés de vendre, le 10 mai 1787, deux maisons, pour subvenir à leur propre entretien et parer aux charges du collège (2). Les consuls, reconnaissant la légitimité de la
demande des Doctrinaires, votèrent une somme de cent livres
pour l'achat d'ouvrages à distribuer en prix (3).

(1) Arch. mun. Lettre du 28 juillet 1776 écrite par le P. Corbin, provincial des
Doctrinaires, aux consuls de Lectoure. Outre les deux métairies indiquées plus
haut, les Doctrinaires possédaient 15 journaux de vigne au quartier de Parriou-
lère, acquis au prix de 250 livres, suivant acte passé devant Bégué notaire, le
8 mars 1709. (Etude de M⁰ Boué du Boislong).

(2) Acte devant Labat notaire (Etude de M⁰ Latour). Ces deux maisons conti-
guës au jardin du collège furent vendues à Pierre Julliera, marchand à Lectoure, moyennant la somme de 2,700 livres, en vertu d'une délibération du
conseil de la province, datée du 19 décembre 1786 et basée sur « la détresse du
collège ».

(3) La somme de 100 livres fut votée jusqu'en 1791 (Délib. du comité permanent de la commune de Lectoure, du 13 juillet 1790). Ces livres devaient être vraisemblablement achetés à Agen, à Toulouse ou à Condom, car jusqu'à l'installation des frères Guilhon, en 1791, Lectoure ne possédait ni imprimerie ni librairie.
Nous avons, il est vrai, trouvé sur les registres de catholicité de la paroisse du
Saint-Esprit le décès de Jean Salamon, maître imprimeur, survenu à Lectoure
le 10 janvier 1626, mais rien ne prouve que cet ouvrier ait exercé sa profession
dans notre ville. Il y était sans doute né, puisque Jean Salamon, praticien, son
père, y est inscrit sur le livre terrier de 1612 (p. 331) comme possédant une maison au quartier de Constantin, et il dut y mourir accidentellement. Si Lectoure
avait eu un imprimeur, les consuls se seraient adressés à lui pour les papiers
de la communauté et non à Arnaud Manas, imprimeur à Condom, à Raymond

M. Malus, conseiller au présidial et premier consul, se transporta au collège avec M. de Boubée, avocat du roi, et ils réglèrent avec le P. Recteur l'ordre qu'il conviendrait

Gayau et à Jean Noubel, imprimeurs à Agen, comme ils le firent en 1638, 1750 et 1766 (Arch. mun. Livres des dépenses).

Parmi les imprimeurs et les libraires de Condom, qui étaient les plus voisins de Lectoure, nous pouvons citer :

ARNAUD MANAS, imprimeur libraire et relieur, établi à Condom dès l'année 1602, dont nous possédons « Le Rituel ou Cérémonial romain » et « le Formulaire de prosne pour tous les Recteurs et vicaires du diocèse de Condom », aux armes de Mgr de Cous, in-8°, 1638. Il était marié avec Anne Lauberjat, dont il n'eut pas d'enfants et qui fit un testament public en date du 20 juin 1653. (Suberbie, not. à Condom, étude de M⁺ Lagorce).

GUILLAUME et JEAN LAPLACE, frères, libraires en 1618 et 1646 (Actes des 4 novembre 1618 et 2 mai 1646, Derichcome, not. à Condom, même étude).

JEAN CHAZOT, libraire en 1620 (Acte du 15 octobre 1620, même notaire).

MARIE LAPLACE, mère de Jean Laplace, marchand libraire d'Agen, libraire à Condom en 1650 (Acte du 14 février 1650, Dupuy, not. à Condom, même étude).

JEAN ROUDET, libraire dès 1660, sur lequel Bru, libraire d'Agen tirait en 1670 une « lettre d'échange » de 60 livres. Sa boutique était près de la halle et il y exerçait encore sa profession en 1686 (Actes des 23 septembre 1670 et 14 septembre 1686, de Rizon et Dupuy, not. à Condom, études de M⁺ˢ Préchac et Lagorce).

ÉTIENNE DUBOIS, marchand de Condom, était chargé par Jean Gayau père, imprimeur du roi et libraire à Agen, de vendre les produits de son imprimerie et de sa librairie. C'est à raison des conventions intervenues entre eux à ce sujet que Jean Gayau fils, libraire, agissant pour le compte de son père, lui réclama le 14 janvier 1665 la somme de 400 livres (Saint-Estèphe, not. à Condom, étude de M⁺ Lagorce).

TIMOTHÉE GAYAU, imprimeur et libraire établi à Condom dès 1684 et logé en 1689 dans la maison de Jean Roudet, décédé à cette date (Acte du 10 mars 1689, de Rizon, not. à Condom, étude de M⁺ Préchac).

JACQUES DESTADENS, imprimeur-libraire, établi avant 1689 comme libraire, s'était engagé dans le courant de cette année envers les consuls à faire porter une imprimerie à Condom. Il exerçait encore en 1703 et, après sa mort, son imprimerie fut administrée par un sⁱ Larrieu jusqu'au mariage de sa fille Marie Destadens avec Bernard Larroire, son gendre (Actes des 24 avril 1689 et 25 février 1703, de Rizon et Legras, not. à Condom, études de MM⁺ˢ Préchac et Lagorce).

ANTOINE DOAZAN, imprimeur en 1690 (Acte du 7 juin 1690, de Rizon, not. à Condom, étude de M⁺ Préchac).

JEAN MESPLET, libraire en 1690 et 1694 (Actes des 7 juin 1690 et 1ᵉʳ juin 1692, de Rizon et Ducornet, not. à Condom et Cassagne, études de MM⁺ˢ Préchac et Lebbé).

BERNARD LARROIRE, imprimeur-libraire, né à La Réole, marié, le 30 mai 1723, avec Marie Destadens, fit son apprentissage à Bordeaux chez Pierre Séjourné et commença à exercer à Condom en 1723, après avoir été admis par les consuls aux gages de 50 livres par an, suivant délibération du 27 novembre 1723 (Andrieu, *Hist. de l'Imp. en Agenais*). Il avait eu de son mariage six enfants, parmi lesquels nous remarquons : Pierre Jacques, qui lui succéda; Charles Vital, régent sixième au collège de Condom en 1766 et maître de pension à Mézin en 1788; Françoise Élisabeth, mariée en 1751 avec Jean-Baptiste Roy, maître écrivain à Condom, et Jeanne Jacquette, religieuse à l'hôpital général de la Manud'observer dans cette cérémonie (1). Le voici, tel qu'il fut arrêté avec les Pères du collège et adopté par la jurade le 27 juin 1784 :

Plan à suivre dans la distribution des prix arrêté entre les Révérends Pères Doctrinaires du collège de la ville de Lectoure et MM. Malus, conseiller au présidial et premier consul de ladite ville, et Boubée, avocat du roi au dit siege, commissaires députés à cet effet par la délibération du 31 mai dernier, et agréé par la communauté ainsi que suit :

ART. I. — La distribution des prix sera faite le jour de la clôture du collège, qui demeurera fixée à l'avenir au 25 août de chaque année;

ART. II. — Quelque temps avant la fin de l'année, le R. Père Préfet du collège présentera à MM. les officiers municipaux la liste des livres qu'il aura choisis pour servir de prix cette année, pour les leur faire agréer, et agréés qu'ils soient, MM. les officiers municipaux les achèteront jusques et à concurrence de cent livres comme ils y sont authorisés;

ART. III. — Les livres reçus seront déposés dans l'hôtel de ville où ils seront gardés jusqu'au temps de la distribution qui en sera faite;

ART. IV. — Trois ou quatre jours avant ladite distribution, les

facture de Condom, qui testa le 26 janvier 1773 en faveur de Charles Vital son frère (Actes des 30 mai 1723, 12 juin 1766, 10 août 1788, 16 janvier 1754 et 26 janvier 1773, Laboupillère, Reynaut-Corne, Lacapère et Pugens, not. à Condom, étude de Mes Lebbé et Lagorée).

PIERRE-JACQUES LARROIRE, marié à Jeanne-Laurence Joll, succéda à son père dès 1751 et son imprimerie lui appartenait encore en 1785 (Actes des 6 août 1751 et 28 mars 1785, Reynaut-Corne et Pugens, not. à Condom, étude de Me Lagorée).

ANTOINE DELRIEU, marchand libraire en 1732 (Acte du 2 novembre 1732, Pugens, not. à Condom, même étude).

BERTRAND DEMAIL, imprimeur en 1765 (Acte du 24 mars 1765, même notaire).

JOSEPH CRÊPE, imprimeur en 1772 (Acte du 27 novembre 1772, Reynaut-Corne, not. à Condom, même étude).

ÉTIENNE FOURNIÉ, libraire en 1780 et 1788 (Actes des 22 novembre 1780 et 1er juillet 1788, Launet et Reynaut-Corne, not. à Condom, même étude).

JEAN LARROIRE, imprimeur-libraire en 1786 (Acte du 8 octobre 1786, Reynaut-Corne, not. à Condom, même étude).

BERNARD DUPOUY, fils de Jean Dupouy, marchand, et de Marie Dègue, entra le 1er janvier 1781 en qualité d'apprenti chez Pierre-Jacques Larroire et se maria le 28 mars 1785 avec la fille de son patron, nommée Jeanne. Aux termes du contrat de mariage passé entre eux, Larroire constitua en dot à sa fille l'entière imprimerie avec son outillage, sous la réserve de la moitié des profits et de l'exercice commun de leur profession. Cette association dura jusqu'à la Révolution (Actes des 10 janvier et 28 mars 1785, Pugens, not. à Condom, même étude).

(1) Record du 31 mai 1784.

livres seront portés au collège sur la demande du P. Préfet pour y être arrangés et classés d'après les dispositions faites par les RR. Pères Recteur, Préfet et les professeurs respectifs, conjointement avec MM. les officiers municipaux, et on aura soin de garder dans ces dispositions les proportions d'une classe à une autre;

ART. V. — Il sera établi trois prix dans les classes de rhétorique, de seconde et de troisième, et deux dans chacune des deux autres, et les RR. PP. Recteur, Préfet et les professeurs respectifs décideront du mérite des élèves auxquels les prix seront adjugés, le tout préalablement communiqué à MM. les officiers municipaux;

ART. VI. — Les armes de la ville seront gravées sur un papier volant avec cette devise : *Ex munificentiâ civitatis Lectorensis.* Sur ce papier sera écrit le certificat du R. Père Préfet, et ce papier sera collé dans l'intérieur du livre pour servir de monument;

ART. VII. — Le jour de la distribution des prix, les livres classés et ornés seront remis vers le matin à l'hôtel de ville pour être portés de là en triomphe au collège et y être distribués;

ART. VIII. — Le jour de la distribution, vers les trois heures du soir, MM. les officiers municipaux se rendront à l'hôtel de ville au son de la cloche dudit hôtel qui donnera le signal de leur arrivée; aussitôt, les écoliers qui doivent faire ce jour-là un exercice littéraire se rendront à l'hôtel de ville précédés de deux drapeaux et de fanfares, présenteront leurs hommages à MM. les officiers municipaux revêtus des marques de leur dignité et auront l'honneur de les accompagner jusques au collège, où ils seront reçus à la grande porte par les RR. PP. Recteur et Préfet, et conduits à la salle des exercices. Les livres ornés de lauriers seront portés en grande cérémonie et précéderont MM. les officiers municipaux dans leur marche;

ART. IX. — Dès que MM. les officiers municipaux auront pris leur place, l'exercice fini, le R. Père Préfet du collège nommera ceux qui auront mérité d'être couronnés; les candidats recevront leurs prix; ils en feront hommage à chacun de MM. les officiers municipaux;

ART. X. — La distribution des prix faite, MM. les officiers municipaux reviendront à l'hôtel de ville dans le même ordre qu'ils seront venus au collège; ils seront précédés de ceux des écoliers qui auront remporté des prix ou mérité des couronnes et, arrivés à l'hôtel de ville, ils feront leurs remerciements à Messieurs leurs protecteurs (1).

_____

(1) Record du 27 juin 1784.

L'exercice littéraire du collège de Lectoure consistait en une série de dissertations sur des sujets religieux, poétiques et historiques, choisis par les maîtres et développés par les élèves. Nous n'en avons retrouvé que deux exemplaires, l'un chez un chiffonnier, et l'autre aux archives municipales. Cette rareté s'explique par le très petit nombre d'épreuves distribuées aux personnes de qualité qui y assistaient. Le premier, en date du 30 juillet 1714, est imprimé sur une feuille de papier de dimension ordinaire, sans ornements, et contient les indications suivantes :

CUM DEO

PUBLICAS HABEBUNT EXERCITATIONES

IN COLLEGIO LECTORENSI

PATRUM DOCTRINÆ CHRISTIANÆ.

HUMANISTÆ

UT STUDII SUI PRÆBEANT ARGUMENTA.

**Interrogati, Memoriter et Gallice reddent.**

1° Octo capita Actuum Apostolorum.
2° Tertiam Ciceronis Orationem in Catilinam.
3° Secundum librum Horatii Satirarum.
4° Tertium Quinti-Curtii librum de rebus gestis Alexandri magni.
5° Aphtonii Progimnasmata de fabulá, narratione et chriá.

**Agent adjuvante superna sapientiá, die 30 mensis julii, horâ 3ª, post meridiem. Anno 1714.**

| | |
|---|---|
| Guillelmus AGASSON. | Joannes SAINTAVIT. |
| Franciscus DESPONS. | Joannes GRANIER. |
| Josephus VITALIS. | Joannes SOUCARET. |
| Jacobus AGASSON. | Joannes GAURAN. |
| Josephus MERLIN. | Joannes DUBOSC. |

*Adeste viri Lectorenses ornatissimi!*

Le second exemplaire consiste en deux feuilles de grand papier, juxtaposées, collées sur une toile et mesurant ensemble 0ᵐ 95 de hauteur sur 0ᵐ 65 de large. La première moitié est occupée par une gravure représentant la famille de Darius aux pieds d'Alexandre, d'après Le Brun; au-dessous et entre deux cariatides supportant un encadrement timbré d'un écu aux armes de France, le programme suivant est imprimé sur deux colonnes parallèles :

*Exercice littéraire dédié à Messieurs Despiau, maire, Léglize, Maragnon, Subervie, Dumoulin, Cazenove, Guilhon, Vallée, Salesses, officiers municipaux de la ville de Lectoure, Gauran, procureur de la commune, par Messieurs :*

Antoine Duplan d'Aubiac; — François Davasse, de Saint-Créac; — Jean Couaix, de Lectoure; — Jean Pécastaing, de Lectoure; — Pierre Comin, de Lectoure; — Pierre Cézérac, de Plieux, écoliers de seconde au collège royal de Lectoure des Prêtres séculiers de la Doctrine chrétienne.

    I. ÉCRITURE SAINTE : Première épître de Saint Paul à Timothée.....

    II. ÉLÉMENS DE LITTÉRATURE : Définition du mot art.....

    III. DE LA POÉSIE EN GÉNÉRAL : Définition de la poésie.....

    IV. GENRE NARRATIF : De l'apologue; de la poésie pastorale; de la poésie épique.....

    V. GENRE DRAMATIQUE : Du drame en général; de la tragédie en général; de la comédie.....

    VI. GENRE LYRIQUE : De l'ode; de l'élégie...

    VII. GENRE DIDACTIQUE : De la satyre; de l'épître en vers; des pièces fugitives.....

    VIII. CICÉRON : Seconde Catilinaire.....

    IX. QUINTE-CURCE : Histoire d'Alexandre le Grand.

    X. GÉOGRAPHIE : Amérique.....

Cet exercice se fera le 25 du mois d'août 1790, dans la salle ordinaire du collège, et sera suivi de la distribution générale des prix (1).

(1) Agen, chez la veuve Noubel, imprimeur-libraire, rue Garonne. Nous avons trouvé, servant de couverture aux minutes de Mᵉ Gauran, notaire à Lectoure, année 1775, un fragment d'exercices classiques et littéraires soutenus par les

La Révolution marchait à pas précipités, et les Doctrinaires ne devaient pas rester longtemps au collège de Lectoure. Les biens qu'ils possédaient à Notre-Dame de Tudet, consistant en une métairie de 56 concades et 9 places de pré, au lieu dit d'Endémort, furent soumissionnés le 31 juillet 1790 (1) et saisis comme leurs autres immeubles (2). Il ne leur restait plus que la subvention municipale, dont ils réclamèrent le payement par acte d'assignation du 24 décembre 1791 (3). La commune répondit à leur demande par une délibération du 25 mars 1792, prise à la suite de l'exposé suivant du maire Lagrange :

« Messieurs, un motif d'économie excite la proposition que j'ai aujourd'hui l'honneur de vous faire; je m'empresse de vous en développer les motifs que je puise dans l'obligation de chacun de nous à s'occuper de tout ce qui peut contribuer à l'avantage de la communauté. La masse des charges locales jointe à l'augmentation considérable des impositions ordinaires fait accroître les difficultés de les acquitter, et le surenchérissement des denrées met le pauvre dans la même impossibilité. Cette communauté paye, Messieurs, aux Doctrinaires une pension de 3,250 livres; les causes qui déterminèrent nos prédécesseurs à cette contribution n'existent plus. Le collège, absolument dépourvu d'écoliers, laisse, comme vous le savez, les professeurs dans un état d'oisiveté; vainement chercherait-on à nous opposer les anciennes capitulations, elles ne sauraient résister à ce principe de justice et de raison qui a toujours prononcé l'état de minorité des communautés en leur accordant la faculté de revenir sur tout ce qui peut les grever. La loy du 12 octobre dernier relative aux corps et établissements d'instruction et éducation publique ne peut s'adapter qu'à ceux qui sont à la charge de la nation; s'il en était différemment, n'existerait-il peut-

élèves ci-après, de la classe de quatrième : Arnaud Comin, de Lectoure; Dominique Junqua, de Lectoure; Etienne de Labastide, d'Auvillars; Guillaume Larroche, de Terraube; Guillaume Rieau, de Lectoure; Jean-Baptiste Barres, de Saint-Clar; Jean-Baptiste Danzas, de Saint-Léonard; Joseph Malus, de Lectoure; Joseph Labordère, de Miradoux; Joseph Gaurán, de Lectoure; Joseph de Larroche, de Lectoure; Michel Cantaloup, de Saint-Clar.

(1) Arch. mun. Registre des soumissions des biens nationaux, p. 98.
(2) Guillaume Roussille cadet, domicilié de Lectoure, se rendit, le 7 juillet 1793, adjudicataire d'un jardin contigu au collège et appartenant aux Doctrinaires (Délibération du 7 juillet 1793).
(3) Délibération du 27 décembre 1791.

être pas une injustice dans cette loy et une contradiction évidente dans les principes de l'Assemblée nationale qui proportionne toujours le salaire au travail? Enfin, Messieurs, dans le cas où vous adoptiez ma proposition, je la soumets à votre discussion et me refère au moyen que vous prendrez pour soustraire la communauté à une surcharge si gratuite, et veuillez y délibérer. » La matière mise en délibération, les voix recueillies par M. le maire, il a été unanimement conclu et arrêté :

I. — Que, vu les frais énormes que coûte à la communauté un enseignement devenu inutile par le défaut d'écoliers, il ne sera à l'avenir rien imposé pour cette dépense, le Conseil général de la commune abrogeant d'hors et déjà toutes les capitulations que ses prédécesseurs auraient pu faire dans un temps où elles étaient aussi nécessaires qu'elles sont aujourd'hui inutiles;

II. — Qu'un extrait de la présente délibération sera signifié aux recteur et syndic du dit collège, pour leur déclarer qu'à compter du dit jour cessera tout traitement et pension que la communauté était d'usage de leur payer; arrête en outre qu'un autre extrait sera adressé au directoire du département pour l'instruire des motifs de justice et d'économie qui l'ont dicté (1).

Cette délibération ne précéda que de quelques mois le décret portant qu'aucune partie de l'enseignement ne continuerait d'être confiée aux maisons de charité ni aux congrégations d'hommes et de femmes, séculièreres ou régulières (2). Les Doctrinaires quittèrent leur collège (3) et furent dispersés comme les autres ordres religieux. Les biens immeubles qui leur appartenaient furent vendus, et nous en trouvons l'énumération dans les procès-verbaux d'adjudication déposés aux archives départementales du Gers :

1. — *Biens vendus par le Directoire du district :*

N° 361. — 31 décembre 1792. — La métairie de Barthcrote, située à Lectoure, consistant en une maison composée de chambres pour le

(1) Délibération du 25 mars 1792.
(2) Décret du 22 août 1792, art. 4.
(3) Le dernier quartier de rente fut payé aux Doctrinaires le 1er avril 1792 (Arch. mun. État des impositions locales pour l'année 1792).

maître et pour le bordier, granges, écuries, pigeonnier et autres décharges, sol, pâtus, jardins, terres labourables, preds et vignes, avec
un pred sur la rivière du Gers; de la contenance totale de 19 concades;
lesdits biens affermés conjointement avec un autre domaine aux
citoyens Deluc et Collongues par acte du 11 avril 1792. Adjugé au
st Vital Maignaut, armurier à Lectoure, pour 24,200 livres, lequel
Maignaut a subrogé à son lieu et place le citoyen Bernard Lanes, curé
de la paroisse Saint-Gervais, de cette ville, ici présent et acceptant.

N° 362. — 31 décembre 1792. — La métairie de Boulouch, située
à Lectoure, sur la rivière du Gers, consistant en bâtimens pour le bordier, avec une grande tour servant de grenier, chai et pigeonnier,
granges, écurie et autres décharges, terres labourables, jardin, vignes,
pred et sol; le tout de la contenance d'environ 20 concades; ledit
domaine affermé conjointement avec celui de Bartherote aux citoyens
Collongues et Deluc, par acte public du 11 avril 1792. Adjugé au
st Joseph Bouet, de Saint-Martin, pour 33,300 livres.

N° 363. — 31 décembre 1792. — La fézende appelée du Coutellier,
située à Lectoure, le long de l'ancienne grande route du Pont de l'Ile
à Estafort, consistant en une petite maison pour le fézendier, deux
petits jardins, terre labourable et vigne, de la contenance totale de
35 journaux. Adjugé au citoyen Dominique Monbrun fils, de Lectoure,
pour la somme de 5,525 livres.

N° 451. — 25 pluviôse an III. — Une maison à Lectoure, adjugée
à Pierre Barthe pour 10,275 livres.

II. — *Biens vendus par l'Administration centrale du département:*

N° 61. — 25 prairial an IV. — Jardin de 304 toises de surface, confrontant du nord à mur de la ville, du levant à jardin de la citoyenne
Bruils, midi à rue Jusane, et couchant à jardin d'Esperon et épouse
Dantin. Adjugé au citoyen Pierre Roussille, d'Auch, faisant pour le
citoyen Jean Pujol aîné, charron à Lectoure, pour 1,100 livres. (L'administration municipale de Lectoure s'était d'abord opposée à la vente
de ce jardin, croyant qu'il appartenait à la ville et était de tout temps
une dépendance du collège, propriété de la ville : depuis, cette opposition avait cessé, lorsque l'administration eut découvert que le local en
question avait été donné à la ci-devant Congrégation de la Doctrine
chrétienne). Procès-verbal d'estimation du 12 prairial an IV.

Telle est l'histoire du collège de Lectoure sous la direction des Pères de la Doctrine chrétienne. Depuis son origine en 1630 jusqu'à sa fin en 1792, son existence n'a été qu'une longue série de procès. Peu important par lui-même, il sut pourtant se soutenir, et le niveau des études y était aussi élevé que dans les autres établissements similaires. Les luttes du Jansénisme, qui amenèrent des changements nombreux et trop souvent répétés dans le personnel enseignant, l'abaissèrent pendant la seconde moitié du xviiie siècle; nonobstant ces défaillances, la généralité des habitants de Lectoure profitait avec empressement des cours absolument gratuits de cette maison, à laquelle la ville tenait beaucoup, malgré les dépenses considérables qu'elle lui occasionnait (1).

Les tableaux suivants, publiés en 1792 par ordre du Directoire du département du Gers (2), nous fixeront complètement sur l'état, les revenus et les dépenses du collège au moment du départ des maîtres qui y étaient préposés :

(1) Le nombre des élèves des Doctrinaires morts à Lectoure pendant la durée de leurs études ne s'élève qu'à 9, d'après les livres de catholicité. Ce sont :

30 novembre 1670, Fabien Péfanr, étudiant de philosophie, né à Benque, en Comminges.

30 juin 1730, Joseph Lartigue, étudiant en philosophie, 22 ans.

25 mai 1732, Nicolas Ducasse, 16 ans, fils d'un procureur au sénéchal, noyé dans le Gers et dont le corps fut retrouvé au moulin de Lamothe.

13 janvier 1767, Jean-Baptiste Guillemette, 13 ans, fils de Charles Guillemette, notaire à Miradoux.

4 juin 1776, Jean-Hilaire Lodéran, 14 ans, écolier de cinquième.

6 mai 1777, Samuel Dulong, 9 ans.

25 février 1786, Antoine Labarthe, 11 ans, écolier de cinquième.

29 juin 1786, Pierre Labarthe, 18 ans, écolier de logique.

3 juin 1787, Joseph Bascou, 16 ans, écolier de cinquième, noyé dans le Gers.

(2) Arch. dép. du Gers, série L, 388.

ÉPARTEMENT DU GERS.

## REVENUS DES ÉTABLISSEMENTS DE TOUT GENRE.

DISTRICT DE LECTOURE.

| NOM des MUNICIPALITÉS. | DÉSIGNATION des ÉTABLISSEMENTS. | REVENUS FONCIERS, | DROITS RÉELS fonciers non supprimés, DROITS RÉELS fonciers supprimés. | RENTES CONSTITUÉES, oroances et capitaux. | SOMMES AFFECTÉES sur les revenus communaux, Souscriptions, Rétribution payées par les élèves. | DIMENSIONS ET DISTRIBUTION DES BATIMENTS. | VALEUR LOCATIVE DES BATIMENTS. | BATIMENTS DONNÉS A LOYER. Etendue des Jardins d'agrément, | DIMENSIONS ET VALEUR LOCATIVE des cours et terrains vides | ÉTENDUE ET VALEUR LOCATIVE des jardins potagers ou fruitiers. | OBSERVATIONS. |
|---|---|---|---|---|---|---|---|---|---|---|---|
| Lectoure | Un collège. | 1,500ᶠ | » | 125ᶠ au capital de 2,500ᶠ. | » | Le collège est bâti à neuf et appartient à la ville. Il est situé sur la Place d'Armes; sa façade présente deux ailes et deux corps de logis divisés par une superbe cour; du côté du couchant est l'église, du côté du midi les chambres des professeurs, au nombre de douze. Après avoir parcouru la cour, on entre par un vestibule; à droite, un superbe dortoir, la cuisine et office et une salle de récréation; à gauche la salle d'exercices publics qui communique à la sacristie. Du vestibule du degré on monte dans une allée qui communique aux quatre coins de la maison où sont distribuées des chambres propres. L'ancien pensionnat est d'une construction gothique, délabré et mal distribué. Il y a un jardin d'environ un arpent et demi, etc. | 600ᶠ | » | 100ᶠ | 80ᶠ | Le collège de Lectoure, desservi par les Pères de la Doctrine chrétienne, est doté par la commune de Lectoure d'une somme de trois mille livres, plus de celle de trois cents livres payables tous les ans par la même commune en représentation des fruits d'une chanoinie préceptoriale. L'enseignement est gratuit. Il y a des professeurs depuis la classe de cinquième jusques à celle de logique, c'est-à-dire six professeurs, un préfet et un recteur. Leur revenu foncier est de............. 1,500ᶠ Les rentes de. 125 Pension de la ville......... 3,000 Représentation des fruits de la Préceptoriale... 300 ————— 4,925ᶠ |

— 146 —

# INSTRUCTION PUBLIQUE.

## DÉPENSE DES ÉTABLISSEMENTS DE TOUT GENRE.

| NOM des MUNICIPALITÉS. | DÉSIGNATION des ÉTABLISSEMENTS. | NOMBRE ET DÉSIGNATION des PROFESSEURS, MAÎTRES, BOURSIERS et autres Membres. | HONORAIRES et PENSIONS. | RÉTRIBUTIONS CASUELLES. | ENTRETIEN de BIENS ET BATIMENTS. | ENTRETIEN du MOBILIER. | DÉPENSES DOMESTIQUES. | DETTES NON CONSTITUÉES. Dettes constituées. | OBSERVATIONS. |
|---|---|---|---|---|---|---|---|---|---|
| Lectoure. | Un collège. | Un recteur et sept professeurs doctrinaires; un recteur prê-tre, un préfet laïque. Un professeur de philosophie; Un professeur de rhétorique; Un professeur d'humanités; Un professeur de troisième; Un professeur de quatrième; Un professeur de cinquième. | 125ˡ à chacun. | » | Entretien des biens, 200ˡ. Entretien des mai-sons,150ˡ. | 160ˡ | Quatre mille neuf cent vingt-cinq livres, ci... 4,925 | » | Le collège de Lectoure, des-servi par les Pères de la Doc-trine chrétienne, est doté par la commune de Lectoure à con-currence d'une somme de 3,000ˡ, payables tous les ans par la même commune en représenta-tion des fruits provenant d'une chanoinie préceptoriale. La somme de 3,000ˡ n'a pas été payée aux Pères Doctrinaires, il y a même une instance de-vant le tribunal; la commune de Lectoure refusa de payer ladite somme, parce qu'elle pré-tend que le collège étant pu-blic, tout le district doit sup-porter cette charge, puisqu'elle tourne à l'avantage de tous les administrés. Il est donc dû la pension de l'année 1791 aux Pères Doctrinaires, et ils ont suppléé à leurs besoins par le revenu de trois métairies, dont le produit, d'après leur décla-ration, se porte à quinze cents livres, ci............ 1,500 et une rente de cent vingt-cinq livres sur l'hôpital de la ville de Paris, ci............. 125 |

La suppression du collège privait d'instruction les élèves qui l'avaient fréquenté ; il convenait d'arrêter autant que possible « les progrès destructeurs de l'ignorance qui dévastait notre contrée ». C'est « afin de remplir un objet si bienfaisant pour l'humanité », que M. Despiau, président du Comité permanent, proposa à ses collègues d'établir à Lectoure un cours de chirurgie. M. Gilbert, chirurgien major de l'hôpital et correspondant de l'Académie royale, offrit de faire quatre leçons publiques par semaine sur l'anatomie, la pathologie, les maladies des os, les bandages et les accouchements. Une salle de l'hôpital devait être mise à sa disposition, ainsi que les cadavres des étrangers morts dans cet établissement. Nous croyons qu'aucune suite ne fut donnée à cette bizarre délibération du Comité permanent (1).

L'établissement des Doctrinaires de Lectoure avait duré 162 ans et pendant ce temps un grand nombre de religieux y séjournèrent à divers titres. Quels sont les noms de ces obscurs mais infatigables ouvriers, qui travaillèrent sans relâche à l'instruction des enfants de la Lomagne? Le temps n'en a respecté qu'un petit nombre; les archives domestiques du collège sont perdues; ce n'est donc qu'après de longues recherches que nous avons pu en dresser une liste malheureusement incomplète. Nous nous sommes aidés pour accomplir cette partie de notre travail des éléments les plus divers et disséminés un peu partout. Les quittances publiques ou privées, les minutes des notaires, les archives municipales et départementales, les *Nouvelles ecclésiastiques*, les baux d'entreprises, les vieux livres terriers, en un mot tout ce que l'on a bien voulu nous communiquer a été mis à contribution et minutieusement fouillé, et cependant que de noms resteront encore plongés dans un éternel oubli!

(1) Comité permanent. Séance du 13 janvier 1790.

Nous savons que dès l'origine il y eut six religieux char-gés du professorat, un recteur et un syndic. Le recensement de 1695 nous apprend que les Doctrinaires étaient au nom-bre de dix, quatre prêtres, quatre clercs et deux frères laïcs, sans compter les pères chargés des retraites et des missions, dont le ministère était souvent utilisé à Lectoure et dans les environs.

Voici, aussi exacte que possible, la liste des recteurs et des syndics, à laquelle nous ajouterons les noms de quelques professeurs :

## Recteurs du Collège.

1630-1638  Le P. JEAN-BAPTISTE CAMIN (1).

1638-1640  Le P. JEAN GABRIEL (2).

1641-1646  Le P. JEAN BOSSAT, docteur en théologie (3).

1646-1648  Le P. CHARLES LEFRANÇOIS (4).

1660-1663  Le P. MICHEL JULIA (5).

1664-1666  Le P. LOUIS CLERC (6).

1668-1671  Le P. JACQUES CHALVET (7), à qui Pierre de Cas-taing, chanoine de Saint-Gervais et abbé de Sère, au diocèse d'Auch,

(1) Records. Quittances. Arch. mun.
(2)  Id.  id.  Arch. mun.
(3) Quittances. Acte du 30 novembre 1645, Bégué, notaire (étude de Mᵉ Boué du Boislong).
(4) Quittances. Arch. mun.
(5) Quittances. Actes des 9 septembre 1660 et 5 janvier 1663, Agasson et Labat notaires (études de MMᵉˢ Boué du Boislong et Latour).
(6) Quittances. Arch. mun.
(7) Quittances. Arch. mun.

légua, par testament du 19 janvier 1668, une somme de 40 livres à charge de dire cent messes de *Requiem*, plus un tableau placé au-dessus du maître-autel de la chapelle des Doctrinaires, marqué aux armes du donateur et représentant le mystère de l'Annonciation (1). Magdeleine du Bourg, épouse de noble Jacques de Chastenet, sieur de Bonot et de Lacoupette, donna au P. Chalvet le 26 mars 1668 huit sacs de blé et deux barriques de vin rouge, à la condition par lui et sa communauté « de réciter un *requiem* et un *de profundis* tous les soirs et matines ensuite de leurs oraisons pour le repos de son âme (2). » Ce même recteur fut obligé d'emprunter le 18 décembre 1669, pour les besoins du collége, à Isaac Mazières, marchand chapelier de Lectoure, une somme de 1,200 l. qu'il lui remboursa le 23 mars 1671 (3).

1672-1675  Le P. Louis Valière (4).

1675-1681  Le P. Barthélemy de l'Hospital, docteur en théologie (5).

1681-1683  Le P. Paul Juvenel, docteur en théologie, était recteur lorsque Jean Nogués, curé de Léognan-en-Grave, au diocèse de Bordeaux, donna à la chapelle du collége la somme de 30 l., à la condition que les Pères célébreraient 120 messes pour lui (6). Il était en 1694 recteur de la maison de Notre-Dame-de-Tudet, vicaire perpétuel de l'église Saint-Laurent de Casteron et de Saint-Michel de Gaudonville, son annexe. Il se démit le 15 juillet 1695 de ces deux bénéfices entre les mains des Pères du monastère de Tudet, auquel ils étaient réunis et qui en étaient les curés primitifs (7).

1683-1685  Le P. Barthélemy de l'Hospital, recteur pour la seconde fois (8), qui acheta le 29 mai 1684 la métairie de Boulouch, dont les Doctrinaires étaient encore propriétaires au moment de la Révolution (9).

(1) Labat notaire. Ce legs fut révoqué en partie par un testament postérieur du 22 janvier 1672, même notaire.
(2) Labat, notaire (Etude de M' Latour).
(3) Labat, notaire (Etude de M' Latour).
(4) Quittances. Arch. mun.
(5) Acte du 22 février 1680, Castéra notaire (Etude de M' Boué du Boislong).
(6) Acte du 12 décembre 1682, Labat, notaire (Etude de M' Latour).
(7) Barbalane, notaire (Etude de M° Boué du Boislong).
(8) Quittances. Arch. mun.
(9) Acte du 3 juillet 1684, Gardey, Labat et Barbalane, notaires (Etudes de MM° Boué du Boislong et Latour).

1687-1690 Le P. Antoine Robert (1).

1691-1692 Le P. Bernard Lafourcade, qui emprunta le 28 mars 1691, à Léonard Sabatier, maître teinturier, la somme de 200 l. afin de payer le reste de la taxe de l'amortissement dont les biens fonds du collège avaient été frappés (2).

1692-1695 Le P. Louis Darche (3).

1695-1696 Le P. Etienne Jouffret (4).

1696-1700 Le P. Etienne Meichin emprunta le 26 octobre 1696 à Dominique Baccarère 600 l. pour se libérer des dons gratuits et de la capitation auxquels il avait été taxé (5). Il subit dans le courant de l'année 1698 un procès que lui intenta Pierre Cazenave, chanoine de Saint-Gervais, qui l'accusait d'être l'auteur de certaines imputations calomnieuses, de nature « à laisser des cicatrices à son honneur. » D'après la requête du plaignant, le P. Meichin aurait fui le débat, en se défendant « *vago et effuso sermone* (6). »

1700-1703 Le P. Bertrand Certain (7).

1703-1705 Le P. Etienne Meichin, recteur pour la seconde fois (8).

1707-1711 Le P. Prémont (9), à qui Jean Castaing, bourgeois et marchand de Lectoure, légua par testament du 15 octobre 1707, toutes les sommes que la communauté du collège pourrait lui devoir au moment de son décès (10). Nous le retrouvons en 1734 syndic du séminaire de Condom (11).

1711-1713 Le P. Richard (12).

1713-1717 Le P. Chalvet, prédicateur célèbre, né à Brives en 1670, prononça ses vœux le 19 mars 1690, et devint l'un des plus ardents propagateurs du jansénisme à Lectoure. Augustin de Mons, docteur en théologie, chanoine et archidiacre de Lomagne, lui légua

(1) Acte du 20 août 1687, Bétous notaire (Etude de M⁺ Latour).

(2) Labat, notaire (Etude de M⁺ Latour).

(3) Quittances. Arch. mun. Acte du 16 octobre 1693, Castéra notaire (Etude de M⁺ Boué du Boislong).

(4) Quittances. Arch. mun.

(5) Labat notaire (Etude de M⁺ Latour). Actes des 25 juillet 1698, 3 février 1699 et 1ᵉʳ février 1700. Barbalane, notaire (Etude de M⁺ Boué du Boislong).

(6) Archiv. mun.

(7) Acte du 3 avril 1700, Barbalane notaire (Etude de M⁺ Boué du Boislong).

(8) Acte du 23 septembre 1703, Labat notaire (Etude de M⁺ Latour).

(9) Quittances. Arch. mun.

(10) Labat notaire (Etude de M⁺ Latour).

(11) Acte du 1ᵉʳ mai 1734, Lacapère notaire à Condom (Etude de M⁺ Lagorce).

(12) Quittances. Lettre du P. Richard à Mgr de Polastron, évêque de Lectoure, en date du 9 janvier 1713. (Archiv. de M. Plieux.)

par testament du 31 octobre 1713 la somme de 50 l., qui devait servir
à payer les honoraires de dix messes célébrées à son intention (1). Il
comparut comme réappellant le 11 mars 1721 devant M. de Baudry,
alors lieutenant de police, et refusa de signer le formulaire d'adhésion
à la bulle *Unigenitus*. Professeur de théologie des novices dans la
maison-mère de Saint-Charles, à Paris, le P. Chalvet fut, sur l'ordre
du P. Griffon, supérieur général de la congrégation, exilé successivement à Villefranche, à Pierre-Encise, à Moissac et à Nérac, où il
mourut le 20 décembre 1745, à l'âge de 75 ans (2).

1720-1725  Le P. Jean Denux (3), professeur de philosophie
des pères de la Doctrine Chrétienne en 1746 (4), accepta le 11 juillet
1723 un legs de 1800 l. fait le 5 juillet 1714 par Pierre Lacourt,
avocat, aux doctrinaires du collège, sous la condition que trois d'entre
eux prêcheraient tous les six ans une mission d'un mois dans l'église
du Saint-Esprit ou dans leur chapelle. Une délibération de la communauté, datée du 6 février 1723, confirmée par une ordonnance épiscopale du 23 du même mois, autorisa le P. Denux à se faire remettre le
montant de ce legs par Pierre de Lacourt, avocat du roi et héritier du
donateur (5). Dans le courant des années 1724, 1725 et 1726, les
PP. Denux recteur, Duprom et Maillard syndics furent chargés de
l'administration de la paroisse du Saint-Esprit de Lectoure (6).

1725-1727  Le P. François Lespinasse (7).

1727-1732  Le P. Jean Latannerie (8), qui avait été successivement attaché aux collèges de Tarbes et de Bayonne, et devint, par
le choix d'un concile provincial tenu à Toulouse dans le courant du
mois de septembre 1738, supérieur de l'important collège de Villefranche de Rouergue (9).

1734-1735  Le P. Raymond Catugier, depuis provincial de
Toulouse, donna en 1748 des signes d'aliénation mentale qui obligè-
rent ses confrères à le transférer de Toulouse à Notre-Dame-de-Tudet,

---

(1) Acte du 6 novembre 1713, Barbalane, notaire (Etude M⁰ Boué du Boislong).
(2) *Nouvelles ecclésiastiques* du 3 juillet 1746. — *Nécrologe*, t. ii, p. 112.
(3) Quittances. Arch. mun.
(4) *Nouvelles ecclésiastiques* du 24 avril 1746.
(5) Actes des 11 juillet 1723 et 12 mai 1725, Barbalane et Fornetz, notaires.
(Etudes de MM⁰ Boué du Boislong et Sales.)
(6) Arch. mun. Livres de catholicité de la paroisse du Saint-Esprit.
(7) Délibération capitulaire du 29 décembre 1726, Comin, notaire. (Etude de
M⁰ Sales).
(8) Quittances. Arch. mun. Actes du 8 août 1731 et 18 avril 1732, Bétous et
Comin notaires. (Etudes de MM⁰ Latour et Sales.)
(9) *Nouvelles ecclésiastiques* du 18 mars 1739).

pèlerinage desservi par les Doctrinaires. Il y mourut en 1750 (1).

1735-1738  Le P. Louis Bonnefont (2), qui devint provincial de Toulouse en 1745 (3).

1738  Le P. Raymond Catugier, recteur pour la seconde fois (4).

1738-1740  Le P. Gabriel Joseph de Lafont (5), fils de Bernard de Lafont, sieur de Trignac et de Marthe Denux de Larivière, céda le 7 août 1731 tous ses droits légitimaires à son frère Jean Baptiste de Lafont, sieur de Larivière, lieutenant d'infanterie, moyennant une pension annuelle de 25 l. payable à Notre-Dame d'août (6). Il fut en 1747 institué titulaire de la chapelle de Notre-Dame dans l'église de Saint-Gervais, en remplacement d'Ambroise de Boubée, chanoine, décédé le 25 septembre 1746, par Marie Corrent de Labadie, dame de Lafont de Larivière, sa belle-sœur, à qui appartenait cette collation en vertu de son droit de patronage (7). Le P. de Lafont était en 1736 recteur du collège de Moissac (8), et en 1747 curé de la paroisse Sainte-Eulalie de Condom et supérieur du grand séminaire de cette ville (9). Il légua le 13 décembre 1764 aux hôpitaux de la Manufacture et de Notre-Dame de Piétat de Condom une somme de 3000 livres, dont la rente devait être employée à fournir de la viande ou du bouillon aux pauvres malades qui ne pourraient pas y être admis (10).

1740-1743  Le P. Raymond Catugier (11), recteur pour la troisième fois, fut chargé le 21 avril 1741, par Etienne de Renaud, titulaire du prieuré de Saint-André, dans la paroisse de Marsolan, et chanoine de Lavaur, d'afferner les fruits décimaux dépendants dudit prieuré, à prendre sur la rivière du Gers, près de Milhoc (12).

1743-1745  Le P. Charles Barric (13).

(1) *Nouvelles ecclésiastiques* des 17 avril 1747 et 1750.

(2) Quittances. Arch. mun.

(3) *Nouvelles ecclésiastiques* du 7 avril 1745.

(4) Acte du 5 mai 1738, Bétous notaire. (Etude de M. Latour).

(5) Quittances. Arch. mun.

(6) Actes des 7 août 1731 et 27 juillet 1734, Bétous notaire. (Etude de M. Latour.)

(7) Actes des 22 novembre 1738, 25 et 26 janvier 1747, Barbalane, Labat et Comin notaires. (Etudes de MM. Latour, Sales et Boué du Boislong.)

(8) Acte du 26 juillet 1739, Bétous notaire (Etude de M. Latour).

(9) Actes des 26 janvier 1747 et 3 juin 1769, Labat et Comin notaires. (Etudes de MM. Sales et Latour.)

(10) Acte devant Lacapère, notaire à Condom, étude de M. Lagorce.

(11) Acte du 20 juin 1740, Bétous notaire. (Etude de M. Latour.)

(12) Labat, notaire (Etude de M. Latour).

(13) *Nouvelles ecclésiastiques* du 23 octobre 1745.

1758-1761 Le P. Alexis Fayard, docteur en théologie (1), reçut de dame Catherine de Morillier, veuve de Pierre Belin, avocat en parlement, la somme de 500 liv., dont la rente devait être affectée à la fondation de vingt messes, dans la chapelle des Doctrinaires. Ce capital, versé entre les mains du P. Fayard, fut employé, suivant une délibération du 16 février 1758, à la reconstruction et à l'entretien du collège (2). Le P. Fayard avait un frère nommé Raymond, curé de Taybosc et d'Ayguesmortes son annexe, au diocèse de Lectoure (3).

1763-1771. Le P. Jean-Baptiste Dordé des Coutures (4) devint provincial de Toulouse, vers 1774 (5). Il était en 1764 titulaire de la cure de Perville et de Lagarde son annexe, dans le diocèse de Cahors, et chapelain du prieuré de Saint-Martin dans l'église collégiale de Notre-Dame de Nesles-lez-Noyon. Il céda le 20 avril 1781 cette chapellenie à Guillaume-Alexandre de Juglart du Tillet, vicaire général de Bourges, qui lui donna en échange le prieuré d'Endéchan, desservi dans l'église du Saint-Esprit de Lectoure (6).

1771-1773 Le P. Jean-Baptiste Maurette, qui fit reconstruire le collège en 1772 et emprunta le 8 février de la même année, à Basile de Cornet, chanoine de Saint-Gervais, la somme de 712 l. 6 sols pour les besoins du collège (7).

1774-1777 Le P. Antoine Bonnet (8).

1778-1784 Le P. Joseph Thomas (9), qui remboursa, le 23 juin 1782, 743 l. 7 sols à Marie Joseph Grégoire Delort, syndic du chapitre de Saint-Gervais (10).

1786-1787 Le P. Guillaume Cibaud de Nique (11).

1788-1790 Le P. Joseph Thomas, recteur pour la seconde fois (12).

(1) Record du 21 octobre 1759, délibération du 16 février 1758. Arch. de M. Plieux.

(2) Acte du 18 février 1758 Comin, notaire (Étude de Me Sales).

(3) Actes des 3 mars 1755 et 17 mars 1758, Comin et Bétous notaires. (Études de MM. Sales et Latour.)

(4) Quittances. Arch. mun. Actes des 6 décembre 1763, 26 février et 10 octobre 1767 et 21 mars 1770, Comin, notaire. (Études de MM. Latour et Sales.)

(5) Acte du 28 février 1772, Labat notaire. (Étude de Me Latour.)

(6) Actes des 5 février et des 4 avril 1764 et 20 avril 1781, Comin notaire (Étude de Me Sales).

(7) Labat notaire (Étude de Me Latour).

(8) Record du 3 juin 1775. Actes des 6 juin 1775, 17 novembre 1776 et 12 avril 1777, Labat notaire (Étude de Me Latour).

(9) Arch. mun. Lettre du P. Théron, en date du 14 mai 1778. Actes des 7 avril, 20 et 23 juin 1782, Bétous, Labat et Comin notaires (Étude de Me Latour).

(10) Labat notaire (Étude de Me Latour).

(11) Acte du 10 mars 1787, Labat notaire (Étude de Me Latour).

(12) Quittances. Arch. mun.

1790-1792   Le P. Charles Morel (1), qui fut entendu comme témoin dans le procès intenté à Mgr de Cugnac, évêque de Lectoure, à l'occasion de la publication de son avertissement aux fidèles du diocèse, en date du 23 mars 1791 (2).

## Syndics du Collège.

1638-1639   Le P. François Marre (3).

1639-1640   Le P. Jean Bossac (4), recteur en 1641.

1642-1645   Le P. Charles du Verger (5).

1646-1648   Le P. Jacques Lefrançois, vice-recteur (6).

1648-1650   Le P. Jacques Artous (7).

1652-1654   Le P. Gardey (8), prédicateur populaire, aussi remarquable à table qu'en chaire, s'il faut en croire l'épigramme suivante de J.-G. d'Astros, bien faite pour perpétuer le souvenir d'un vrai gascon :

> Per deplica la sancto ley,
> Presica la sancto paraulo,
> E tengue bero trouign' en taulo,
> Bibo lou boun pero Gardey !

> Mes s'et minjo e s'et beou ta plan coum et presico
> Adiou pan, adiou car, adiou praïbo barriquo (9) !

1657-1660   Le P. Vialères ou Vialars (10).

1663-1669   Le P. Hugues Beynette (11).

1682-1684   Le P. Etienne Jouffret (12), recteur en 1695.

1685-1690   Le P. Etienne Meichin, recteur en 1696. Il acheta par acte du 1er décembre 1685 à Jean Darmaignac, homme d'armes, une maison sise rue Constantin, qui confrontait du levant à un jardin dépendant du collège (13).

---

(1) Quittances. Arch. mun. Records.

(2) A. Plieux. *Louis-Emmanuel de Cugnac, dernier évêque de Lectoure*, in-8', 1879, p. 31.

(3) Quittances. Arch. mun.

(4) Quittances, Arch. mun.

(5) Acte du 25 août 1642, Bétous notaire (Etude de M· Latour).

(6) Quittances. Arch. mun.

(7)      Id.          Id.

(8)      Id.          Id.

(9) *Poésies Gasconnes recueillies et publiées par* F. T[aillade], 1869, t. II, p. 129.

(10) Quittances. Arch. mun.

(11) Acte du 5 janvier 1663, Labat notaire (Etude de M· Latour).

(12) Quittances. Arch. mun. Acte du 3 juillet 1684, Barbalane notaire (Etude de M· Boué du Boislong).

(13) Barbalane notaire. Acte du 12 août 1685, Labat notaire (Etude de M· Latour).

1691       Le P. FRANÇOIS BOET (1).

1692-1694   Le P. CHARLES CAUPENNE (2).

1694-1695   Le P. DÉCIS (3).

1695-1696   Le P. ETIENNE MEICHIN, syndic pour la seconde fois (4).

1696-1697   Le P. JEAN CHABRIT (5), que nous retrouvons en 1717 syndic du collège de Nérac (6).

1698-1700   Le P. GUILLAUME CAYRE (7).

1700-1703   Le P. ETIENNE MEICHIN, précédemment recteur, et syndic pour la troisième fois (8).

1703-1705   Le P. CHARLES-ANTOINE MALACRIA (9).

1705-1709   Le P. CHRISTOPHE NAZAL (10).

1709-1712   Le P. JEAN DOAZAN (11).

1719-1722   Le P. CARAGUEL (12), prédicateur renommé et ardent janséniste, fut nommé recteur à Villefranche de Rouergue en 1735 et assistant du père général pour la province de Toulouse malgré la pression exercée dans cette élection par M. Hérault, commissaire du roi. Pour éviter tout conflit, le P. Caraguel donna, le 18 septembre 1737, sa démission d'assistant, et il mourut en 1744 (13).

1622-1724   Le P. ANDRÉ DUPRON (14).

1724-1726   Le P. ETIENNE MEICHIN, syndic pour la quatrième fois (15).

1726-1729   Le P. LOUIS BELMONT (16).

---

(1) Acte du 28 mars 1691, Labat notaire (Etude de M' Latour).

(2) Acte du 6 décembre 1693, Bégué notaire (Etude de M' Boué du Boislong).

(3) Quittances. Arch. mun.

(4) Quittances. Arch. mun.

(5) Quittances. Arch. mun.

(6) Acte du 29 novembre 1717, Lacapère notaire à Condom (étude de M' Lagorce).

(7) Acte du 27 juillet 1698, Barbalane notaire (Etude de M' Boué du Boislong).

(8) Acte du 3 avril 1700        Id.            Id.

(9) Actes des 10 mars et 23 septembre 1703, Barbalane et Labat notaires (Etudes de MM" Boué du Boislong et Latour).

(10) Quittances. Arch. mun.

(11) Quittances. Arch. mun. Actes du 8 mars 1709, Barbalane et Bégué notaires (Etude de M' Boué du Boislong).

(12) Quittances. Arch. mun.

(13) *Nouvelles ecclésiastiques* du 22 mai 1745.

(14) Quittances. Arch. mun. Acte du 11 juillet 1723, Barbalane notaire (Etude de M' Boué du Boislong).

(15) Délibération capitulaire du 29 décembre 1726, Comin notaire (Etude de M' Sales).

(16) Quittances. Arch. mun.

1726-1727   Le P. François Maillard, vice-recteur (1).

1732-1733   Le P. Gabriel-Marie Racolis (2).

1734-1735   Le P. Roques (3), qui fut député par la maison de Moissac au chapitre provincial tenu le 1er septembre 1744 dans le séminaire de l'Esquille, à Toulouse (4).

1738-1743   Le P. Jean-Pierre-Joseph Morlet (5).

1758-1760   Le P. Dardenne, vice-recteur (6).

1758-1763   Le P. Jean-Baptiste Dordé des Coutures, recteur en 1763 (7).

1766-1768   Le P. Jean-Baptiste Pelauque, de Condom (8).

1770-1772   Le P. Charles Larribeau (9).

1775-1778   Le P. Jean-Baptiste Tronc (10) quitta Lectoure dans les premiers mois de 1778 et fut pourvu le 4 avril de la même année de la cure de Saint-Nicolas de Nérac, annexée au collège des Doctrinaires de cette ville, à la place du P. François Morel décédé (11). Il prit possession de ce bénéfice ecclésiastique le 14 mai 1778 et les formalités canoniques de son installation furent accomplies dans la chapelle des Pères Cordeliers, siège du service paroissial pendant la reconstruction de l'église Saint-Nicolas (12). Le P. Tronc mourut au commencement de l'année 1779 et fut remplacé par le P. Vital Gautheyron Libéral, religieux de la même congrégation (13).

1783-1784   Le P. Charles Cazelle (14).

1785-1788   Le P. Joseph Thomas (15), recteur en 1782 et 1788.

1790-1792   Le P. François Orliac (16).

---

(1) Délibération capitulaire du 29 décembre 1726, Comin notaire (Etude de M' Sales).
(2) Acte du 18 avril 1732, Comin notaire (Etude de M' Sales).
(3) Quittances. Arch. mun.
(4) *Nouvelles ecclésiastiques* du 7 avril 1745.
(5) Quittances. Arch. mun. Actes des 3 février et 5 mai 1738, et 20 juin 1740, Comin et Bétous notaires (Etudes de MM" Sales et Latour).
(6) Délibération capitulaire du 16 février 1758 (Arch. de M. Plieux.)
(7)                                    Id.                                    Id.
(8) Acte du 10 octobre 1767, Comin notaire (Etude de M' Sales).
(9) Quittances. Arch. mun. Actes du 7 mars 1771 et 8 février 1772, Labat et Comin notaires (Etude de M' Latour).
(10) Acte du 6 juin 1775, Labat notaire (Etude de M' Latour).
(11) Reynaut Corne, notaire à Condom, étude de M' Lagorce.
(12) Pugens, notaire à Condom, même étude.
(13) Acte du 27 février 1779, Reynaut-Corne notaire à Condom, même étude.
(14) Quittances. Arch. mun.
(15) Quittances. Arch. mun.
(16) Acte du 11 avril 1792, Monbrun notaire (Etude de M' Sales).

# Professeurs du Collège.

1670    Le P. ARQUIER, chargé « d'instruire la jeunesse à
» lire, escripre et à compter de l'arimétique (1). »

1674    Le P. TROUVÉ, professeur, atteste qu'il a entendu
la confession « d'ung pauvre malade dans une mayson ruynée par le
» vent, dont le débris réclame le soin de la charité des dames de la
» Miséricorde (2). »

1683    Le P. PHILIPPE LAGUZON sert de témoin dans un
acte révocatoire passé par Claire de Monlezun de Lupiac, épouse de
Guillaume de Chastenet, sieur de Lacoupette (3).

1692    Le P. RUFFY « réthoricien », qui reçut de la jurade la
somme de 25 l. « pour une tragédie qu'il a fait l'honneur de dédier à la
» ville en la personne des consuls (4). »

1696    Le P. JEAN AMIEL. — Le P. FRANÇOIS LESPINASSE.
        — Le P. CHARLES-ANTOINE MALACRIA. — Le P.
        BERNARD CAUPENNE. — Le P. GUILLAUME
        CAYRE (5).

1704-1705  Le P. MATHURIN BACCARRÈRE, légataire de sa sœur
Dominique Baccarrère, en une pension annuelle de 100 l., aux termes
de son testament du 9 août 1704 (6).

1705    Le P. GUILLAUME SAUTURON, fils de Guillaume
Sauturon, marchand de Lectoure, et de Marie Taste, qui fit, le 20 février
1705, un testament public, avant de s'engager définitivement dans la
congrégation de la Doctrine chrétienne (7).

1713    Le P. CYPRIEN BAFFOIGNE. — Le P. BERNARD CLU-
        ZET (8).

(1) Quittances. Arch. mun.
(2) Certificat du 12 janvier 1674. Arch. mun.
(3) Acte du 6 mars 1683, Labat notaire (Etude de Mᵉ Latour).
(4) Quittances. Arch. mun.
(5) Acte du 26 octobre 1696, Labat notaire (Etude de Mᵉ Latour).
(6) Acte du 19 janvier 1705, même notaire.
(7) Labat notaire (Etude de Mᵉ Latour).
(8) Acte du 6 avril 1713, Arch. mun. — Livre de catholicité de la paroisse de
Saint-Geny.

1723      Le P. Pages. — Le P. Sellières. — Le P. Décis (1). — Le P. Larlat (2).

1726      Le P. Jean-Jacques Vignier. — Le P. Etienne Parades (3).

1730      Le P. Lespinasse. — Le P. Dolmières (4).

1730-1733   Le P. Raymond Catugier (5), professeur de philosophie, recteur en 1734, 1738 et 1740.

1731      Le P. Jean-Baptiste Denux, sous-diacre, professeur aux collèges de Castelnaudary et de Lectoure, fit le 7 octobre 1731, donation de certains immeubles en faveur de Pierre Denux, son frère, demeurant à La Salle de Paillasse, dans la juridiction de Terraube. Il était neveu du P. Jean Denux, recteur du collège en 1720 (6).

1739      Le P. François Goulard (7).

1740      Le P. François-Joseph Devilla encouragea les Carmélites de Lectoure dans leur lutte en faveur du Jansénisme, et contraignit par ce fait Mgr de Beaufort à demander son éloignement. Il se retira à Montpellier, où il passa plusieurs années, et mourut à Toulouse dans le courant du mois de décembre 1744 (8).

1740-1741   Le P. Cazeneuve quitta le collège de Lectoure dans l'année 1741 et fut nommé à la cure de Castelnau-Barbarens, au diocèse d'Auch, par la princesse de Léon (9), à qui appartenait la collation de ce bénéfice. Les vicaires généraux du cardinal de Polignac refusèrent de lui accorder leur *visa*, malgré les attestations d'orthodoxie des archevêques de Toulouse et de Bordeaux et des évêques de Condom et de Carcassonne (10).

1750      Le P. Reinal, professeur d'humanités à Lectoure, et plus tard recteur à Nérac (11).

---

(1) *Nouvelles ecclésiastiques* du 3 juin 1723.
(2) Arch. mun. Livres de catholicité de la paroisse Saint-Gervais de Lectoure.
(3) Délibération capitulaire du 29 décembre 1726, Comin notaire (Etude de M⁺ Sales).
(4) *Nouvelles ecclésiastiques* du 3 juillet 1730.
(5) *Nouvelles ecclésiastiques* du 16 octobre 1733.
(6) Comin notaire (Etude de M⁺ Sales).
(7) *Nouvelles ecclésiastiques* du 15 octobre 1748.
(8) *Nouvelles ecclésiastiques* du 22 mai 1745.
(9) Françoise de Roquelaure, fille de Gaston-Jean-Baptiste, duc de Roquelaure, gouverneur de Lectoure, et de Marie-Louise de Laval, mariée le 29 mai 1708, à Louis Bretagne de Rohan-Chabot, prince de Léon.
(10) *Nouvelles ecclésiastiques* du 1ᵉʳ mai 1741.
(11) *Nouvelles ecclésiastiques* du 24 avril 1751.

1750       Le P. CHARLES MARC était en 1752 et 1760 recteur de la maison de Tudet, et en cette qualité, il afferma les fruits décimaux de Gaudonville à Jean-Joseph Lespiau, procureur fondé de MM. Maréhal et Miny, économes généraux du clergé de France, régisseurs des revenus de l'évêché de Lectoure, vacant par le décès de Claude-François de Narbonne-Pelet (1).

1754       Le P. JEAN MAUQUIÉ, fils de Bernard Mauquié, bourgeois de Montgaillard, quitta la congrégation de la Doctrine chrétienne le 4 juillet 1754 et son père stipula en sa faveur une pension annuelle de 100 l. jusqu'à ce qu'il fut pourvu d'un bénéfice (2).

1755       Le P. JEAN DAYRAUD, professeur de philosophie, fit un testament le 8 février 1753 (3) et transigea le 20 juin 1770 avec sa mère et ses frères sur le montant de ses droits légitimaires (4).

1759       Le P. JEAN-BAPTISTE RICARD, professeur à Lectoure et à la maison de Saint-Rome, fut pourvu le 12 janvier 1770, de la chapelle de Saint-Nicolas, desservie dans l'église de Saint-Gervais, par Anne-Jeanne-Thérèse de Larroche, marquise de Gensac, qui en était patronne (5). Il en afferma les fruits décimaux moyennant la somme annuelle de 300 livres (6).

1760       Le P. JEAN CASTAING devint recteur du collège de Lavaur et fut nommé chapelain de la chapelle de Lasmartres par le comte de Narbonne, qui en était patron collateur. Boniface Castaing, son frère, curé de Dunes et docteur en théologie, prit possession de cette chapelle en son nom le 8 novembre 1763 (7).

1762       Le P. DUBOIS, diacre, professeur de philosophie et bachelier en théologie de la faculté de Paris (8).

1762       Le P. CRISTOPHE GOUZY, ancien professeur, était le 15 mars 1762 syndic de la maison de Notre-Dame de Tudet (9).

1767       Le P. JEAN PELAUQUE, professeur de philosophie et

---

(1) Actes des 29 décembre 1752 et 23 juin 1760, Comin et Bétous notaires (Etude de M' Latour).
(2) Bétous notaire (Etude de M' Latour).
(3)    Id.           Id.
(4) Comin notaire.      Id.
(5) Comin notaire (Etude de M' Latour).
(6) Actes des 21 mars 1770, 10 mars 1776 et 7 avril 1782, Comin notaire (Etude de M' Latour).
(7) Comin notaire (Etude de M' Latour).
(8) Arch. mun. Certificat du 6 février 1762.
(9) Labat notaire (Etude de M' Latour).

chapelain de la chapelle de Lartigue, desservie dans la juridiction de Montréal (1).

1772      Le P. Jean de Madères, frère de Joseph de Madères, avocat du roi au siège présidial de Lectoure, était en 1776 recteur de la maison de Saint-Rome à Toulouse (2).

1777      Le P. Arnaud-François-Pascal Goffret, professeur d'humanités, sert de témoin à une constitution de rente consentie par Jean-Baptiste Comin bourgeois, en faveur de Marie de Goulard (3).

1782      Le P. Jean-Baptiste Tourtonde, professeur de rhétorique (4).

1784      Le P. Lapujade, professeur de seconde (5).

1788      Le P. Jérome Castex, fils de Joseph Castex, procureur en la sénéchaussée d'Armagnac, et de Jeanne Barres, fut d'abord professeur à Lectoure, puis à Carcassonne. Présenté au chapitre de Saint-Gervais et agréé par lui en qualité de titulaire de la chapellenie *de Nomine Jesu*, vacante par la démission de François Lannes, prêtre prébendé, il prit possession de ce bénéfice le 28 février 1785 (6). Le P. Castex céda le 27 janvier 1788 à son frère Marc Melciade Castex, docteur en médecine à Lectoure, tous ses droits aux successions de ses parents, moyennant une rente annuelle de 100 livres (7).

1788-1792    Le P. Arnaud Castille, pourvu d'une prébende à Saint-Gervais (8), ancien professeur aux collèges de Lectoure et de Saint-Rome, né à Lectoure le 20 avril 1749, obtint un certificat de résidence le 5 frimaire an III (25 novembre 1794) de la part du district de Lectoure (9). Il lui fut alloué une pension de 500 livres, qu'on supprima peu après son obtention, par le motif que le nombre de ses années de congrégation devait être établi autrement que par sa déclaration personnelle (10).

---

(1) Acte du 5 septembre 1767, Pelauque, notaire à Condom (Étude de M⁰ Lebbé).

(2) Acte du 7 janvier 1776, Labat notaire (Étude de M⁰ Latour).

(3) Acte du 22 décembre 1777, Labat notaire (Étude de M⁰ Latour).

(4) Acte du 7 avril 1782, Comin notaire (Étude de M⁰ Latour).

(5) *Revue de Gascogne*, t. XVII, p. 283.

(6) Actes des 26 et 28 février 1785, Mombrun notaire (Étude de M⁰ Sales).

(7) Actes des 13 mars 1787 et 27 janvier 1788, Comin et Mombrun, notaires. (Études de MM⁰⁰ Latour et Sales).

(8) Actes des 1ᵉʳ et 8 avril 1788, Labat notaire (Étude de M⁰ Latour).

(9) Délibération du 5 frimaire an III.

(10) Tableau arrêté par le ministre des finances le 14 frimaire an X (5 décembre 1801), Arch. dép. du Gers.

**11**

1790        Le P. Mathurin Larribeau, ancien professeur, né en 1742, obtint un certificat de résidence le 12 frimaire an iii (2 décembre 1794) (1).

1790        Le P. Michel-Antoine Cantaloup, ancien professeur et ancien curé de Bivès, né à Saint-Clar le 30 septembre 1764, obtint le 4 frimaire an iii (24 novembre 1794) un certificat de résidence (2). Il lui avait été alloué en l'an ii une pension de 400 l., supprimée quelques mois plus tard (3).

1792        Le P. Calau. — Le P. Gaudé. — Le P. Vidal. — Le P. Labatut (4).

---

(1) Délibération du 12 frimaire an iii.

(2) Délibération du 4 frimaire an iii.

(3) Tableau arrêté par le ministre des finances le 14 frimaire an x (5 décembre 1801). Arch. dép. du Gers.

(4) Bail à ferme des métairies de Boulouch et de Bartherote en date du 11 avril 1792 (Mombrun notaire). Les témoins de cet acte furent Jean Bousquet et Paul Ayliès, régents latinistes à Lectoure.

# CHAPITRE X

## Le Collège depuis la Révolution jusqu'à nos jours.

La loi du 8 mars 1793 mit en vente les biens formant la dotation des collèges; toutefois l'article 5 exceptait les bâtiments servant à l'usage de l'enseignement, au logement des professeurs et les jardins y attenant. Le collège de Lectoure resta à la ville, qui avait d'ailleurs fait acte de propriétaire en demandant au directoire du département de reprendre pour son compte et en son nom les poursuites dirigées depuis plusieurs années contre les entrepreneurs du bâtiment (1). Cette autorisation fut accordée et le 16 décembre 1792 la commune enjoignit à son procureur de la représenter au procès jusqu'à la solution définitive (2). Le même mandat fut donné le 24 prairial an II au citoyen Lasserre sur l'avis d'une députation de la Société populaire (3), et à Cantaloup le 27 prairial an V (4), mais ces mesures n'aboutirent à aucun résultat. La ville se déclarait, il est vrai, propriétaire

(1) Délibération du 10 juin 1701 prise sur la proposition de M. Guillon, officier municipal.
(2) Délibération du 16 décembre 1792 prise sur la proposition de M. Huger, maire.
(3) Délibération du 13 juin 1704.
(4) Délibérations des 27 et 30 prairial an V (15 et 18 juin 1707).

du collège, elle s'opposait à ce qu'il fût vendu comme bien national (1), elle y logeait le maître écrivain (2), elle désignait l'ancienne chapelle comme lieu de distribution de secours aux familles des volontaires (3), elle le gardait pour son usage particulier, mais elle n'y faisait aucune réparation d'entretien. Le bâtiment était en très mauvais état, les serrures des portes avaient été enlevées, la charpente s'effondrait et les chambres des professeurs étaient occupées par des gens qui, sans droit, y avaient élu domicile. Pour éviter une ruine imminente (4), la charpente et le toit furent réparés, le citoyen Bédés fut chargé de fermer toutes les portes et de déloger les intrus (5). Si cette mesure avait été prise un an plus tôt, nous n'aurions pas à déplorer la perte de la bibliothèque et des registres des Doctrinaires. La salle qui contenait ce précieux dépôt fut pillée dans les premiers jours du mois de mai 1794, la plus grande partie des livres disparut et l'instituteur Durrande fut chargé de dresser l'inventaire de ceux qui n'avaient pas été soustraits (6). Les clefs du collège, comme celles des bâtiments nationaux, durent être déposées au greffe municipal (7). Les instituteurs Castille et Durrande, qui s'étaient logés dans les chambres du premier étage, furent invités à se pourvoir d'une autre maison et reçurent seulement l'autorisation de choisir pour tenir leur école deux des classes qui se trouvaient autour de la cour. Le concierge reçut ordre de tenir constamment toutes les portes fermées, sauf le portail donnant sur la grande rue, afin de permettre aux élèves des instituteurs de se rendre aux classes. Il fut interdit à Pierre Barthe, acquéreur de l'ancienne maison des Doctrinaires, de passer par la cour

(1) Délibération du 22 prairial an III (10 juin 1795).
(2) Délibérations des 6 janvier 1793 et 25 messidor an II (13 juillet 1794).
(3) Délibération du 1er germinal an II (1er avril 1794).
(4) Délibérations du Comité permanent du 16 mai 1790 et de la Société montagnarde du 23 prairial an II (11 juin 1794).
(5) Délibération du 6 fructidor an III (23 août 1795).
(6) Délibération du 18 floréal an II (7 mai 1794).
(7) Délibération du 6 frimaire an IV (27 novembre 1795).

intérieure du collège pour entrer chez lui (1), et, plus tard, la porte qui mettait ces deux immeubles en communication fut murée (2). Malgré tous ces actes et ces arrêtés, la propriété du collège fut disputée à la commune par des soumissionnaires, qui se firent inscrire au conseil départemental, afin d'acquérir le jardin et autres dépendances de l'établissement (3). D'un autre côté, les classes continuèrent à servir de logement gratuit à plusieurs familles aisées, qui furent tenues de les abandonner dans un délai de vingt-quatre heures (4). Tout le local fut bientôt évacué; la commune fit dresser un procès-verbal constatant l'état actuel du collège; elle fit apposer des affiches annonçant que, le 7 messidor an v, il serait affermé à l'enchérisseur le plus offrant, à la charge par celui-ci de l'entretenir en bon état sous peine de dommages-intérêts (5). Aucun locataire ne s'étant présenté, l'adjudication fut ajournée au 10 messidor an vi (6). Pendant cet intervalle, le collège fut confié à un concierge peu vigilant et, dans la nuit du 4 au 5 nivôse an vi (7), les arcs-boutans en fer du portail furent enlevés; les malfaiteurs pénétrèrent même dans l'intérieur et y volèrent plusieurs objets (8). Les profits que la ville retirait de la location d'un immeuble si mal gardé étaient peu considérables et tous les locaux n'étaient pas loués, puisqu'en l'an vii une chambre avait été concédée gratuitement à une famille nécessiteuse (9). L'adjudication du 4 messidor an ix ne donna pas de meilleurs résultats que les précédentes. C'est ainsi que la classe n° 3 fut louée moyennant 18 l. par an, une autre 9 l., la classe n° 2 et une petite pièce contiguë 24 l., une chambre

(1) Délibération du 8 germinal an iv (28 mars 1796).
(2) Délibération du 4 messidor an v (22 juin 1797).
(3) Délibération du 26 floréal an iv (15 mai 1796).
(4) Délibération du 19 messidor an iv (7 juillet 1796).
(5) Délibération du 4 messidor an v (22 juin 1797).
(6) 28 juin 1798. Délibération du 5 messidor an vi.
(7) 24 décembre 1797.
(8) Délibération du 5 nivôse an vi (25 décembre 1797).
(9) Délibération du 29 vendémiaire an vii (20 octobre 1798).

près du chauffoir 18 l., colle du corridor d'en haut n° 17, 8 l. et l'ancienne église 24 l. (1). Mais les locataires ne payèrent même pas leurs loyers et commirent des dégâts considérables (2).

Heureusement que cet état de choses ne devait pas durer longtemps et que le collège allait enfin être rendu à sa première destination. La période révolutionnaire était close et les esprits, rendus plus calmes par l'épreuve et par l'expérience, comprenaient la nécessité de donner l'instruction secondaire à une génération qui en était privée depuis trop longtemps.

Il s'agissait avant tout pour la ville de Lectoure d'établir nettement son droit de propriété absolue sur les bâtiments du collège, afin d'éviter toute difficulté ultérieure avec l'Etat, le département ou les particuliers. Le préfet du Gers ayant demandé des renseignements précis à cet égard, M. Druilhet, maire, lui répondit le 26 messidor an VIII, par l'intermédiaire de M. Junqua, sous-préfet de Lectoure, de manière à ne laisser subsister aucun doute (3). La commune fut reconnue propriétaire de l'établissement. Sur ces entrefaites, et le 25 ventôse an IX (4), le ministre de l'Intérieur transmit à ses agents une série de questions relatives aux anciennes maisons d'instruction publique susceptibles d'être rouvertes avec quelque chance de succès. Le sous-préfet répondit dans le courant du mois de prairial (5) à la circulaire ministérielle. Nous trouverons dans ces documents des renseignements précieux sur l'état ancien et actuel du collège au commencement du XIX° siècle :

*Première question :* Quel était le nombre des établissements d'instruction publique dans l'arrondissement avant la Révolution?

(1) Délibération du 4 messidor an IX (23 juin 1801).
(2) Délibération du 5 brumaire an VIII (27 octobre 1799).
(3) Arch. dép. du Gers. 15 juillet 1800.
(4) 16 mars 1801.
(5) Arch. dép. du Gers. Mai ou juin 1801.

*Réponse :* Un collège tenu par les Pères de la Doctrine Chrétienne vulgairement appelés Doctrinaires.

*Deuxième question :* Quel était le nombre des maîtres et des élèves pour chacun ?

*Réponse :* Le nombre de maîtres était de 8 : un supérieur, un préfet des classes et six professeurs. Celui des élèves était de 120 à 130.

*Troisième question :* Quel était le genre d'instruction qu'on y donnait ?

*Réponse :* On y enseignait la langue latine, la grammaire, la poésie, les belles-lettres, les mathématiques, la logique, la métaphysique, la physique et la morale.

*Quatrième question :* Quelles étaient les ressources et les revenus de ces établissements ?

*Réponse :* Trois métairies d'un revenu de 3,000 l., plus 3,300 l. que la ville payait.

*Cinquième question :* Existe-t-il encore de disponibles ou de non aliénés des bâtiments autrefois consacrés à l'instruction publique et quel est leur état ?

*Réponse :* Le collège est vendu en grande partie; le reste tombe en ruines. Le couvent des Clairistes peut très bien servir de collège. La commune l'a acheté dans cette vue.

*Sixième question :* Existe-t-il encore des revenus affectés à ces établissements ?

*Réponse :* Il n'existe plus des revenus par la vente des biens et la suppression des pensions.

*Septième question :* Les anciens professeurs ou maîtres de l'enseignement vivent-ils et quel est leur état actuel ?

*Réponse :* Les professeurs étant étrangers se sont retirés On ne peut dire quel est leur état actuel.

*Huitième question :* Quelle est l'opinion du conseil d'arrondissement sur les avantages de ces maisons d'éducation ?

*Réponse :* Le conseil d'arrondissement estime qu'il est de la plus grande importance d'y rétablir l'instruction.

*Neuvième question :* Quelles ressources offre-t-il pour en faciliter le rétablissement ?

*Réponse :* Le conseil estime qu'il faut créer un revenu sur les centimes additionnels.

Pendant l'accomplissement de ces formalités administratives, la municipalité cherchait de tous côtés à qui elle pour-

rait confier son collège. L'entreprise était difficile, car les bâtiments étaient fort délabrés. Une somme de 4,500 l. fut votée
pour les remettre en un état convenable. Dans le courant de
l'an XI, les sieurs Castaing et Saint-Amans, instituteurs à
Aiguillon, offrirent d'y tenir une école avec l'aide de plusieurs
collaborateurs, si la ville voulait leur céder la jouissance des
constructions. Leurs conditions étant acceptées, un pensionnat fut créé et les cours s'ouvrirent le 1er brumaire an XII (1).
Le collège ainsi rétabli, la ville demanda qu'il fût élevé au
rang d'école secondaire; le sous-préfet, chargé de donner
son avis sur cette prétention, le formula dans un procès-verbal
de visite, ainsi que dans la lettre qui en accompagnait l'envoi
à son chef hiérarchique :

L'an douze de la République française et le quinze pluviôse (2), nous
sous-préfet du deuxième arrondissement du département du Gers,
accompagné du citoyen Pouzols, secrétaire général, avons procédé,
conformément à l'article premier de l'arrêté du Gouvernement du
19 vendémiaire dernier, à la visite des maisons d'éducation, qui, aux
termes de l'article quatre, peuvent être portées à l'avenir au rang des
écoles secondaires; nous nous sommes rendus en conséquence ledit
jour à dix heures du matin, au moment de la réunion des élèves, dans
le cy-devant collège de la ville de Lectoure, occupé depuis le 1er brumaire par les citoyens Saint-Amans et Castaing instituteurs; après
leur avoir fait connaître l'objet de notre tournée, nous avons visité les
différentes classes et nous avons reconnu que l'enseignement et les
instructions que recevaient les élèves étaient basées sur les dispositions
de l'article six de la loi du 11 floréal an X, qu'on y enseigne les langues française et latine, la géographie, l'histoire, les mathématiques et
autres objets qui appartiennent à l'éducation comme dessin, musique, etc...; nous nous sommes également convaincus de la salubrité
de l'air qu'on entretenait dans cette maison, de la propreté et bonne
tenue des élèves et des appartements qu'ils occupaient; nous avons
reconnu qu'il existait trois instituteurs, dont le citoyen Saint-Amans,
professeur de mathématiques était le chef, neuf pensionnaires et qua-
rante-quatre externes dont le nombre augmentera nécessairement dans

(1) Délibération du premier complémentaire de l'an XI. (18 septembre 1803.)
(2) 5 février 1804.

les années prochaines, soit en raison de la publicité qu'obtiendra cette nouvelle maison d'éducation, soit en raison de l'encouragement qu'elle doit attendre du Gouvernement.

De tout quoy avons dressé le présent procès-verbal sans procéder à autre visite, attendu qu'il n'existe pas dans les villes ou villages de l'arrondissement d'établissement qui réunisse les qualités voulues par la loi et que l'enseignement y est dirigé par des instituteurs primaires...

La lettre d'envoi était ainsi conçue :

Lectoure, le 17 pluviôse an xii (1).

J'ai l'honneur de vous envoyer, citoyen Préfet, un extrait du procès-verbal de visite que j'ai fait des maisons d'éducation de cet arrondissement : celle qui a été formée au commencement de cette année par le citoyen Saint-Amans, d'Agen, frère du naturaliste (2), dont les talents et les mœurs donnent les plus grandes espérances, est la seule qui réunisse les qualités voulues par la loi du 11 floréal an x ; j'ai lieu de croire que l'accroissement qu'elle obtiendra à l'avenir par le zèle et les talents des instituteurs, l'encouragement particulier des pères de famille, son site heureux pour le local vaste et commode et les nombreux villages qui avoisinent la ville de Lectoure, la fera placer par le Gouvernement au rang d'écoles secondaires de ce département ; je suis persuadé, citoyen Préfet, que jaloux de la prospérité de l'instruction publique, vous l'honorerez du concours de vos soins... (3).

Le Préfet du Gers adopta les conclusions de son subordonné et classa, le 1ᵉʳ ventôse an xii (4), la maison d'éducation de Lectoure parmi celles du département qui méritaient d'obtenir le titre d'école secondaire.

L'établissement, réorganisé sous la direction des citoyens Castaing et Saint-Amans, fonctionna jusqu'en 1808. A cette date, il fut offert à M. Antoine-Hilaire Gros, professeur à l'école secondaire de Layrac, homme recommandable par ses talents professionnels et par une conduite irréprochable. Il

(1) 7 février 1804.
(2) Voir ce nom dans la *Bibliographie de l'Agenais*, par M. Andrieu.
(3) Arch. dép. du Gers.
(4) 21 février 1804, Arch. dép. du Gers.

vint à Lectoure, visita le collège le 19 janvier 1809 et déclara qu'il le prendrait à sa charge à partir du 1er avril suivant. Il s'engagea à y fonder une école secondaire, à y entretenir trois professeurs de langues latine et française, un régent de mathématiques et des maîtres d'agrément aux frais exclusifs des parents. Il promettait en outre d'augmenter le nombre de ses auxiliaires si les besoins de son service l'exigeaient, pourvu toutefois que la ville lui cédât le collège à titre gratuit, réparé et logeable, avec une indemnité annuelle de 2,000 francs pendant les six premières années de son exercice. Dans ces conditions, les élèves externes originaires de Lectoure ne payeraient que 5 francs par mois, les internes 400 francs et les demi-pensionnaires 250 francs pour dix mois. Les choses furent ainsi réglées. La municipalité imposa à M. Gros l'obligation de recevoir gratuitement un élève indigent présenté par elle, de se soumettre aux lois universitaires et de faire toutes les réparations d'entretien. Le collège fut ouvert le 1er avril 1809 et distribua un enseignement basé sur la religion catholique, comprenant les langues latine et française, les éléments de la géographie et de l'histoire et les mathématiques (1).

L'administration de M. Gros n'ayant pas donné les résultats qu'on espérait en retirer (2), le passage à Lectoure du recteur de l'académie de Cahors fournit à la municipalité l'occasion d'étudier une combinaison d'après laquelle le collège deviendrait entièrement universitaire. C'était d'ailleurs le seul moyen de le maintenir et de lui donner une constitution définitive. Son existence n'était encore que précaire; la délibération prise le 24 mars 1811 par le bureau d'administration, ne présentant aucune garantie sous le rapport pécuniaire, avait été cassée par le ministre de l'instruction publique. D'après le Recteur, le conseil municipal devait,

(1) Délibérations des 22 et 25 janvier 1809.
(2) Délibération du 28 juin 1812,

de toute nécessité, assumer sur son compte la responsabilité du collège et garantir annuellement la rentrée d'une somme de 6,000 francs indispensable pour parer aux dépenses présumées de cet établissement. M. Druilhet ayant soumis les observations du Recteur au bureau d'administration du collège, cette assemblée prit, le 25 novembre 1811, la délibération suivante :

I. La dotation du collège de Lectoure se composera d'une somme de 6,000 francs par an; d'abord la somme de 2,000 francs votée par le conseil municipal pour la dotation du collège et établie sur le budget annuel de la commune; puis d'une somme de 4,000 francs produite par l'indemnité d'instruction payée chaque mois par les élèves et calculée comme suit en supposant le moindre nombre possible d'élèves pour ne pas éprouver de déficit dans la recette : trente élèves de la ville de Lectoure à raison de 5 francs par mois produiront pour dix mois 1,500 francs ; trente-cinq élèves étrangers à la ville, à raison de 8 francs par mois ou de 80 francs pour dix mois, produiront 2,800 francs que l'on réduit pour éprouver moins de déficit à 2,500 francs. Les trois sommes ci-dessus forment un total de 6,000 francs qui devraient être répartis ainsi qu'il suit :

| | |
|---|---:|
| 1° A un principal ............................. | 1,200 |
| 2° A un professeur d'humanités................. | 1,200 |
| 3° A deux professeurs de grammaire, à 800 fr. l'un... | 1,600 |
| 4° A un professeur de mathématiques............ | 1,200 |
| 5° A un maître élémentaire .................... | 600 |
| 6° Entretien du collège...... ................ | 200 |
| Total......... | 6,000 |

Pendant les deux premières années et jusques à l'an 1813, vu que l'établissement n'aura point encore le degré de stabilité et de confiance que le temps seul peut lui donner, M. le Principal sera tenu de faire une classe. A cet effet il lui sera accordé une indemnité sur les bénéfices du pensionnat.

II. Les élèves payeront une indemnité de 5 francs par mois, ceux de la commune de Lectoure, et 8 francs par mois, ceux étrangers à la commune; sans à ce comprendre la rétribution exigée par l'Université impériale.

III. Il serait établi au collège de Lectoure un pensionnat sous la surveillance immédiate de M. le Principal.

IV. Jusqu'à ce que le nombre des pensionnaires soit porté au nombre de vingt, tout le bénéfice de la pension serait adjugé à M. le Principal pour lui servir d'indemnité de la classe qu'il serait tenu de faire pendant les deux années ci-dessus mentionnées.

V. Le maître élémentaire serait tenu de loger dans le collège et de servir de maître d'études dans le pensionnat.

VI. Conformément aux désirs de M. le Recteur de l'académie de Cahors et pour donner au collège la stabilité nécessaire sous le rapport de la dotation, le bureau arrête que la délibération présente sera soumise à l'approbation du conseil municipal de la ville de Lectoure, qui sera invité de vouloir assurer la dotation de 6,000 francs, ci-dessus mentionnée, sur les fonds de la commune dans le cas où l'indemnité d'instruction payée par chaque élève ne fût pas suffisante pour produire la somme de 4,000 francs à laquelle elle a été évaluée.

A Lectoure, au bureau d'administration, le 23 novembre 1811. Druilhet maire, Carbonau médecin, Descamps administrateur (1).

Le conseil municipal s'associa au vote du bureau d'administration du collège et s'engagea à fournir la somme de 6,000 francs dans le cas où les rentrées prévues ne se produiraient pas (2).

Le collège fonctionna sur ces bases et sans changements notables, pendant que des réparations importantes y étaient faites, notamment en 1818 (3), 1830 (4) et 1843 (5). Si le point de vue matériel préoccupait les administrateurs municipaux, le côté moral de l'éducation ne leur paraissait pas moins important. Dès l'année 1824 la chapelle fut ouverte au culte, des ornements furent achetés (6) et une somme annuelle fut votée pour indemniser le prêtre chargé de l'instruction religieuse des élèves (7). Un certain nombre d'en-

(1) Arch. mun.
(2) Délibération du 23 novembre 1811.
(3) Délibération du 20 septembre 1818.
(4) Délibérations des 16 et 23 janvier 1830.
(5) Délibération du 6 août 1843.
(6) Délibération du 6 décembre 1824. Budget pour 1825.
(7) Budget de 1820 et suivants.

fants fut élevé gratuitement et le maire, à qui appartenait le droit de les choisir, abandonna gracieusement cette prérogative aux membres du bureau d'administration qui faisaient en même temps partie du conseil municipal (1). L'ordonnance royale du 29 janvier 1859 faillit être nuisible au collège de Lectoure, parce que la difficulté de subventionner les professeurs obligeait l'Université à ne point y faire de classe supérieure à la quatrième (2). C'était la ruine de l'enseignement classique et traditionnel. Heureusement que la ville obtint le maintien du plein exercice avec faculté du doublement des classes par la réunion des chaires (3). Un professeur par chaque classe eût exigé une dépense annuelle de 9,000 francs, au lieu du secours ordinaire de 2,000 francs, et la ville ne pouvait s'y engager sans compromettre ses finances déjà obérées. Le nombre des élèves n'était pas d'ailleurs assez considérable pour justifier le déploiement d'un tel luxe; soixante externes à 80 francs par an, déduction faite du droit universitaire, dix-huit pensionnaires payant 520 francs pour dix mois et trois boursiers, tel était le personnel auquel on avait affecté, en 1841, un principal, un aumônier, quatre professeurs et un maître d'études.

Cinq ans plus tard, M. de Salvandy, ministre de l'Instruction publique, dont le nom rappelle tant de services rendus au département du Gers, éleva le collège de Lectoure à la première classe et lui alloua une subvention de 5,100 francs (4). Il en fut ainsi jusqu'à la révolution de 1848; mais le nombre des élèves diminuant dans des proportions considérables, le collège ne pouvait se soutenir que très difficilement. Le conseil municipal prit alors le parti de le concéder, le 29 novembre 1852, à Mgr l'archevêque d'Auch, qui y établit une école secondaire libre, dirigée par des prêtres de son dio-

(1) Délibération du 17 mai 1829.
(2) Délibération du 3 novembre 1839.
(3) Délibérations des 10 mai et 5 septembre 1841.
(4) Délibération du 15 novembre 1846.

cèse (1). Un décret impérial du 11 novembre 1855 ratifia ce
traité, qui, après une vive discussion, fut prorogé de huit
ans et huit mois (2). Le collège était florissant et comptait
un nombre relativement considérable d'élèves lorsque, le
18 février 1866, l'administration refusant de renouveler le
traité passé avec l'autorité diocésaine, nomma une commission chargée d'élaborer un projet de réorganisation d'instruction (3). Cette commission décida qu'il convenait de
substituer l'enseignement secondaire spécial à l'enseignement
classique, qui serait néanmoins suivi jusqu'aux classes de
quatrième ou de cinquième (4). La ville fut autorisée, par
décret du 31 décembre 1866, à établir son ancien collège
en vue de ce nouvel enseignement, qui fut solennellement
inauguré, le 19 octobre 1866, par M. Duruy, ministre de
l'instruction publique, ainsi que l'atteste l'inscription suivante, gravée en lettres d'or sur une plaque de marbre noir
placée au-dessus de la porte principale : ENSEIGNEMENT SECON-
DAIRE SPÉCIAL INAUGURÉ DANS CE COLLÈGE PAR M. DURUY, MINISTRE
DE L'INSTRUCTION PUBLIQUE, LE 19 OCTOBRE 1866.

Le personnel du collège ainsi réorganisé se compose
actuellement de :

Un principal, professeur de mathématiques; un aumônier;
un professeur de sciences physiques et naturelles; un professeur de classes supérieures; un professeur de troisième et de
quatrième; un professeur de cinquième et de sixième; un
professeur de septième et de huitième; un professeur d'enseignement spécial; un professeur d'allemand; un professeur
de dessin; un professeur de gymnastique; un professeur de
musique; deux maîtres répétiteurs.

Il convient d'ajouter, pour terminer la partie de notre tra-

(1) Délibération du 3 décembre 1852.
(2) Délibération du 19 juillet 1857.
(3) Délibération du 18 février 1866.
(4) Délibération du 25 février 1866.

vail relative à l'enseignement secondaire, que dans le courant de l'année 1886 des réparations considérables, tant à l'intérieur qu'à l'extérieur, ont fait du collège de Lectoure un modèle d'établissement scolaire.

# CHAPITRE XI

L'Enseignement primaire des garçons à Lectoure depuis le xvii' siècle
jusqu'à nos jours.

On se souvient sans doute que si, aux termes du contrat
du 12 octobre 1630, les Doctrinaires avaient le monopole de
l'enseignement secondaire, les consuls s'étaient réservé le
droit de nommer des régents dont la mission se bornerait
à apprendre la lecture et l'écriture aux petits enfants. Cette
règle cessa bientôt d'être aussi limitative et nous trouverons
des maîtres chargés d'initier leurs élèves aux premières difficultés de la langue latine. Ils ne faisaient nulle concurrence
au collège, et loin de lui nuire, ils lui assuraient le recrutement des classes inférieures. Ces maîtres primaires et élémentaires étaient, comme leurs prédécesseurs, nommés par les
consuls, sous l'agrément de l'évêque, qui les acceptait ou les
refusait « pour des motifs à lui connus » et qu'il n'était pas
tenu de divulguer.

Les premiers régents dont les noms nous ont été révélés,
depuis la prise de possession du collège par les Doctrinaires,
sont Pierre Castarède (1635) (1), Jean Coruselles (avant

(1) Acte du 6 septembre 1635, Lapèze, notaire (Étude de M' Latour).

1637) (1), Louis Durand (2) né à Agen (1640) (3), Pierre Rébézies (1643-1644) (4), Pierre Dandouau né à Layrac (1644) (5), et Thobie Tissier, inscrit avec cette qualité sur le registre des membres de la confrérie *de Corpore Christi* établie dans l'église Saint-Gervais. Il demeurait au faubourg et exerça ses fonctions de 1635 à 1648 (6). Après eux, vinrent Georges Salles (1649) (7) et Cyprien Despaze (1652) (8), dont les noms ne sont pas inscrits sur les livres municipaux, et qui étaient, selon toute probabilité, des maîtres privés. Un intervalle de dix ans s'écoula entre la mort de Tissier et la nomination de son successeur Allom de Beaulac, qui fut choisi en 1658, pour apprendre aux enfants l'écriture et l'arithmétique. On lui assura les gages « ci-devant donnés pour un » pareil enseignement », c'est-à-dire 45 livres par an, y compris le loyer de sa maison, jusqu'à ce qu'un nouveau régent « plus propre et plus capable » se soit présenté à l'approbation de la jurade (9). Vital Cadéot le remplaça et professa jusqu'en 1660 (10). L'école fut ensuite fermée pendant près de deux ans, ce qui, au dire du premier consul Fouraignan « donnait beaucoup de peine ». Heureusement qu'un nommé Charles Géraud (11), natif de Toulouse, offrit ses services en 1662 et promit d'instruire les enfants « moyennant des gaiges » raisonnables, avec assiduité, fidélité et affection ». A la vue « de ses belles écritures », la jurade lui alloua 75 livres

(1) Acte du 10 novembre 1637, même notaire. Jean Coruselles avait été marié avec Jeanne Lafargue, de Lectoure (*Id.*).

(2) Acte du 28 avril 1640, même notaire.

(3) Acte du 30 août 1644, même notaire.

(4) Actes des 2 octobre 1643 et 4 septembre 1644 (Étude de M⁰ Latour).

(5) Acte du 30 août 1644, même notaire.

(6) Livre de la confrérie du Très-Sacré et précieux Corps de N.-S. J.-C., années 1638, 1639, 1640, 1643, 1645. Livres des dépenses 1648. Acte du 18 novembre 1635, Lapèze notaire (même notaire).

(7) Acte du 14 mai 1649, même notaire.

(8) Acte du 20 mai 1652, même notaire.

(9) Record du 13 mars 1658.

(10) Arch. mun. Quittance du 4 septembre 1660. Vital Cadéot était marié avec Ysabeau Philip (Acte de baptême du 21 juillet 1660. Livres de catholicité de la paroisse du Saint-Esprit, de Lectoure.)

(11) Arch. de Saint-Gervais. Registre de la confrérie *de Corpore Christi*.

de gages annuels payables par trimestre et d'avance, et lui laissa la faculté d'exiger un salaire modéré de ses élèves (1). Malgré toutes ses démarches, il ne put se faire exonérer de la capitation. Géraud disparaît en 1663 et il est remplacé par ARQUIER, dont le nom ne figure qu'une seule fois sur les registres municipaux (2).

Vers la même époque, deux régents libres et non salariés par la communauté instruisaient les enfants de Lectoure. Ils se nommaient JOSEPH DERREY (3) et GUILLAUME RABAT. Ce dernier était né à Mauléon où son père exerçait aussi la profession de « mestre escriben ». Il se maria le 17 juillet 1672 (4) avec Marque Denux, originaire de Terraube, et alla peu après son mariage, tenir une école dans cette dernière localité (5). JEAN CADEILLAN, maître d'école dès l'année 1663 (6), prend la place d'Arquier en 1671 (7), aux appointements de 56 livres, sur lesquelles la communauté lui devait en 1681 un arriéré de 25 livres, à raison desquelles il la menaça d'un procès (8). Cet « abille escrivain », assisté de JEAN BOUSQUET (9) (1670-1700) et de LOUIS CAUDET depuis l'année 1692 (10), dirigea comme ses devanciers l'école lectouroise jusqu'en 1708 (11).

FRANÇOIS CADEILLAN, probablement fils de Jean, donnait

(1) Records des 8 novembre 1662 et 10 juin 1663.
(2) Arch. mun. Quittance du 6 septembre 1670.
(3) 24 novembre 1679. Sépulture dans l'église des Carmes, de Joseph Derrey « escrivain enseignant les enfants ». Arch. mun. Livres de catholicité de la paroisse du Saint-Esprit de Lectoure.
(4) Acte devant Caignou, notaire à Terraube. (Étude de Mᵉ Sales.)
(5) Acte du 20 mars 1673, même notaire.
(6) 27 septembre 1663. Arch. mun. Livres de catholicité de la paroisse Saint-Gervais de Lectoure.
(7) État des dépenses, 1671. Records. Ses gages supprimés en 1675, lui furent rendus en 1676 (Record du 20 février 1676).
(8) Record du 27 février 1681.
(9) Jean Bousquet, né à Bellain près de Cahors, se maria le 21 juillet 1670 avec Jeanne Deupouy, veuve de Bernard Laforgue, de Lectoure. Il était fils de François Bousquet, maître agrimansour, et de Jeanne Baudet (Labat notaire, Étude de Mᵉ Latour).
(10) État des dépenses 1692. Records.
(11) État des dépenses 1708. Records.

concurremment avec eux l'instruction aux enfants de la
ville, et son nom se trouve souvent inscrit dans les actes des
notaires, de 1680 à 1707 (1). Il avait marié une de ses filles
nommée Catherine avec Pierre Desangles (2), « maître four-
brisseur » d'Auch, et il était décédé longtemps avant 1731
ainsi que le prouve le testament fait le 5 août de cette année
par Marie Duprat, sa veuve (3).

Le long exercice de ces trois régents les obligea sans aucun
doute à remplir les formalités exigées pour obtenir les privi-
lèges attachés à la qualité d'habitant de la ville de Lectoure.
L'accomplissement de ces formalités donnait droit de cité; il
était exigé de ceux qui étaient chargés d'un service public, et
les consuls responsables de l'exécution des règlements de
police municipale se montraient d'ordinaire très rigoureux
sur les conditions d'honorabilité des candidats. Nous n'avons
pu retrouver aucun procès-verbal concernant l'admission
des maîtres d'école, mais les formules étant invariables, nous
nous permettrons, à titre de curiosité, de reproduire l'acte
de réception d'un chirurgien en qualité de citoyen lectourois
au XVIIᵉ siècle :

Dans la maison commune de la ville de Lectoure, ce jour d'huy
22 novembre 1678, par devant M. de Corrent, docteur en médecine,
consul, s'est présenté Bernard Grenier, maître chyrurgien, natif du
lieu de Sainte-Mère, qui a dist estre retiré en ville despuis un an, y
tenant boutique ouverte, dans laquelle ville désirant faire sa demeure
nous auroit supplyé et requis le vouloir recevoir au nombre des
habitans d'icelle, offrant jurer les statuts de la ditte ville; sur quoy ledit sieur de Corrent estant assis sur une chère de la ditte maison commune et dans la chambre du conseil, tenant entre ses mains le saint
missel, ledit Grenier se seroit mis genoux à terre devant luy et posé
ses mains sur ledit missel et saint Canon de la messe, promet et jure
d'estre bon et fidelle habitant de la ditte ville et bon et fidelle subject et

(1) Actes des 2 décembre 1680, 13 juin 1681, 18 mars 1690, 8 mars et 13 juin
1692, 29 septembre 1704, 20 février 1705. (Labat notaire. Etude de Mᵉ Latour.)
8 février 1696. Balansin notaire, Arch. mun.

(2) Acte du 11 septembre 1707. (Labat notaire. Etude de Mᵉ Latour.)

(3) Bétous notaire (même notaire.)

serviteur de Sa Majesté, de garder et observer les ordres et statuts de cette communauté. Acte a esté concédé de la prestation dudict serment, iceluy tenu pour receu habitant de la dicte ville, ordonne qu'il gardera le dict estat et pour son droit de réception il payera une halebarde (1).

JEAN LATUSTE (2), nommé en 1745, n'exerçait plus à la fin de 1714 et à cette date il était remplacé par LOUIS DELBAC, écrivain, qui, moyennant 75 livres par an, se déclarait apte à apprendre aux enfants la lecture, l'écriture, l'arithmétique et les éléments du latin (3). Le nombre des élèves augmentant, les régents devinrent plus nombreux et à dater de 1712 nous en trouvons plusieurs qui exercent simultanément leur profession. ARNAUD RIVIÈRE (4) (1712-1745), FABIAN DULAU (5) (1715-1745), PIERRE MARÈS (6) (1716-1744), BERNARD PREI-

(1) Record du 22 novembre 1678. Voir dans la Notice sur Lectoure, par M. Cassassoles, pp. 13 et 14 des pièces justificatives, deux autres prestations de serment pour être admis au droit de bourgeoisie.

(2) Etat des dépenses 1713-1714. Records. Quittances.

(3) Record du 14 octobre 1714. Etat des dépenses. Quittances.

(4) Etat des dépenses 1720 à 1745. Records. Quittances. Actes des 14 novembre 1712, 7 novembre 1713, 25 octobre 1744, Labat notaire; 2 décembre 1732, 23 mai 1736, 24 novembre 1737, 6 août 1739, 20 août 1741, Bétous notaire; 7 juin 1722, Comin notaire. (Etudes de MM⁰⁸ Latour et Sales.) Arnaud Rivière, qui s'était marié avec Françoise Rondet, mourut le 5 août 1745, à l'âge de 60 ans. (Arch. mun. Livres de catholicité de la paroisse Saint-Gervais de Lectoure.)

(5) Etat des dépenses 1722 à 1745. Records. Quittances. Arch. de Saint-Gervais. — Fabian Dulau, latiniste, originaire de Montfort, et Marie Serbant, sa femme, mariés depuis le 27 février 1713, assistent le 22 août 1738 au mariage de Jeanne-Marie Dulau, leur fille, régente au village d'Uzé de Soulés, diocèse de Cahors, avec Pierre Petit, bourgeois d'Escabié, dans la paroisse de Saint-Denys, au même diocèse. (Bétous notaire.) Le 5 janvier 1751, il vend au prix de 36 l., une maison sise au quartier de Guillem-Bertrand, qu'il avait recueillie dans la succession de Joseph Dulau, son petit-fils prédécédé. (Id.) Le 22 janvier de la même année, il met un de ses fils, nommé Joseph, en apprentissage chez Bernard Tastet, tailleur à Lectoure (Id.). Il vend, le 1ᵉʳ février 1751, à Jeanne Lafond, sa belle-fille, une pièce de terre, dite à Touja, moyennant 200 l. en argent; « un habit complet depuis la tête jusqu'aux pieds et une paire de souliers donnés à son fils, » le tout neuf, de bon cadis marron, et pour lui-même, une culotte de même couleur et estoffe ». (Labat, notaire.) Fabian Dulau mourut le 15 mars 1753 à l'âge de 80 ans, après avoir fait un testament public le 8 août 1725, devant Barbalane notaire. Voir encore actes de 5 juin 1713, 13 mars 1747, 18 septembre 1752, 25 janvier 1753, Labat, notaire; 5 juillet et 20 octobre 1731, 3 avril 1735, 10 mars 1753, Bétous notaire, et 20 septembre 1751, Comin, notaire. (Etudes de MM⁰⁸ Latour, Boué du Boislong et Sales.) Arch. mun. Livres de catholicité des paroisses de Saint-Gervais et du Saint-Esprit de Lectoure.

(6) Etat des dépenses 1716 à 1744. Records. Quittances. Pierre Marès s'était marié le 10 février 1721 avec Dominique Bousquet, qui lui porta en dot la maison dans laquelle il établit son école. (Barbalane, notaire.) Il reconnut le 23 avril

GNAN (1) (1717-1734), YSAAC PEYRONEL (2) (1720), DOMINIQUE COURTIADE dit BRASCOU (3) (1728-1734), reçoivent des gages qui varient entre 18 et 30 livres, et ils donnent à leurs élèves les connaissances nécessaires pour entrer au collège (4). GABRIEL TRUILHÉ, plus modeste sans doute que ses collègues de la ville, exerçait, en 1741 et 1742, les fonctions de maître écrivain au hameau de Pradoulin. Il était syndic des pauvres de la paroisse de Saint-Geny, et fut, en cette qualité, chargé de recueillir un legs de 300 l. porté dans le testament de l'abbé de Muret, prieur de Saint-Geny, sous la date du 18 novembre 1758 (5). Un autre plus modeste encore nommé BARTHÉLEMY GONDRET, né à Souliers, au diocèse d'Embrun, cumulait en 1781, la profession de maître d'école et de portier de l'hôpital général de Lectoure (6) où il mourut le 8 octobre 1790 (7). L'enseignement donné par ces régents s'arrête au français et Fabian Dulau, seul, est qualifié de latiniste.

Pendant ce temps, un ecclésiastique lectourois nommé

1740 tenir en fief et directe du chapitre, une maison qu'il possédait au quartier de Corbaut (Bétous, notaire). Voir encore actes des 5 mai 1718, 21 mars 1719, 9 septembre 1742, 1er juillet 1744, Labat, notaire; 4 novembre 1731, 10 mai 1734, 28 avril et 11 juin 1735, 11 décembre 1736, 27 mars 1739, Bétous, notaire. (Études de MM** Boué du Boislong et Latour).

(1) État des dépenses 1717 à 1734. Records. Quittances. Bernard Preignan est qualifié maître ès-arts dans un acte du 6 mai 1724 (Comin, notaire). Il s'était marié en premières noces avec Marie Maugé, de Laplume, et en secondes noces avec Antoinette Cornet, de Lectoure, dont il eut un fils engagé dans les ordres sacrés. Il fit, le 26 janvier 1734, un testament public devant Bétous, notaire (Études de MM** Sales et Latour), et mourut le 8 février de la même année, âgé de 65 ans. (Arch. mun. Livres de catholicité de la paroisse du Saint-Esprit, de Lectoure.)

(2) Acte du 29 septembre 1720, Labat, notaire. Ysaac Peyronel était fils de Bernardin Peyronel, maître de musique et de Jeanne Coué. Jean, son frère, praticien à Lectoure, lui avait fait donation de ses biens à la condition de le nourrir et de le vêtir durant sa vie.

(3) État des dépenses 1728 à 1734. Records. Acte du 18 août 1732, Bétous notaire (Étude de Me Latour).

(4) État des dépenses 1732 à 1741. Records.

(5) Actes des 23 juillet 1741 et 23 décembre 1742, Labat et Barbalane, notaires (Études de MM** Boué du Boislong et Latour).

(6) Actes du 8 octobre 1781 et 2 juillet 1783, Monbrun et Noguès, notaires, (Études de MM** Sales et Latour).

(7) Arch. mun. Livre des décès de l'hôpital de Lectoure.

Gratien Soucaret, « voulant se dévouer à l'éducation de la jeunesse pour luy apprendre les principes de la langue latine, offre à cet effaict ses services au public et s'en remet à la discrétion de la communauté pour la rétribution dont il luy plaira le favoriser ». Ses offres furent rejetées (1) et deux nouveaux latinistes, Paul Despiet (2), qui n'exerça qu'un an (1447), et Jean Thore (3) (1759-1760), furent agréés ainsi que deux maîtres d'écriture nommés Raymond Lannes (4), de Saint-Clar (1746-1751), et Bernard Seignoret (5) (1745). Une somme de 150 livres fut votée pour leurs émoluments ; Lannes devait les percevoir et les partager avec ses collègues aussitôt que l'évêque aurait ratifié leur nomination (6). Dulau, Rivière et Thore touchaient 48 livres par an, tandis que Marès, qui cumulait avec sa qualité de régent celle de secrétaire de la communauté recevait un total de 50 livres (7). Ils avaient en outre la faculté d'accepter 5 sols par mois de chaque écolier apprenant à lire, 10 sols de ceux qui apprenaient à lire et à écrire, et 15 sols de ceux qui ajoutaient le calcul à la lecture et à l'écriture (8). Le latiniste Despiet ne resta que quelques mois en fonctions et dès le 13 août 1747 il était révoqué par l'Evêque (9), mais il continua d'exercer comme instituteur privé (10). Son remplacement fut décidé

(1) Etat des dépenses 1733. Records.

(2) Record du 3 juin 1747. Acte du 2 juillet 1747, Labat notaire (Etude de Mᵉ Latour). Paul Despiet était en, 1747 marié avec Marie Duprou. (Arch. mun. livres de catholicité de la paroisse St-Gervais de Lectoure).

(3) Etat des dépenses 1739 à 1760. Records. Acte du 11 septembre 1741. Comin notaire (Etude de Mᵉ Sales). Jean Thore était marié avec Jeanne Gayraud (Acte du 15 novembre 1741 Labat notaire). Il devint en 1760 secrétaire greffier de l'hôtel de ville et mourut le 31 mai 1764. (Arch. mun. livres de Catholicité de la paroisse du St-Esprit de Lectoure.)

(4) Etat des dépenses 1746 à 1751. Records. Actes des 9 juin 1748 et 26 avril 1750, Bétous et Labat notaire (Etude de Mᵉ Latour). Raymond Lannes était en 1747 marié avec Magdeleine Maignaut (Arch. mun., livres de catholicité de la paroisse St-Gervais de Lectoure).

(5) Acte du 28 août 1745, Labat notaire (Etude de Mᵉ Latour).

(6) Etat des dépenses 1747. Record du 11 avril 1746.

(7) Etat des dépenses 1735 et années suivantes.

(8) Record du 22 mai 1746.

(9) Record du 13 août 1747.

(10) Acte du 27 mai 1748, Labat notaire (Etude de Mᵉ Latour).

et le choix de la Jurade se fixa sur JACQUES DUFOR, qui avait été durant plusieurs années précepteur des enfants de M. de Chastanet d'Aurignac. MM. de Vitalis, grand archidiacre, le syndic du Chapitre et M. Agasson, avocat, syndic de la communauté, furent chargés de lui faire subir un examen (1), à la suite duquel il ne fut pas nommé.

Parmi les régents en exercice, Jean Thore était le plus ancien en 1750 et il paraît avoir eu, plus que tout autre, les bonnes grâces de la communauté. Ainsi, l'arrêt du conseil du 10 novembre 1750 ayant obligé toutes les communes à fournir au roi « un homme vivant, mourant et confisquant », sous le nom duquel elles pourraient être admises à payer le droit annuel des offices réunis, c'est lui qui est élu (2); c'est encore lui qui, en 1753, est nommé greffier municipal à la place de Gauran, qui venait d'être pourvu d'une commission d'huissier au sénéchal (3). Il quitta ces fonctions quelques années après et les reprit le 12 mai 1760 sur la recommandation de l'intendant de la province (4). JEAN CANÉ (5) (1750), JEAN COURRENT (6) (1753-1754) et ANDRÉ GEBERT (7), de Paris (1766), n'apparaissent qu'une seule fois sur les livres municipaux et ne restent que très peu de temps à Lectoure. Il en est de même de GABRIEL LAPEYRÈRE (8) (1750), de BARTHÉLEMY RIVIÈRE (9) (1759), et de JOSEPH LAVAY, marié avec Marguerite Barbelane (10). Cependant, malgré la nomination

(1) Record du 13 aout 1747.
(2) Record du 30 janvier 1751. Sur l'homme vivant, mourant et confisquant voir le Dictionnaire de droit et de pratique de Claude de Ferrière, 1768, t. 1, p. 802. La communauté de Lectoure se déchargea de cette obligation moyennant une somme de 1,458 l., 6 s., 8 d. (Record du 3 aout 1760).
(3) Record du 26 décembre 1753. Acte du 18 aout 1754. Labat notaire (Etude de Mᵉ Latour).
(4) Record du 12 mai 1760.
(5) Etat des dépenses 1750. Records.
(6) Etat des dépenses 1754. Records. Actes des 12 novembre 1753 et 5 janvier 1754, Labat notaire (Etude de Mᵉ Latour).
(7) Record du 4 janvier 1766.
(8) Acte du 7 mars 1752, Bétous notaire (Etude de Mᵉ Latour).
(9) Acte du 16 octobre 1759, Comin notaire (Id.).
(10) Arch. mun., livres de catholicité de la paroisse St-Gervais de Lectoure.

de JEAN BOUSQUET (1), qui exerça à peu près seul comme maître d'écriture de 1747 à 1782, «bien des enfants de la ville se nourrissoient dans l'oysiveté et l'indigence, ce qui seroit bien différent s'ils avoient eu des maitres qui les eussent rendus cappables de gaigner leur vye au moyen de l'écriture ». Il était donc urgent de se pourvoir d'un nouveau directeur des écoles.

« Car, dit M. Courrent échevin, il n'y a pas d'autre maitre écrivain dans la ville ny voysinage, ni personne qui enseigne un tant soit peu seullement des élémens de l'aricthmétique, qui sont des objets des plus essentiels pour l'éducation de la jeunesse et pour le bien de l'État (2) ».

JACQUES BELLAING se présenta alors et fut mandé à la Jurade, qui « agréa son écriture » et lui alloua 150 livres —

A condition de montrer à écrire et à compter, à la charge par luy de tenir régulièrement écolle ouverte matin et soir, aux heures ordinaires après qu'il se sera présenté à Mgr. l'évêque et qu'il en aura obtenu l'approbation nécessaire. Lequel dit sieur Bellaing ne pourra prendre que quinze sols par mois de chaqu'un de ses écolliers de la ville et jurisdiction, luy étant loysible de se faire payer tout autant qu'il le pourra de tous les autres (3).

Bellaing accepta ces conditions; mais n'ayant pas été agréé par l'évêque, il dut se retirer vers le mois d'avril 1769, quelques jours après la publication de l'ordonnance de l'intendant Journet portant approbation de la délibération municipale en vertu de laquelle il avait été nommé (4).

(1) Etat des dépenses 1747 à 1772. Records. Jean Bousquet afferma pour 1,010 l. en argent, dix paires de chapons et dix pains de sucre, les fruits décimaux que Jean Gaspard de Bastard, grand chantre et vicaire général de Lectoure, avait le droit de prélever dans la paroisse du Castéra-Lectourois (Acte du 26 mai 1770, Comin notaire; Étude de Mª Sales). Il s'était marié avec Géraude Laforgue, qui testa le 6 avril 1764 (Labat notaire, Étude de Mª Latour) et mourut cinq jours après. Il se remaria le 6 mai 1772, avec Anne Lacave, de Fleux, annexe de Miradoux, et mourut le 21 mai 1782, âgé de 75 ans. (Arch. mun., livres de catholicité de la paroisse du St-Esprit de Lectoure).
(2) Record du 4 septembre 1768.
(3) Record du 4 septembre 1768.
(4) Ordonnance du 31 mars 1769. Records.

Louis Sentou (1770) (1) n'exerça qu'un an comme écrivain et Bernard Vergès le remplaça (1772-1775). Ce régent, maître écrivain et surtout « arimélhicien », venait de Montréal, dont les consuls lui avaient donné des certificats rendant bon témoignage de sa vie, mœurs et « cappacité ». Il proposa de faire école pendant cinq jours de la semaine, se réservant le jeudi comme jour de congé dans le cas où durant la semaine il n'y aurait aucune fête religieuse; il devait donner ses leçons d'écriture et d'arithmétique de sept heures du matin à dix heures et dans l'après-midi de une heure à quatre, et n'exiger que 20 sols par mois d'honoraires de la part des enfants de la ville. La communauté accepta ces offres et lui alloua 250 livres par an sous certaines réserves (2). Joseph Duvergé, latiniste (1775) (3), n'exerça que peu de temps et Louis Delongrechamps (1777), nommé régent dans le courant du mois de mai, écrivit le 16 juin au lieutenant criminel afin de l'aviser qu'il quittait Lectoure pour se rendre à Bordeaux, où il espérait trouver une position plus lucrative (4).

Jean Lafeugère, maître d'école (5) latiniste (6) (1754-1789), maître ès arts (7), professeur et répétiteur de belles lettres (8), aux gages de 40 livres par an, tenait son école dans le quartier du Saint-Esprit. Il était trésorier de l'église et fut chargé par les habitants réunis en corps de paroisse de faire une collecte dont le produit serait affecté au payement

(1) Arch. mun. quittances.
(2) Record du 20 juillet 1772. L'ordonnance de l'intendant approuvant sa nomination par la jurade est du 11 août 1772. Records. Actes des 21 février et 13 mars 1774, Labat et Bétous notaires (Étude de M⸱ Latour).
(3) Acte du 23 août 1773, Bétous notaire (Id.).
(4) Arch. mun. Lettre du 16 juin 1777.
(5) Arch. mun. Livres de catholicité de la paroisse du St-Esprit de Lectoure.
(6) État des dépenses 1754 à 1789. Quittances. Record du 26 décembre 1762. Actes des 24 mars 1758, 21 mai 1780, 27 avril 1782, Labat notaire; 10 juin 1773, Comin notaire; 23 décembre 1773, Bétous notaire; 6 avril 1783, Noguès notaire (Étude de M⸱ Latour).
(7) Actes du 12 décembre 1766, Dussarrau, notaire à Sempesserre, et 24 octobre 1763, Comin notaire (Études de MM⸱ Sales et Latour).
(8) Actes des 10 mai 1782, Labat notaire; 16 novembre 1783 et 21 juillet 1786 Noguès notaire. (Étude de M⸱ Latour.)

de la refonte de la cloche et de certaines réparations urgentes
à la nef et à la toiture de l'édifice. Il recueillit ainsi en 1774
une somme de 500 livres, qu'il remit aux ouvriers chargés
de l'exécution des travaux, sur des mandats signés de MM.
Guillon, curé du St Esprit, et Mallac, procureur du roi, syndic
de la paroisse (1). La maison dans laquelle Lafeugère réu-
nissait ses élèves lui appartenait et était située dans la rue qui
porte actuellement son nom. Les consuls lui accordèrent en
1789 l'autorisation d'abaisser à hauteur d'appui le parapet
très élevé du mur de ville qui clôturait son jardin, à la condition qu'il abandonnerait pour le pavage des rues la pierre
provenant de la démolition (2). Cet instituteur s'était marié le
25 juillet 1754 (5) avec Jeanne Pécastaing et plusieurs actes
d'achats et de constitutions de rentes passés par lui de 1765
à 1792 nous apprennent qu'il devait jouir d'une fortune relativement considérable (4).

JEAN BOUSQUET (5) tint de 1765 à 1790 une école dans
laquelle il enseignait les principes de la langue latine, tandis
que ses confrères Jean Moulhès, Paul Hélies, Borderie et
Bousquet fils les initiaient à la lecture, à l'écriture et au calcul. JEAN MOULHÈS (6) (1779-1792) obtint en 1791 un traitement fixe de 150 livres, à la charge par lui de donner l'instruction gratuite aux enfants pauvres qui lui seraient envoyés
par la municipalité (7).

PAUL HÉLIES (1782-1795), maître abécédaire et latiniste,
fut, en 1786, donataire d'Etienne St-Avit son oncle, qui lui
céda une maison située sur la place du Marcadieu avec les

(1) Acte du 15 août 1771, Gauran notaire (Etude de M⁺ Boué du Boislong).
(2) Record du 1ᵉʳ juin 1789.
(3) Acte devant Comin notaire (Etude de M⁺ Sales). Arch. mun., livres de
catholicité de la paroisse du St-Esprit de Lectoure.
(4) Actes devant Monbrun, Comin, Labat et Bétous notaires (Etudes de M⁺⁺
Sales et Latour).
(5) Etat des dépenses 1765 à 1790. Records. Quittances.
(6) Etat des dépenses 1779 à 1792. Records. Il était né à Lectoure le 27 mars
1743.
(7) Record du 27 décembre 1791.

meubles qu'elle contenait. C'est là qu'il tenait son école (1) et qu'il s'était marié le 9 novembre 1784 avec Philippe Deluc, qui mourut à l'âge de 51 ans, le 9 juin 1790 (2). Louis LAFOR- GUE (5) (1787-1789) était commis à la direction des domai- nes d'Auch lorsqu'il adressa au secrétaire de la communauté de Lectoure une lettre qui fut considérée par M. Goulard, maire, et par la jurade, comme la preuve la plus certaine de ses talents professionnels. Il fut accepté, sauf l'agrément de l'Evêque, en qualité de maître d'écriture et d'arithmétique aux gages de 250 livres par an et à la charge d'instruire gra- tuitement quatre enfants pauvres choisis par les consuls, savoir deux dans la paroisse St-Gervais, un dans celle du St-Esprit et un dans celle de St-Geny (4). La communauté, voulant donner à cet instituteur une marque d'encourage- ment et de satisfaction, lui alloua, quatre mois après sa nomination, une somme supplémentaire de 48 livres par an représentant le prix de location de son école (5). Il ne resta que deux ans à Lectoure et durant ce temps il jouit de l'in- tégralité de son traitement ainsi que du mobilier scolaire qui lui avait été confié (6).

HILAIRE BORDERIE (7) (1789-1791) remplaça Laforgue et toucha des mains de Camoreyt, fermier des droits du Souchet, un excédent de 57 livres qui lui était dû pour ses gages (8). Sa nomination fut ratifiée le 2 avril 1790 par l'assemblée provinciale de Gascogne; il recevait 250 livres par an et 48

(1) Actes des 27 avril 1782 et 31 juillet 1786, Labat notaire (Etude de M⁰ La- tour).

(2) Arch. mun. Livres de catholicité des paroisses de St-Gervais et du St-Es- prit de Lectoure.

(3) Etat des dépenses 1787 à 1789. Records. Ce régent était en 1788 marié avec Catherine Casemage. (Arch. mun. Livres de catholicité de la paroisse St- Gervais de Lectoure).

(4) Record du 31 décembre 1786.

(5) Record du 9 avril 1787.

(6) Record du 27 décembre 1788.

(7) Etat des dépenses 1787 à 1791. Records.

(8) Délibération du comité permanent de la commune de Lectoure du 6 décem- bre 1789.

livres pour le loyer d'une école qu'il dirigea avec assiduité jusqu'au mois de décembre 1791. S'étant alors absenté sans autorisation et se refusant à reprendre ses fonctions malgré les ordres de la municipalité, il fut révoqué (1).

CHARLES CAHAY (2) (1791) refusa les offres de la commune et ne voulut pas venir à Lectoure; THOMAS TAURIGNAC (3), au contraire, les accepta et présenta en 1792 à l'administration une pétition dans laquelle il sollicitait un traitement qui fut fixé à 40 livres (4). Outre ses obligations professionnelles, ce maître d'école affichait et publiait dans les rues les décrets de l'Assemblée nationale, les arrêtés du département, les ordonnances de police, et pour ce surcroît de travail du 11 novembre 1791 au 11 novembre 1792, il reçut un salaire de 60 livres (5).

Taurignac s'étant retiré, BARTHELEMY BACHS (1792) (6), instituteur libre, restait seul pour instruire les enfants de Lectoure. Il était urgent de lui trouver un successeur, « car, dit le maire, la ville étant privée d'un maître à écrire, cette privation est cause que notre jeunesse n'est point en état d'entrer dans le commerce ou dans la finance » (7). Mais les lois nouvelles résultant de la Révolution avaient naturellement modifié le recrutement des instituteurs. L'approbation et l'institution des maîtres avaient été enlevées à l'autorité ecclésiastique et un arrêté du département, en date du 21 décembre 1791, portait que tous ceux qui voudraient se livrer à l'enseignement devraient au préalable se faire autoriser par les municipalités et prêter le serment exigé des fonctionnaires. Plusieurs instituteurs se retirèrent plutôt que de

(1) Record du 27 décembre 1791.
(2) Record du 27 décembre 1791.
(3) État des dépenses 1791. Records. Thomas Taurignac était en 1785, marié avec Antoinette Canezin. (Arch. mun. Livres de catholicité de la paroisse St-Gervais de Lectoure).
(4) Délibération du 20 juillet 1792.
(5) Délibération du 28 octobre 1792.
(6) Acte du 20 novembre 1792, Noguès notaire (Étude de M⁰ Latour.)
(7) Délibération du 22 novembre 1792.

se soumettre à cette exigence. Et cependant la commune de Lectoure ambitionnait mieux qu'un instituteur ordinaire et elle fixa son choix sur PIERRE CANEZ, maître écrivain et professeur dans une institution secondaire de St-Macaire. M. Labolle, maire de Lectoure, fit à Canez des offres auxquelles il répondit par la lettre suivante du 22 octobre 1792 :

Messieurs les officiers municipaux de Lectoure. Citoyens, les établissements qui ont pour but le bien de la patrie sont toujours accueillis par les bons Français ! Eh bien, Frères, vous saurez qu'il existe dans St-Macaire un pensionnat constitutionnel où les progrès des élèves vont justifier sur le champ les talents de leur maître. Si le soussigné trouvait à se placer avantageusement il ne quitterait ledit lieu que par la pauvreté des habitants du dit St-Macaire. Daignez fixer vos regards sur les différents écrits que je vous adresse : ils sont peints par un élève qui m'est bien cher, par ma propre fille, par un enfant dans l'âge encore le plus tendre ! La jeunesse qu'on me confie est également l'objet de mes soins ; je suis père autant que maître et tous les bons sujets sont mes enfants ! Je ne vous dirai pas que j'ai vieilli dans la classe du sieur Roland, premier maître de Paris, que j'excelle dans le calcul, la lecture, l'orthographe et dans la ponctuation ! Ce serait le tableau digne d'un empirique ; j'offrirai seulement la preuve du bon arbre qui est toujours le bon fruit !

Pères de famille, voulez-vous me confier vos enfants ? Je suis prêt à les recevoir à juste prix ! Vous vous féliciterez un jour de les avoir confiés à mes tendres sollicitudes et je me féliciterai aussi d'avoir acquis en vous des amis, en servant ma patrie... Je suis avec cordialité, chers citoyens, votre dévoué patriote et frère, CANEZ (1).

Un pareil dithyrambe ne pouvait rester sans une réponse favorable ; les modèles d'écriture de Canez et de sa fille furent agréés et, à la date du 22 novembre 1792, la municipalité prit une délibération ainsi conçue :

Délibéré sur le vu des modèles : 1° accordé à Canez une pension annuelle de 600 livres payables par quartier et d'avance ; 2° qu'elle lui accorde gratis un logement commode et convenable à son état et s'oblige à lui fournir les tables et les bancs nécessaires pour faire sa

(1) Arch. mun.

classe; 3° qu'elle permet au dit Canez de prendre et se faire payer de chaque écolier de la ville et juridiction qui commencera à lire 10 sols, 20 sols de ceux qui liront et écriront, et 30 sols de ceux qui liront couramment et apprendront l'arithmétique, à la charge par lui d'être exact à son état et d'y vacquer depuis sept heures du matin jusqu'à onze heures du matin et depuis une heure de l'après midi jusqu'à quatre heures du soir, ou, quoiqu'il en soit, trois heures le matin et trois heures le soir. Ladite commune consentant que le dit Canez fasse avec les parents des enfants étrangers tels traitements qui lui paraitront les plus avantageux, à la charge encore de se charger gratis de l'éducation de quatre enfants pauvres de la ville ou banlieue qui lui seront désignés par les officiers municipaux de la commune (1).

Le malheur voulut pour les jeunes Lectourois que Canez, « l'instituteur à juste prix », refusa ces conditions avantageuses, et qu'il préféra « offrir la preuve du bon arbre » aux enfants de Beaumont-de-Lomagne (2).

Un nouveau choix devenait nécessaire, mais il était de plus en plus difficile de trouver un bon maître sans augmenter ses émoluments. « La ville voyait ses jeunes citoyens languir dans l'oisiveté et enfouir leurs talents », lorsqu'on trouva enfin un instituteur à qui on assurait un traitement de 800 livres et un logement à certaines conditions déterminées (3). Ce maître fut HÉLIE BERMUDES (1793, an III). Il accepta les conditions de la commune, qui lui fit une avance de 100 livres sur le premier trimestre de son exercice (4). Dans les premiers jours de l'année 1793 le nombre des régents salariés par la ville fut réduit à deux. Les deux élus furent HÉLIE BERMUDES et PIERRE BOUSQUET (5) fils, qui depuis 1762 tenait dans la rue des Carmes une école ouverte sans interruption

(1) Délibération du 22 novembre 1792.
(2) Arch. mun. lettre du 30 novembre 1792.
(3) Délibération du 16 décembre 1792.
(4) Délibération du 6 janvier 1793.
(5) État des dépenses 1772 à l'an VI. Records. Actes des 17 novembre 1762, 7 août 1772, 30 avril 1765, 3 septembre 1786, 12 avril et 3 octobre 1790. Labat et Comin notaires. (Étude de Mᵉ Latour.)

jusqu'en l'an vi. On s'aperçut bientôt que le nombre des élèves était trop considérable pour deux instituteurs et leur
nombre fut porté à quatre (1). L'enseignement rétribué com-
prit donc à partir du 20 janvier 1795 quatre régents payés
sur les fonds communaux, savoir : Hélie Bermudes, Pierre
Bousquet, Jean-Pierre Durrande et Joseph Castille. Hélie Bermudes, qui se qualifiait répétiteur de belles-lettres (2), présenta le 14 messidor an ii (3), conformément aux lois et
pour être en droit de toucher son traitement, la liste de ses
élèves qui fut vérifiée par les citoyens Margoet et Durrande (4).
Dans une délibération du 28 germinal an iii, il est mentionné
comme ancien instituteur ayant cessé d'exercer ses fonctions (5). Quant à Pierre Bousquet, instituteur public pendant près de trente ans, ses longs services lui valurent une
gratification spéciale, notamment pour les soins particuliers et
les leçons qu'il avait données à ses élèves du mois de janvier
1795 au 28 frimaire an iii (6). Il continua de diriger depuis
cette date jusqu'à l'an vi (1797-1798) une école particulière,
sur laquelle la commune n'avait qu'un droit de surveillance
et de contrôle relativement à l'exécution des lois.

JEAN-PIERRE DURRANDE (1795, an vii), aidé de PAUL AYLIES,
instruisait gratuitement un certain nombre d'élèves (7) et son
école était florissante, lorsque le 9 frimaire an ii (8), il demanda à la municipalité si elle ne croyait pas qu'il serait de
son devoir de se faire inscrire sur le contrôle du bataillon de
la levée en masse opérée dans le canton de Lectoure plutôt
que de continuer à tenir son école. Sur l'avis de la commune

---

(1) Délibération du 20 janvier 1793.
(2) Délibération du comité permanent de la commune de Lectoure du 30 août
1789.
(3) 2 juillet 1794.
(4) Délibération du 14 messidor an ii (2 juillet 1794)
(5) Délibération du 28 germinal an iii (17 avril 1795.)
(6) 18 décembre 1794.
(7) Délibération du 14 mai 1793.
(8) 29 novembre 1793.

il resta à son poste (1) et il s'empressa de dénoncer les ci-
devant sœurs grises de l'hospice qui, employant d'après lui,
« des moyens d'aristocratie et d'incivisme », devaient être
sommées de rendre compte de leur conduite (2). Ce n'était
pas seulement dans ses propos et contre des femmes per-
sécutées que Durrande était violent et emporté; il maltrai-
tait ses élèves et fut publiquement dénoncé au conseil par
le citoyen Cabos pour avoir rudement frappé son fils. L'élève
comparut devant la municipalité; elle examina les coups
qu'il avait reçus et décida, pour innocenter Durrande, qui
lui était sympathique, qu'il n'était pas surprenant que les
enfants gardassent la trace des plus petits coups « qu'on
leur donne, vu la tendresse de leur peau » (3). Cet instituteur présenta plusieurs fois la liste de ses élèves et fut admis
à toucher son traitement (4). Il était secrétaire de la Société
des Montagnards (5), notable de la commune, et se considérait,
à ce titre, comme investi de fonctions administratives ou judi-
ciaires incompatibles avec sa profession d'instituteur public.
Il opta pour cette dernière et quitta la municipalité après
avoir sollicité d'elle un certificat de civisme. Le maire, au
nom du conseil général de la commune, le lui accorda, en
l'assurant « que le zèle qu'il a toujours eu pour ses fonctions
de notable lui méritera dans tous les temps l'estime et l'affection de tous les bons républicains » (6). Durrande tenait
encore son école le 2 pluviôse an VII (7).

JOSEPH CASTILLE (an II-an VII), muni d'un certificat de

(1) Délibération du 9 frimaire an II.
(2) Délibération du 21 germinal an II (10 avril 1794). Séance de la société
montagnarde du 21 prairial an II (9 juin 1794.)
(3) Délibération du 27 prairial an II (15 juin 1794.)
(4) Délibération du 1er messidor an II, 2 nivôse an III... etc...
(5) Il le fut jusqu'au 7 vendémiaire an III (28 septembre 1794.) Les séances
de cette Société se terminaient par le cri de : Périssent les tyrans ! Vivent à
jamais les sans-culottes !
(6) Délibération du 11 brumaire an III (1er novembre 1794.)
(7) Délibération du 2 pluviôse an VII (2 janvier 1799.)

civisme (1), dirigeait une institution peu respectée par la
jeunesse Lectouroise. Plusieurs fois ses classes avaient été
interrompues par des manifestations extérieures, mais dès
que le maître paraissait sur le seuil de sa porte, les pertur-
bateurs s'enfuyaient comme des ombres. L'un d'entre eux,
Latour cadet, trop imprudent sans doute, se laissa surpren-
dre au moment où il venait de lancer « une pierre d'une
énorme grosseur susceptible d'estropier l'élève qu'elle aurait
atteint ». Castille porta plainte au conseil municipal, qui
rendit un arrêté aux termes duquel ceux qui troubleraient les
instituteurs dans leurs fonctions, seraient, à la diligence du
procureur de la commune, poursuivis devant le tribunal de
police correctionnelle (2). Ces menaces de rigueur n'empêchèrent pas Castille d'être l'objet d'agressions et de taquine-
ries persistantes ; les vitres de ses fenêtres furent brisées par
les élèves de Durrande et ses cours maintes fois interrom-
pus (3). Heureusement pour lui que la Société révolutionnaire et montagnarde dont il faisait partie prenait chaudement sa défense. Il enseignait à ses élèves les droits de
l'homme « avec cette énergie et cette éloquence qui caracté-
risent un vrai républicain » (4); il leur faisait déclamer en
public des discours patriotiques, qui enthousiasmaient à un
si haut degré le conseil municipal que la matinée d'une
seconde décade fut consacrée, par les autorités, à les entendre de nouveau (5). Il n'est pas surprenant que, dans ces
conditions, la commune ait attribué à Castille une partie du
traitement de ses collègues (6) et la jouissance d'une salle
d'école et d'un mobilier dont ils furent dépossédés (7). L'instituteur Castille donnait des séances académiques auxquel-

(1) Délibération du 3 nivôse an II (3 décembre 1793.)
(2) Délibération et arrêté du 8 nivôse an II (28 décembre 1793.)
(3) Délibération du 24 frimaire an VII (14 décembre 1798.)
(4) Délibération du 2 floréal an II (21 avril 1794.)
(5) Délibération du 1er thermidor an II (19 juillet 1794 )
(6) Délibération du 2 messidor an II (20 juin 1794.)
(7) Délibération du 19 vendémiaire an VII (10 octobre 1798.)

les il invitait la municipalité, ainsi que le prouve la lettre suivante trouvée par nous dans les archives municipales :

Citoyens, vous savez que depuis plusieurs années l'instruction ne conserve qu'une triste apparence d'activité. La jeunesse est comme abandonnée à elle-même. Les bons citoyens déplorent les effets des vides qu'il y a dans l'éducation et craignent qu'ils ne se fassent trop sentir sur les générations qui commencent à nous remplacer. Le citoyen Castille, voulant pourvoir autant qu'il est en lui, à un besoin si essentiel et si négligé, et établir le gout des sciences utiles, se propose d'ouvrir un cours d'instruction, par un acte public, sur le calcul relatif à la division décimale des mesures déduites de la grandeur de la terre. Citoyens, je me fais un devoir de vous y inviter; votre place et le bien public vous imposent celui d'y assister. Je vous prie de m'indiquer le jour, l'heure et le lieu de la séance,..... Signé : Castille (1).

A côté de ces instituteurs officiels, d'autres maîtres tenaient des écoles particulières, et parmi eux, nous avons relevé les noms de Jean Lafeugère, d'Etienne Blot, de Louis Dencosse et de Jean-Baptiste-Antoine Saint-Martin. JEAN LAFEUGÈRE, maître latiniste, exerça depuis 1790 sa profession dans la maison de son père, ancien régent, jusqu'au 5 thermidor an VI (1). A cette date, l'administration municipale lui ordonna de cesser ses cours, motif pris de ce que l'éducation donnée par lui n'était pas conforme au programme officiel (2). Son école était un foyer de réaction; les élèves n'y fêtaient pas le décadi, imitant en cela leurs pères, qui chômaient le dimanche « dans une oisiveté escandaleuse et portant un costume » de vrai muscadin, » et leurs mères, « muscadines et oisives » en promenade, au lieu de s'occuper de leurs ouvrages ordi- » naires » (5). Il convient d'ajouter qu'à cette époque il

(1) Arch. mun. Lettre du 29 vendémiaire an IV (21 octobre 1705.)
(2) 23 juillet 1798. Il avait acquis le 23 pluviôse an VI (2 février 1798) de Jean Despôs, tanneur au pont de Piles, au prix de 3,300 francs, payables en numéraire, la bordette du grand Endéchan, sise dans la commune de Lectoure. (Acte devant Monbrun notaire; Etude de Me Sales.)
(3) Arrêté du 5 thermidor an VI (23 juillet 1798.)
(4) Délibération du 29 floréal an II (18 mai 1794.)

n'était pas permis de se reposer le septième jour de la semaine sans s'exposer à subir la prison (1). ÉTIENNE BLOT (1795-an VII), réactionnaire comme Lafougère, refusa d'abord de prêter le serment exigé de tous les instituteurs et fut contraint de fermer son école (2). Il dut revenir plus tard à de meilleurs sentiments politiques et, adoptant la théorie des opinions successives, il se soumit aux exigences légales. Nous le retrouvons en l'an VI inculquant à ses élèves les principes républicains (3) et refusant l'année suivante, sous prétexte de maladie, d'assister à la fête obligatoire du 2 pluviôse (21 janvier.) Le président du conseil communal décida qu'il convenait d'écrire « à ce particulier » (4), qui répondit le 2 pluviôse « qu'ayant renoncé à l'instruction de la jeunesse il ne se considérait plus comme fonctionnaire public » (5). Il continua néanmoins, mais clandestinement, à recevoir quelques élèves ; l'administration en fut informée et le droit d'enseigner lui fut définitivement enlevé (6). LOUIS DENCOSSE (an VI-an VII), instituteur public pendant deux ans, mérita la bienveillance des officiers municipaux chargés, conformément à l'arrêté du département du 3 frimaire an VI, d'exercer à tour de rôle, pendant un mois, la surveillance des écoles publiques (7).

Le dernier instituteur de la période révolutionnaire dont nous ayons à nous occuper, est JEAN-BAPTISTE-ANTOINE SAINT-MARTIN, qui exerça de l'an II à l'an V. Prêtre et curé de la paroisse de Cologne, au diocèse de Lombez, il fut incarcéré à la suite d'une discussion sur le culte catholique. Son apos-

. (1) Le nommé Lagarde, domestique du citoyen Huger, ayant refusé de se rendre à son travail un jour de ci-devant dimanche, fut condamné à vingt-quatre heures de prison. Une plainte fut aussi portée au conseil pour le même motif contre une nommée Jeanne, de la Fontaine, et contre une servante de la citoyenne Agasson. (Même délibération.)

(2) Délibération du 19 avril 1793.

(3) Délibération du 5 thermidor an VI (23 juillet 1798.)

(4) Délibération du 9 pluviôse an VII (28 janvier 1799.)

(5) Délibération du 14 pluviôse an VII (2 février 1799.)

(6) Délibération du 25 prairial an VII (13 juin 1799.)

(7) Délibération du 30 frimaire an VI (20 décembre 1797.)

tasie et son mariage (1) lui valurent la liberté. Dartigoeyte lui
permit de choisir dans le département du Gers le lieu de sa
résidence, sauf à Cologne (2), et il opta pour Lectoure, où il
voulut établir une école publique et nationale (3). Les citoyens Méja et Durande, chargés de faire un rapport sur sa
demande, émirent un avis favorable (4); il obtint un certificat
de résidence (5), et une salle de l'ancien collège pour sa
classe, de même qu'une chambre pour son logement particulier (6). Le conseil du département, ayant demandé par
lettre du 28 frimaire, an IV (7), des renseignements sur les
écoles primaires, l'administration lectouroise arrêta que,
dans sa réponse, elle solliciterait pour la commune cinq instituteurs attachés à l'instruction des garçons. Deux d'entre eux
leur apprendraient la lecture et l'écriture, un l'arithmétique,
un autre la grammaire et le cinquième les principes de la
grammaire, des langues, de la morale et des belles-lettres.
Le salaire de ces maîtres, choisis par un jury spécial composé
de trois membres, devait être de 25 sols par élève et par mois
pour les leçons de lecture, de 40 sols pour les leçons d'écriture et de 5 francs pour les deux écoles d'arithmétique, géo-
métrie, principes de grammaire, des langues, morale, etc...,
le tout valeur de 1790 (8). Saint-Martin, qui avait diminué son
nom de moitié, et ne s'appelait plus que Martin, fut choisi
pour être un de ces cinq éducateurs de la jeunesse. Il était
poète à ses heures et composa au moins deux hymnes patrio-

---

(1) Il était né à Toulouse, le 4 juin 1744, et se maria à Lectoure, le 26 ventôse
an II. Dans son acte de mariage, il est qualifié « Jean-Baptiste-Antoine Martin,
ci-devant curé de Cologne, ci-devant Saint-Martin. » Il mourut à Lectoure, rue
Corhaut, le 7 avril 1812.
(2) Délibération du 25 prairial an II (13 juin 1794).
(3) Délibération du 6 messidor an II (24 juin 1794).
(4) Délibération du 8 messidor an II (26 juin 1794).
(5) Délibération du 8 messidor an II et 15 frimaire an III (26 juin et 5 décembre 1794).
(6) Délibérations des 25 messidor et 26 thermidor an II (13 juillet et 13 août
1794).
(7) 19 décembre 1795.
(8) Délibération du 6 nivôse an IV (27 décembre 1795).

tiques dont il fit hommage aux montagnards de Lectoure. Le premier avait pour titre la conspiration de Robespierre (1), et le second, la prise du fort de Bellegarde (2). Membre assidu de « la société régénérée des amis de la république, et démocratique séante à Lectoure, » Martin y prenait souvent la parole dans les propositions émises relativement à l'instruction publique ou aux fêtes nationales. Le procès-verbal de la séance du 23 fructidor an II (3) nous apprend quels étaient ses projets à l'occasion de la fête de la Vertu, du Travail et des Récompenses.

Martin demande la parole et fait lecture de ses observations sur les fêtes qui vont être célébrées et parmi lesquelles celles de la Vertu, du Travail et des Récompenses. Les prix, dit Martin, que les Grecs et les Romains établirent pour les Jeux olympiques attiraient un grand nombre de concurrents et de spectateurs; il donne des éloges bien mérités au Conseil général de la commune de Lectoure d'avoir arrêté un pareil établissement pour les jeunes élèves des instituteurs de cette commune, et après un grand développement qu'il donne à ses idées relatives à ces fêtes, il demande si le jour de la fête des Récompenses il ne devrait pas y avoir une distribution de prix pour la vertu, pour le travail, pour l'étude et pour l'écriture, et si on ne devrait pas établir un comité chargé de recueillir les faits qui doivent être mis au concours. Canteloup, bibliothécaire, demande que les observations de Martin soient envoyées au comité d'Instruction pour en faire le rapport à sa prochaine séance; la demande de Canteloup, appuyée par plusieurs membres, est arrêtée.

Le lendemain, 24 fructidor, Martin signait avec 119 membres de la Société montagnarde, une adresse à la Convention nationale pour l'engager à maintenir le gouvernement révolutionnaire. Reconnaissant quelques jours plus tard que l'instruction publique était négligée, il s'associait à une demande tendant à ce que la même Société » s'occupât à former des

(1) Société des Montagnards. Séance du 17 fructidor an II (3 septembre 1794).
(2 Société des Montagnards. Séance du 5 vendémiaire an III (26 septembre 1794).
(3) 9 septembre 1794.

» maîtres et à grouper autour d'elle tous ceux qui possé-
» daient quelques talents » (1). Acquéreur à vil prix des métairies de Larroque et du Gleyza, vendues comme biens nationaux, suivant un procès-verbal d'adjudication du 4 vendémiaire an III (2), il les revend peu après, à un prix supérieur
en stipulant que le payement s'effectuera, non en assignats,
mais en numéraire (3). Il réalisait ainsi un double but, qui
consistait à le soustraire aux poursuites éventuelles des propriétaires dépossédés et à opérer un bénéfice sur la revente.

Tout ce qui précède nous démontre que Durrande, Castille
et Saint-Martin, étaient des maîtres doués d'une conscience
assez souple pour se plier à toutes les exigences du moment.

Ils fêtaient régulièrement le décadi, et ne le traitaient pas
avec le mépris « des muscadins, et des gens de la campagne
(4) », dont le tableau fut dressé « afin que leur subsistance
» pût servir à l'avantage des Sans-Culottes (5). » Ils devaient
« détruire les anciens préjugés » et, pour cela, conduire
régulièrement leurs élèves (6) à toutes les fêtes patriotiques
auxquelles présidait le conseil général de la commune, revêtu
de ses marques distinctives, et précédé d'une musique
guerrière (7). Tout, en effet, dans ces exhibitions, depuis le
spectacle des Génies vêtus à l'antique, jusqu'aux baisers fra-
ternels et aux attributs de l'amour conjugal (8), devait
ouvrir à l'imagination des écoliers, des horizons d'une indéfi-
nissable nouveauté. Mais ce qui les séduisait certainement le
plus, c'étaient les amusements de leur âge, et les danses publi-

(1) Société des Montagnards. Séance du 25 fructidor an II (11 septembre
1794).
(2) 25 septembre 1794.
(3) Actes des 12 nivôse, an V (1er janvier 1797); 14 messidor an V (2 juillet
1797); 4e jour complémentaire de l'an V (20 septembre 1797) 26 brumaire an VI
(16 novembre 1797) Monbrun notaire. (Etude de Me Sales).
(4) Délibération du 19 ventôse an II (9 mars 1794).
(5) Délibération du 17 ventôse an II (7 mars 1794).
(6) Délibération du 2 pluviôse an VII (21 janvier 1799).
(7) Délibération du 8 messidor an II (26 juin 1794).
(8) Fête à l'Etre Suprême. Lectoure, Guillon, 8 pp. in 8°.

ques exécutées sur le cours Marat, au son d'un fifre et d'un tambour, réquisitionnés à cet effet par la ville (1).

Nous ignorons pour quelle cause Saint-Martin ne tenait plus école en l'an VII, au moment où, pour se conformer à un ordre supérieur, le commissaire du directoire exécutif et un membre du jury d'instruction (2) se rendirent dans les maisons d'éducation, afin de s'assurer que les principes républicains y étaient régulièrement enseignés (3). Son nom ne figure pas en effet à côté de ceux de ses collègues dans le procès verbal ci-après constatant le résultat de cette inspection :

Le président Lafont rend compte de l'exécution de l'arrêté du département du 22 messidor pour la visite des écoles d'instruction ; il rapporte qu'en compagnie des citoyens Agasson, membre du jury d'instruction, et Léglise, commissaire du directoire exécutif, ils ont visité les écoles primaires et particulières le 2 du courant et d'après le verbal qu'ils ont présenté à l'administration, duquel il résulte que les citoyens Castille, instituteur primaire, Blot, Bousquet, Dancosse et Durrande, tenant des écoles particulières d'écriture, lecture ou latinité, se conforment aux dispositions des arrêtés du directoire exécutif du 17 pluviôse et 27 brumaire an VI et de celui de l'administration centrale du département du Gers du 22 du mois dernier, en donnant à leurs élèves des principes républicains, en en faisant les modèles de leurs exemplaires, en leur faisant lire les droits de l'homme, en leur enseignant les droits du citoyen ; que le citoyen Jean Lafeugère, instituteur particulier de latinité, se refuse d'instruire ses élèves dans les vues de la législation en leur expliquant les droits de l'homme et ducitoyen et la Constitution.....

(1) Société des montagnards. Séance du 21 vendémiaire an III (12 octobre 1794).

(2) Le jury d'instruction publique, composé de quatre membres, s'occupait non seulement de ce qui pouvait concerner les écoles, mais encore de préparer des motions intéressantes pour raminer le zèle des sociétaires (Montagnards) et rendre par ce moyen leurs séances plus intéressantes. (Procès-verbal du 14 vendémiaire an III.) Le premier sujet traité d'abord par Moussaron et ensuite par Guillon au nom du comité d'instruction fut celui-ci : L'esprit du moment, ce qu'il doit être et le moyen qu'il y a à prendre pour qu'il soit toujours ce qu'il est essentiel qu'il ne cesse d'être. L'impression du discours de Guillon fut votée par la société Montagnarde jusqu'à concurrence de 200 exemplaires. (Procès verbaux des 17 et 25 vendémiaires an III.)

(3) Délibération du 10 prairial an VI (29 mai 1798.)

Considérant que le nouveau genre d'instruction adopté par la législation est le seul qui convienne aux citoyens comme seul capable de leur inspirer l'amour de la République, que des principes contraires qu'on ne s'empresserait pas de détruire sortirait une atteinte mortelle au gouvernement actuel ;

Considérant que l'adoption de ces principes faite par quelqu'un des instituteurs doit leur mériter la protection des autorités constituées ;

Considérant que le refus des autres de se conformer aux lois de la république dans la partie de l'instruction et aux arrêtés du directoire et du département doit être un motif assez puissant pour arrêter les progrès d'un genre d'instruction qui pourrait devenir nuisible à la chose publique ;

Le commissaire du directoire exécutif entendu :

L'administration municipale arrête que les écoles primaires du citoyen Castille, les écoles particulières des citoyens Blot, Bousquet, Doucosse et Durrande continueront leur enseignement public comme ayant été certifié par le susdit verbal que ces instituteurs ont adopté et suivent la méthode d'instruction conforme aux lois ; que l'école particulière de Jean Lafeugère, instituteur latiniste, sera fermée comme se refusant d'instruire ses élèves conformément aux lois et arrêtés du département en leur donnant des principes républicains sur les droits de l'homme, les devoirs du citoyen et en leur expliquant la constitution... ;

Qu'au supprimé il sera donné avis de la délibération par son président (1).

Il est un fait indéniable, c'est que, pendant la durée de la Révolution, les écoles primaires étaient peu fréquentées (2) et que presque tous les établissements d'instruction secondaire étaient fermés par suite de la dispersion du clergé régulier qui les dirigeait (3). D'un côté la politique et la guerre occupaient les esprits, inquiétant les uns, satisfaisant les autres, et par ailleurs l'enseignement irréligieux imposé aux instituteurs éloignait d'eux un nombre considérable de familles, de telle sorte que le ministre Chaptal, présentant

(1) Délibération du 5 thermidor an VI (23 juillet 1798.)
(2) En l'an II, Castille avait 59 élèves et Hélie Bermudes 11 élèves.
(3) Article 4 du décret du 22 août 1792 ; articles 12 et 23 du décret du 28 octobre 1793.

en 1801 un projet de loi sur l'instruction publique, était
dans le vrai quand il disait : « L'éducation publique est
presque nulle partout; la génération qui vient de toucher à
sa vingtième année est irrévocablement sacrifiée à l'ignorance,
et nos tribunaux, nos magistratures ne nous offrent que des
élèves des anciennes universités. Le système d'instruction
publique qui existe aujourd'hui est donc essentiellement
mauvais. Les écoles primaires n'existent presque nulle part,
de manière que la masse de la nation croît sans instruction ». La loi du 11 floréal an x (1er mai 1802), sanctionnée
par Bonaparte sur le rapport de Fourcroy, réorganisa l'instruction publique. « Il est temps, disait le conseiller d'Etat
Portalis au corps législatif, que les théories se taisent devant
les faits. Point d'instruction sans éducation, point d'éducation sans morale et sans religion. Les professeurs ont enseigné dans le désert parce qu'on a proclamé imprudemment
qu'il ne fallait pas parler de religion dans les écoles ».
L'existence des institutions particulières était respectée par
la loi, mais il était défendu d'en ouvrir de nouvelles sans
l'autorisation du gouvernement. Les régents étaient choisis
par les maires et les conseils municipaux et leur traitement
se composait d'un double élément: le logement fourni par
les communes et la rétribution payée par les parents sur
l'avis du conseil, sauf pour les pauvres qui en étaient exemp-
tés. Les sous-préfets étaient chargés de l'organisation des
écoles primaires et ils devaient chaque mois rendre compte
au préfet de leur état. Telles étaient les prescriptions de la
loi ; mais comment furent-elles exécutées à Lectoure? Nous
avons attentivement parcouru les délibérations municipales
prises pendant la durée du premier Empire et de la Restauration sans plus y trouver trace d'autorisations que de sub-
ventions accordées aux instituteurs. Une seule tentative d'établissement d'école gratuite et primaire eut lieu en 1822 sur
l'initiative du vicomte de Lastic, sous-préfet de l'arrondisse-

14

ment. Les Frères de la Doctrine Chrétienne, dont la maison-mère était à Saint-Laurent-sur-Sèvres, furent appelés dans notre cité; on leur allouait une somme de 600 francs pour frais de première installation et on mettait à leur disposition la grande salle de l'ancien hôtel de ville, mais ils refusèrent de se rendre aux vœux de l'administration (1). Les institu-teurs privés furent donc les seuls éducateurs de la jeunesse lectouroise pendant le premier tiers du xix° siècle (2).

Après la révolution de 1830, les instituteurs communaux reparaissent avec les maîtres privés, qui, grâce à la loi du 28 juin 1833, furent affranchis de l'autorisation préalable pré-cédemment exigée. L'enseignement mutuel fut adopté dans les écoles publiques, et la ville de Lectoure fut pourvue d'un instituteur primaire supérieur et d'un instituteur primaire élémentaire (3). Depuis lors, des lois nouvelles ont plusieurs fois modifié le système et les méthodes d'instruction, mais l'enseignement officiel et l'enseignement libre ont toujours été représentés parmi nous. L'école publique et laïque est administrée par un directeur et deux adjoints, tandis que l'en-seignement privé et religieux, confié pendant plusieurs années aux Frères des Ecoles Chrétiennes, et plus tard à M. l'abbé Lagardère, prêtre du diocèse d'Auch, assisté d'un adjoint, est aujourd'hui distribué par trois frères des Ecoles chrétiennes.

Les érudits qui voudront s'occuper de l'état de l'instruc-tion publique dans notre région antérieurement au xix° siè-cle, nous sauront peut-être gré de leur signaler, à la suite de ce chapitre, les noms de quelques régents avec l'indication

(1) Délibération du 14 juillet 1822,

(2) Les noms de Dancausse, Plaçot, Durios, Saintis et Antin sont seuls par-venus jusqu'à nous.

(3) Délibérations des 20 novembre 1831, 3 février, 8 septembre, et 8 décembre 1833, 6 décembre 1835, etc...

des communes dans lesquelles ils ont exercé leurs fonctions :

BARBEZIEUX. — 8 décembre 1785 (1). Jean Séguin, maître de pension et écrivain, marié avec Jeanne Potevin, dont il eut un fils, nommé Jean, orfèvre à Lectoure (2).

BLAZIERT.—13 janvier 1722 (3). Jean-Jacques Doazan, maître d'école.

BORDEAUX. — 3 mai 1787 (4). Antoine Dalbespeyres, maître de pension près la croix de Seguy, paroisse de Saint-Seurin.

BRUCH. — 12 mai 1671 (5). Jacques Fontanière, régent. — 4 avril 1752 (6). Charles Barroz, maître d'école.

BUZET. — 16 mai 1768 (7). François Bellet, maître d'école.

CALIGNAC. — 24 août 1761 (8). Jean Dousset, maître écrivain. — 30 septembre 1776 (9). Guillaume Nigaud, régent abécédaire. — 1er juillet 1787. (10). Jean-Charles Rieumes, maître d'école.

CASSAIGNE. — 26 juin 1614 et 1er août 1616 (11). Pierre Mothe, régent. — 22 septembre 1637 (12). Michel Poutges, sous-diacre, né à Saint-Laurent, près le Port Saint-Marie, régent, moyennant 80 l. par an, le logement et certains objets mobiliers et déterminés. — 31 août 1644 (13). Conventions entre les consuls de Cassaigne et Jean Bouteroux, « mugission », relativement à la régence de l'école. — 22 avril 1656 (14). Jean Soriac, d'Auch, régent, marié avec Catherine Bousigon, fit un testament public le 22 septembre 1679 et il exerçait encore ses fonctions en 1681 (15). — 11 mai 1691 (16) Antoine Soriac, régent. — 2 mars 1720 (17) 22 novembre 1722 (18). Jean

(1) Labat notaire à Lectoure (Etude de Me Latour).
(2) Arch. mun. livres de catholicité de la paroisse Saint-Gervais de Lectoure.
(3) Caigneu, notaire à Terraube. (Etude de Me Sales.)
(4) Reynaut-Corne, notaire à Condom. (Etude de Me Lagorce.)
(5) Corne, notaire à Condom.      id.
(6) Lacapère, notaire à Condom.      id.
(7) Pugens, notaire à Condom.      id.
(8) Lacapère, notaire à Condom,      id.
(9) Reynaut-Corne, notaire à Condom.      id.
(10) Gavarret, notaire à Lagarde. (Etude de Me Sales).
(11) Ducornet, notaire à Cassaigne. (Etudes de MMes Préchac et Lebbé.)
(12)   id.      id.   (Etude de Me Lebbé.)
(13)   id.      id.      id.
(14)   id.      id.      id.
(15)   id.      id.      id.
(16)   id.      id.      id.
(17)   id.      id.      id.
(18)   id.      id.      id.

Laura, régent. — 19 juin 1759 (1). Marcel Mougens, professeur de Belles-Lettres.

Castelnau-Fimarcon. — 30 juin 1673 (2). Jean Lasplaces, régent. — 13 mars 1712 (3). Par testament à cette date, Joseph Barada, curé de Castelnau, lègue à ses successeurs dans ladite paroisse la somme de 600 l. pour l'établissement d'une école à Castelnau et à Sainte-Germaine son annexe, afin d'apprendre à huit enfants les plus pauvres, le latin et le français. Les curés de Castelnau étaient libres de se charger eux-mêmes de l'école ou d'y commettre un régent à leur choix.

Castéra-Lectourois. — 6 juillet 1733 et 11 mars 1735 (4). Jean-Baptiste Bousquet, régent. — 6 décembre 1741 (5). Jean Couleau, maître d'école. — 19 octobre 1783 (6). François Moulié, maître d'école.

Damazan. — 27 août 1784 (7). Dominique Souville, maître ès-arts, régent.

Donzac. — 9 juin 1774 (8). Simon Champmas, maître écrivain.

Estang. — 17 juillet 1766 (9). Jean Paule, maître d'école.

Francescas. — 28 octobre 1626 (10). Gratian Brussaut, régent. — 14 octobre 1753 (11). Joseph Dumouret, maître d'école.

Le Fréchou. — 2 novembre 1755 (12). Jean Delieux, instituteur et secrétaire de la communauté. — 14 mai 1777 (13). Mariage entre Simon Brun, maître d'école, né à Lannemezan, et Jeanne Meillan, veuve de Joseph Dupeyron, tisserand, née à Eux, juridiction de Larroque-Verduzan.

Gabarret. — 10 juin 1652 (14). Pactes de mariage entre Jacques Huguery, régent, né à Beaumont de Lomagne, et Toinette Cassaigne.

(1) Lamère, notaire à Gondrin. (Étude de M⁰ Lebbé.)
(2) G. Dupuy, notaire à Condom. (Étude de M⁰ Lagorce.)
(3) Lacapère, notaire à Condom. id.
(4) Dumoulin, notaire à Saint-Avit. (Étude de M⁰ Sales.)
(5) id. id. id.
(6) Dussarrau, notaire à Sempesserre id.
(7) Reynaut-Corne, fils notaire à Condom. (Étude de M⁰ Lagorce.)
(8) Reynaut-Corne, notaire à Condom. id.
(9) Pelauque, notaire à Condom. id.
(10) Ducornet, notaire à Cassaigne. (Étude de M⁰ Lebbé.)
(11) Audié, notaire à Condom. (Étude de M⁰ Préchac.)
(12) Lacapère, notaire à Condom. (Étude de M⁰ Lagorce.)
(13) Pelauque, notaire à Condom. (Étude de M⁰ Lebbé.)
(14) De Rizon, notaire à Condom. (Étude de M⁰ Préchac.)

GAZAUPOUY. — 8 mars 1718 (1) et 23 janvier 1727 (2). Jean Bertin, précepteur de la jeunesse, régent. — 20 juin 1729 (3). Jean-Jacques Doazan, régent. — 7 juillet 1756 (4), et 8 novembre. 1766 (5) Vital Faget, régent abécédaire, maître d'école, marié le 7 juillet 1756 avec Marie Mazéret, et décédé le 23 février 1773 (6). — 30 avril 1776 (7) et 26 juillet 1779 (8). Joseph Labadie, régent, marié avec Anne Lacaze. — 6 septembre 1780 (9) et 9 octobre 1781 (10). Joseph Faget, régent, marié avec Marie-Anne Cassagnol.

GONDRIN. — 4 juin 1646 (11) et 24 avril 1647 (12). Arnaud Dupleix, régent. — 24 novembre 1646 (13) et 3 octobre 1647 (14). Jean Dufaur, régent. — 9 mai 1661 (15). Michel Gardère, maître ès-arts, régent.

LE HOUGA. — 22 juillet 1690 (16), et 3 juillet 1691 (17). Georges Bourgoing, ancien régent, maître ès-arts.

L'ISLE-BOUZON. — 18 mai 1689 (18). François Feuga, régent. — 27 novembre 1748 et 22 juin 1757 (19). Jean Vincens, maître d'école, greffier de la Judicature et des ordinaires de l'Isle-Bouzon, fit un testament public le 30 août 1756 (20). — 27 juin 1774 (21). Jacques Pène, régent. — 27 août 1781 (22). Arnaud Manéchal, régent et greffier de la

(1) Lacapère, notaire à Condom. (Étude de Me Lagorce.)
(2) Arch. du greffe de Condom. Livres de catholicité de la paroisse de Gazaupouy.
(3) Cugno, notaire à Condom. (Étude de Me Préchac.)
(4) Arch. du greffe de Condom. Livres de catholicité de la paroisse de Gazaupouy.
(5) Reynaut-Corne, notaire à Condom. (Étude de Me Lagorce.)
(6) Arch. du greffe de Condom. Livres de catholicité de la paroisse de Gazaupouy.
(7)             id.                         id.                     id.
(8) Reynaut-Corne, notaire à Condom. (Étude de Me Lagorce.)
(9) Mazères, notaire à Marsolan. (Étude de Me Sales.)
(10) Arch. du greffe de Condom. Livres de catholicité de la paroisse de Gazaupouy.
(11) Gourraigne, notaire à Gondrin. (Étude de Me Lebbé.)
(12)             id.                     id.
(13)             id.                     id.
(14)             id.                     id.
(15)             id.                     id.
(16) Corne, notaire à Condom. (Étude de Me Lagorce.)
(17) Laboupillère, notaire à Condom. (Étude de Me Lebbé.)
(18) Corne, notaire à Condom. (Étude de Me Lagorce.)
(19) Bordes, notaire à l'Isle-Bouzon. (Étude de Me Sales.)
(20)             id.                     id.
(21)             id.                     id.
(22)             id.                     id.

Judicature de l'Isle. Ancien régent le 20 avril 1785 (1). — 9 août 1782 (2). Jean-Baptiste Garros, maître d'école.

JUSTIAN. — 23 octobre 1750 (3). Pierre Mothe, abécédaire.

LAGARDE-FIMARCON. — 15 août 1697 (4). Jean-Pierre Lamazères, de Lialores, précepteur de la jeunesse.

LANNEPAX. — 7 août 1683 (5). Jacques Abadie, régent.

LARRESSINGLE. — 27 juillet 1745 (6). Joseph Duran, régent et secrétaire de la communauté.

LARROQUE-SUR-LOSSE. — 30 mars 1725 (7). Jean-Agasson, régent. — 28 octobre 1728 (8). Dominique Durbas, régent.

LAVARDENS. — 30 septembre 1552 (9). Jean Colomez, régent.

LAVIT-DE-LOMAGNE. — 27 janvier 1768 (10). Pierre Mulez, maître écrivain.

LAYRAC. — 20 avril 1755 (11). Pierre Fabre, maître ès-arts, régent latiniste.

MARSOLAN. — 10 mai 1610 (12). Jehan Denux, régent. — 10 octobre 1610 (13). Antoine Candau, régent. — 10 octobre 1615 (14). Jehan Lignac, régent. — 20 août 1617 (15). Pierre Dubernet, régent. — 30 août 1646 (16). 6 mai 1650 (17). Pierre Mote, précepteur de la jeunesse. — 22 novembre 1651 (18). Joseph Fornetz, régent, marié avec Marie Mazières (19). — 22 novembre 1691 et 13 juin 1693 (20). Pierre Formetz, maître ès-arts, régent. — 4 mars 1714 (21), 9 novembre 1738

---

(1) Bordes, notaire à l'Isle-Bouzon. (Etude de M° Sales.)
(2)                 id.                          id.
(3) Pugens, notaire à Condom. (Etude de M° Lagorce.)
(4) Arch. du greffe de Condom. Livres de catholicité de la paroisse de Lialores.
(5) G. Dupuy, notaire à Condom. (Etude de M° Lagorce).
(6) Pugens, notaire à Condom.              id.
(7) Legras, notaire à Condom.              id.
(8)            id.                          id.
(9) Boaly, notaire à Lectoure. (Etude de M° Sales.)
(10) Bétous, notaire à Lectoure. (Etude de M° Latour.)
(11) Reynaud-Corne, notaire à Condom. (Etude de M° Lagorce.)
(12) Doazun, notaire à Marsolan. (Etude de M° Sales.)
(13)            id.                          id.
(14)            id.                          id.
(15)            id.                          id.
(16)            id.                          id.
(17)            id.                          id.
(18) Regert, notaire à Marsolan.           id.
(19) Lapèze, notaire à Lectoure. (Etude de M. Latour.)
(20) Caignou, notaire à Terrade. (Etude de M. Sales.)
(21) Formez, notaire à Marsolan.           id.

(1) et 22 janvier 1739 (2). — Romain Lelegrand, régent et précepteur de la jeunesse, fils de Jean Lelegrand et de Marie Lachapelle, se maria le 4 mars 1714, avec Marie Denux, de Marsolan. Une de ses petites-filles, nommée Anne Lelegrand, s'unit le 27 avril 1773 (3) à Joseph de Pérignon, bourgeois, demeurant à la Salle d'Escuraing, dans la juridiction de Lagarde-Fimarçon. — 31 mai 1720 (4). Pierre Mote fils, régent. — 30 octobre et 30 novembre 1729 (5). Bernard Briste, régent. — 26 avril 1744 (6). Marcel Mongen, professeur de Belles-Lettres. — 20 août 1774 (7). Vincent Cazenave, régent. — 21 avril 1779 (8) et 10 février 1784 (9). Jean Charles Rieumes, maître d'école. — 3 août 1781 (10), 6 octobre 1783 (11), 4 avril 1784 (12) et 25 janvier 1785 (13). Jean-Antoine Loncol, maître d'école. — 28 septembre 1783 (14). Gilles Doazan, régent et archiviste. — 21 août 1791 (15), et 22 ventôse an VI (16). Pierre Daugas, maître d'école et instituteur.

MÉZIN. — 10 août 1788 (17). Charles Vital Larroire, maître de pension.

MONCRABEAU. — 4 février 1617 (18). Guillaume Barthou, régent. — 19 décembre 1677 (19). Pierre Mourlan, licencié ès lois, régent, fut suspendu par ordonnance de M. Duquesne, vicaire général de Condom, en date du 3 novembre 1677, et rétabli plus tard dans ses fonctions, qu'il exerçait encore le 19 septembre 1685 (20). — 6 mars 1702 (21). Jean Bertin, régent et marguillier de l'église Sainte-Marie-Madeleine

(1) Lamazère, notaire à Lagarde. (Étude de M⁰ Sales.)
(2) Soulez, notaire à Marsolan.          Id.
(3) Mazères, notaire à Marsolan.          Id.
(4) Doazan, notaire à Marsolan.          Id.
(5) Fornetz, notaire à Marsolan, et Lamazère notaire à Lagarde. (Id.)
(6) Soulez, notaire à Marsolan. (Étude de M. Sales.)
(7)          Id.          Id.
(8) Gavarret, notaire à Lagarde.          Id.
(9) Mazères, notaire à Marsolan.          Id.
(10)          Id.          Id.
(11) Pugens, notaire à Condom. (Étude de M⁰ Lagorce.)
(12) Dastros, notaire à Marsolan. (Étude de M. Sales.)
(13) Mazères, notaire à Marsolan.          Id.
(14) Gavarret, notaire à Lagarde.          Id.
(15) Dastros, notaire à Marsolan.          Id.
(16) Gavarret, notaire à Lagarde.          Id.
(17) Raynaut-Corne, notaire à Condom. (Étude de M⁰ Lagorce.)
(18) Bézian, notaire à Condom. (Étude de M⁰ Préchac.)
(19) Corne, notaire à Condom. (Étude de M⁰ Lagorce.)
(20) Lacave, notaire à Condom. (Étude de M⁰ Préchac.)
(21) Laboupillère, notaire à Condom. (Étude de M⁰ Lebbé.)

de Moncrabeau. — 28 juillet 1746 (1). Jean Nadale, régent. — 30 juin 1774 (2). Testament d'Ysabeau Corne, régente, veuve de Vital Anta, maître d'école.

MONTRÉAL. — 22 juin 1623 (3). Etienne du Junca, régent. — 22 novembre 1671 (4). Pierre Beziey, précepteur de la jeunesse. — 24 juin 1672 (5). Jean Bourret, prêtre, régent. — 7 mars 1715 (6). Etienne Capbern, régent.

MOUCHAN. — 14 mai 1691 (7). Damien Dangay, régent.

NÉRAC. — 21 novembre 1593 (8). Daniel Blamont, régent. — 5 octobre 1770 (9). Claire Huyban, veuve de Dominique Ricaud, régent. — 5 octobre 1770. Jean Pierre Lacoste, maître écrivain. — 21 juin 1779 (10). Joseph Delor, maître d'école, et Michel Delor, meunier au moulin d'Andiran, son frère, achètent à Marie de la Mazelière, dame du Busca, le moulin de Cabignon, dans la paroisse de Cieuze, juridiction de Mézin, moyennant la somme de 6,300 livres.

PLIEUX. — 13 septembre 1615 (11). Jean Géraud d'Astros, prêtre, régent. — 12 août 1785 (12). Jean Dominique Rabou, écrivain et maître d'école, marié le 17 janvier 1788 avec Marguerite Cadéot (13).

LA ROMIEU. — 6 janvier 1720 (14). Romain Lelegrand, maître ès-arts, régent. — 28 mars 1740 (15). Antoine Bottet, maître d'école. — 15 décembre 1744 (16). François Bouet, maître d'école. — 2 ventôse an III (17). Urbain Mousteau, instituteur.

ROUILLAC. — 5 mars 1627 (18). Jean Faget, régent.

---

(1) Pugens, notaire à Condom. (Etude de M^e Lagorce.)
(2) Reynaut-Corne, notaire à Condom. (id.)
(3) Ducornet, notaire à Cassaigne. (Etude de M^e Lebbé.)
(4) Arch. de M. Plieux.
(5) id.
(6) Legras, notaire à Condom. (Etude de M^e Lagorce.)
(7) Ducornet, notaire à Cassaigne. (Etude de M^e Lebbé.)
(8) Corne, notaire à Cazaupouy. (Etude de M^e Lagorce.)
(9) Reynaut-Corne fils, notaire à Condom. (id.)
(10) Pugens, notaire à Condom. (id.)
(11) Lapèze, notaire à Lectoure. (Etude de M. Latour). — C'est évidemment le célèbre poète gascon, l'auteur des *Quoüate Sasous*, plus tard chapelain à Saint-Clar.
(12) Dussarrau, notaire à Sempesserre. (Etude de M^e Sales.)
(13) Montbrun, notaire à Lectoure. id.
(14) Fornetz, notaire à Marsolan. id.
(15) Soulez, notaire à Marsolan. id.
(16) Reynaut-Corne, notaire à Condom. (Etude de M^e Lagorce.)
(17) Dastros, notaire à Marsolan. (Etude de M. Sales.)
(18) Laboupillère, notaire à Condom. (Etude de M. Lebbé.)

SAINT-AVIT. — 24 juillet 1636 (1). Jean Gabiolle, régent et secrétaire de la communauté.

SAINT-CLAR. — 20 août 1680 (2). Antoine Meyragues, maître écrivain. — 23 août 1741 (3). Jean Dupont, instituteur de la jeunesse. — 15 octobre 1750 (4). Bernard Duplassy, maître d'école. — 6 octobre 1793 (5). Jean-Dominique Rabou, instituteur.

SAINT-GIRONS. — 23 avril 1737 (6). Thérèse Granier, régente, née à Lectoure, fille de Bernard Granier, chirurgien, et de Jeanne Laborde.

SAINT-JEAN-POUTGES. — 25 janvier 1740 (7). Jean Cassou, régent.

SAINT-MARTIN-DE-GOYNE. — 16 août 1765 (8). Pierre Duluc, régent et secrétaire de la communauté.

SAINTE-MÈRE. — 1er mai 1626 (9). Délibération consulaire, confiant la régence de l'école à Jean-François Poutges, praticien de Sempesserre, pour une année, moyennant la somme de 50 l. et certains avantages en nature. Il devra, « selon la coustume, enseigner et endoctriner la jeunesse du présent lieu, comme est de lire et escripre... » — 3 octobre 1636 (10). Jean Laroche, régent. — 4 août 1638 (11) Jean Daurat, régent. — 18 août 1641 (12). Délibération consulaire confiant la régence de l'école à Pierre Couzier, prêtre et vicaire.

LA SAUVETAT. — 21 décembre 1729 (13). François Caigneu, maître d'école.

SEMPESSERRE. — 15 avril 1725 (14). Jean-Baptiste Bousquet, maître d'école.

SAINT-SIMON-EN-ALBRET. — 7 mai 1769 (15). Jean Forsans, régent.

TERRAUBE. — 20 novembre 1660 (16). Délibération consulaire, con-

(1) Loubayssin, notaire à Sainte-Mère. (Étude de M. Sales.)
(2) Laboupillère, notaire à Condom. (Étude de M. Lebbé.)
(3) Lafforgue, notaire à l'Isle-Bouzon. (Étude de M. Sales.)
(4) Bordes, notaire à l'Isle-Bouzon.        id.
(5) Noguès, notaire à Lectoure. (Étude de M. Latour.)
(6) Arch. de M. Plieux.
(7)         id.
(8) Gavarret, notaire à Lagarde. (Étude de M. Sales.)
(9) Arch. de M. Plieux.
(10) Loubayssin notaire à Sainte-Mère. (Étude de M. Sales).
(11)       id      id        id.
(12) Loubayssin, notaire à Sainte-Mère. (Étude de M. Sales.)
(13) Caigneu, notaire à Terraube.        id.
(14) Dumoulin, notaire à Saint-Avit.        id.
(15) Pelauque, notaire à Condom. (Étude de M. Lebbé.)
(16) Caigneu, notaire à Terraube. (Étude de M. Sales.)

fiant la régence de l'école à Arnaud Comin, avocat en la cour du marquisat de Terraube. « Il prend l'administration de la jeunesse » pour un an, moyennant la somme de 100 livres. » — 27 novembre 1661 (1). Même délibération en faveur de Jean Roques, prêtre, docteur en philosophie, et vicaire de Terraube, moyennant 100 l. par an. — 24 janvier 1672 (2). Même délibération, en faveur du P. Athanase Moussinat, ministre du couvent des Trinitaires de Terraube, qui prend « l'engagement « d'enseigner, et faire enseigner la jeunesse à pryer » Dieu, lire en latin et françois, et escrire, le mieulx qu'il luy sera » possible. » La communauté lui alloue pour cela 50 l. par an. — 20 mars 1673 (3). Guillaume Rabat, maître « escriben ». — 20 janvier 1675 (4). Le P. Antoine Boissin, ministre du couvent des Trinitaires. — 5 février 1683 (5). Le P. Mathieu Dalgues, ministre du couvent des Trinitaires. — 18 février 1684 et 19 mars 1686 (6). Le P. Ambroise Maignion, ministre du couvent des Trinitaires. — 20 mai 1787 (7). Jean Lalane, maître ès-arts, instituteur. — 1er septembre 1788 (8). Guillaume Sentis, régent.

TONNEINS-DESSOUS. — 1er mai 1765 (9). Toinette Forastière, régente, veuve de Bernard Seignouret, régent.

VALENCE-D'ARMAGNAC. — 21 janvier 1630 (10). Bernard Laporte, régent. — 23 décembre 1692 (11). Jean-André Sourbadère, régent, marié avec Jeanne Castex, fit un testament public, le 21 avril 1695 (12). — 2 août 1702 (13). Jean Sourbadère, maître ès-arts, précepteur de la jeunesse. — 18 mai 1738 (14) et 12 janvier 1740 (15). Joseph Lespés, régent.

(1) Caignou, notaire à Terraube. (Étude de M. Sales.)
(2)            id.                              id.
(3)            id.                              id.
(4)            id.                              id.
(5)            id.                              id.
(6)            id.                              id.
(7) Mazères, notaire à Marsolan.        id.
(8) Dépis, notaire à Terraube.          id.
(9) Reynaut-Corne, notaire à Condom. (Étude de M. Lagorce.)
(10) Ducornet, notaire à Cassaigne. (Étude de M. Lebbé.)
(11)            id.                              id.
(12)            id.                              id.
(13) Lacapère, notaire à Condom. (Étude de M. Lagorce.)
(14) Laboupillère, notaire à Condom. (Étude de M. Lebbé.)
(15) Pugens, notaire à Condom. (Étude de M. Lagorce.)

# CHAPITRE XII

L'enseignement des jeunes filles à Lectoure depuis la fin du xv° siècle jusqu'à nos jours.

Pendant que les Doctrinaires prodiguaient au collège leurs talents et leurs soins, les Clarisses Urbanistes, formaient l'âme des jeunes filles à l'exercice de toutes les vertus. Cet ordre, fondé en 1212, par sainte Claire d'Assises, se composait de deux branches distinctes, celle des Damianites purement contemplative, et celle des Urbanistes ainsi nommée du pape Urbain IV, qui mitigea le 17 octobre 1264 la règle primitive. Les adoucissements accordés par ce pontife, donnèrent aux Clarisses, la faculté d'acquérir et de posséder, qui leur était interdite par les constitutions originaires. Devenues propriétaires de monastères et d'immeubles considérables, elles purent se livrer à la pratique de certaines œuvres de zèle. L'éducation chrétienne des jeunes filles fut la première et la principale de ces œuvres, quoiqu'elles ne s'y soient appliquées que vers le milieu du xvi° siècle. Les règles de l'ordre portent en effet que « conformément à la bulle de saint Pie V, en date du 27 septembre 1569, et à la déclaration de la Sacrée Congrégation du Concile, il peut y avoir dans le monastère, un pensionnat composé d'élèves tout-à-

— 212 —

fait internes, pour l'instruction, et l'éducation des jeunes personnes (1). »

Le couvent de Lectoure, bâti hors les murs de la ville, occupait, dès le xiv° siècle, un emplacement très étendu dans le faubourg Saint-Gervais. Une lettre du pape Jean XXII, datée des Calendes de septembre 1524, nous révèle son existence, et nous apprend, qu'outre l'éxonération de la dime, le souverain pontife accordait à l'abbesse et aux religieuses, le droit de laisser inhumer les fidèles dans leur église (2). Le monastère était encore au faubourg en 1597 (3), mais à l'état de ruine. Pendant les guerres religieuses, les Réformés avaient « rompeu » les églises de Lectoure, notamment celles des Frères Prêcheurs et « des nonnains sainte Claire » situées en dehors des fortifications. Les bâtiments claustraux, étaient réduits en cendres. Les habitants du faubourg s'étaient emparés des matériaux épars sur le sol, pour reconstruire leurs maisons. (4) Les religieuses réduites au nombre de trois « par l'injure du temps » s'étaient retirées dans une maison appartenant à M. Sans de Bonol, conseiller au parlement de Toulouse, car, « elles n'avoient gite pour se louger, ny à la bille ny au faubourg. » C'est dans ces conditions qu'elles résolurent de s'installer dans le centre de la ville, et d'y bâtir un nouveau monastère. Le P. François Chemelières, provincial de l'ordre de saint François en Aquitaine, et Jean Ancezis official du diocèse de Lectoure, furent chargés de dresser un état des propriétés immobilières des Clarisses et de rechercher celles qu'elles pourraient aliéner afin de parer au payement et à la construction de leur nouvelle résidence. Il fut ainsi convenu qu'elles vendraient le champ de *las Monges*

(1) Note fournie par Madame la supérieure des Clarisses de Lavaur.
(2) *Gallia Christiana*, 1716, t. 1, col. 1071.
(3) Terrier du dehors de la ville, 1597, p. 14.
(4) Actes des 16 et 18 février, 1er mars et 30 mai 1604, (Lapèze notaire de Lectoure, étude de Me Latour). Il ne restait de l'ancien couvent que quelques débris de constructions affermées par divers actes du 13 octobre 1602. L'une de ces constructions confrontait « à logis des heoirs du cappittaine Guascon. »

près de Foyssin, un autre au quartier de Gauran et une vigne à Joanicot. Noble Jean de Percin, sieur de Montgaillard, se rendit acquéreur de ces diverses pièces de terre, et donna en échange aux religieuses, moyennant une soulte de 166 écus sols payables dans trois ans, un emplacement considérable composé de maisons et jardins, situé au quartier de Corhaut (1). L'abbesse Marguerite de Beauville, s'installa avec les sœurs Angélique et Oriane de Romégas, qui composaient la communauté, dans les maisons achetées au sieur de Montgaillard; elle réclama aux habitants du faubourg le prix des matériaux qu'ils s'étaient appropriés, et elle l'employa à la construction d'une modeste chapelle (2). Elle emprunta plusieurs sommes d'argent à M. Buret, conseiller à la cour présidiale (5), au P. Pierre Ripparia, syndic des Frères Prêcheurs (4), à Joseph Foyssin, prébendé de saint Gervais (5), et enfin elle vendit un pré sis au Castéra-Lectourois, pour payer les constructions commencées (6). Les aumônes dotales des sœurs novices Magdeleine d'Espalungue (7), Claire de Montagut, (8), Magdelaine de Rébézies (9), Anne de Thomas (10), et Marguerite de Montaut (11), servirent à

(1) Acte du 6 septembre 1601 (Lapèze notaire). L'emplacement acquis à cette date par les Clarisses, confrontait avec deux rues publiques, maison et terre de Réginon, maison de Courtial, tailleur et de Bernard Descuraing. Le seigneur de Montgaillard, était propriétaire en 1601 de la salle de Bezodis qu'il afferma le 7 juillet 1606.

(2) Actes des 15 février, 1er mars et 30 mai 1604. (Lapèze, notaire.)

(3) Acte du 29 janvier 1603. (Id.)

(4) Acte du 8 juin 1600. (Id.)

(5) Acte du 14 juin 1600. (id.)

(6) Acte du 12 juin 1604. (Id.)

(7) Actes des 17 et 25 novembre 1606. (Id.) Le seigneur d'Espalungue, conseiller du roi, et maître d'hôtel ordinaire de sa maison hypothéqua, pour la garantie du paiement de l'aumône dotale constituée à sa fille, par lui et par Magdelaine de Lafargue, son épouse, la salle noble de Pilon, située dans la juridiction de Montesquieu en Bruilhois. (Id.)

(8) Fille de noble Gilles de Montagut et de Paule de Berrac. Acte du 13 juillet 1608, Lapèze notaire. (Etude de Mo Latour.)

(9) Acte du 14 novembre 1609. (Id.)

(10) Acte du 19 octobre 1611. Le montant de la dot d'Anne de Thomas servit à acheter la maison de Courtial, tailleur, qui était attenante au monastère. (Acte du 19 octobre 1610.) (Id.)

(11) Fille de noble Alexandre de Montaut, seigneur de Castelnau-d'Arbieu et de Charlotte de Bezolles. (Acte du 15 juin 1612.) (Id.)

continuer la bâtisse de l'église et du couvent dans lequel les Clarisses étaient établies en 1612 (1) quoiqu'il fut très insuffisant. Bernarde Lasserre, qui logeait chez les religieuses en qualité de locataire, leur laissa par testaments des 20 et 22 avril 1623, une somme de 1500 livres, et Oriane de Romégas vendit le 50 octobre 1624 à François Sauturon, hôtelier du faubourg, une maison « presque ruynée » au prix de 150 livres à employer, dit l'acte, « aux affaires du couvent et pour l'augmentation d'iceluy, attendu l'incommodité que les religieuses ont pour leur logement, estant sur le point de continuer la construction dudit couvent » (2).

C'est seulement en 1627, et grâce à la libéralité de Marie de Narbonne, que la bâtisse du monastère put être reprise et qu'il fut définitivement achevé, ainsi que le constate l'acte suivant, retrouvé par nous dans les minutes de Lapèze, notaire de Lectoure (5).

A l'honneur et gloire de la Très Saincte Trinité, los et Vénération de Madame saincte Claire, soit faict, Amen.

Comme il soict notoire que, prévalant pour un temps, la malice des hérétiques, en cette ville de Lectoure, par le malheur et désordre des guerres civilles de ce royaulme, un florissant couvent de filles et dames religieuses de saincte Claire, au fauxbourg de la porte sainct Gervais, de ladicte ville aye esté de fons en comble, ruyné et réduit en place servant à présent de jardin, et toutes les religieuses chassées jusques poult avoir trente ans, que par le bénéflice de la paix aulcunes dames du dict ordre se réunirent en une maison particulière et despuis ont continué d'habitter en laditte ville où elles sont par la grâce et la miséricorde de Dieu, pour le jourd'huy, une grande et honnorable famille; touttes fois en grandes incommodités, à cause de ce qu'elles sont en quelque maison bastie suyvant l'ordre du monde, sans esglize, dortoir, cœur, et offices, réglés comme il apartient à relligieuses, voire tellement serrées, en leur habitation qu'il y a grand dangier de leur santé, et qui plus est sont-elles hors d'espé-

(1) Terrier de la ville et de la juridiction, 1612, p. 107. — Livre des charges et décharges, 1638, p. 40.
(2) Minutes de Labut, notaire de Lectoure. (Étude de Mᵉ Latour.)
(3) Étude de Mᵉ Latour.

rance de pouvoir restablir et reediflier un couvent hors ou dans la
ville, sinon qu'ils leur arrivast quelque secours extraordinaire, qu'il
à pleu au bon Dieu suciter à ses jours, au moyen de ce que dame
Marie de Narbonne, légitimaire de la maison de Ficumarcon, religieuse, nouvisse du dict couvent de saincte Claire, poussée d'un
sainct zèle despuis plusieurs années à servir Dieu en iceluy, sur la
règle et ordre de saincte Claire par le conseil et ayde de hault et puissant seigneur, messire Hector de Narbonne et Lomaigne, chevalier,
marquis de Ficumarcon, d'Auradé et Blancfort, seigneur de Larronieu,
Astaffort, Bragairac, Lagarde, Plaignolles, conseigneur de Noaillan,
Andofielle, Puylausie, d'Aubinons, Lafaige, Sabonnières et autres
places, cappittaine de cinquante hommes d'armes, des ordonnances du
Roy, a entrepris la restauration du dict couvent, aux conditions,
prérogatives et droicts sy bas accordés et donnés à entendre et à promis et accepté par nobles et discrettes dames sœurs Oriane de Romégas
abbaisse, Angélique de Romégas vicquaire, Claire d'Escalup, Catherine de Romégas, Magdelaine de Rébézies, Anne de saint Hurbary,
Angélique des Bouzigues, Margueritte de Boubée, Françoise de Castéra, Jeanne de Dufort, Françoise de Bonnas, Anne d'Arbieu, Jeanne
de Laborie, Honorade de Larroquette, Marguerite et Catherine du
Feuga, religieuses dudit couvent à cet effaict et en forme accoustumée
à son de cloches assemblées, et suyvant la délibération de leur chappitre
aujourd'hui prinze, assistées, du Révérand père Pierre Gofreteau
gardien de l'observance du dict Lectoure et représentant le provincial
de leur ordre, et frère Antoine Sainct Amans, confesseur des dictes
dames, ensemble de Me Jean Sainct Pierre, docteur et advocat, et
Guillaume Lamarque, procureur des dictes dames, s'y qu'il ne restoit
qu'en passer acte autantitque, pour mémoire perpétuelle, ce qu'a ésté
accordé en la forme et manière que s'ensuit :

C'est que aujourd'huy dix septiesme du mois de novembre, mil six
cens vingt-sept, après midy, dans Lectoure, et au parloir de la dicte
maison, ou par provision les dictes dames religieuses saincte Claire
font leur résidence au quartier de Corhaut, régnant très chrestien
prince Louis, par la grâce de Dieu roy de France et de Navarre,
pardevant moy Pierre Lapèze, notaire royal héréditaire de la présant
ville, y habitant, soussignés et présants les témoins bas nommés,
constituée en sa personne la dite dame Marie de Narbonne, religieuse
nouvisse dudict couvent, agée comme a affirmé la main mise sur sa
poitrine, de vingt-un à vingt-deux ans, de son bon gré, non séduitte
ny contrainete, tout dol et fraude cessant, a dict qu'aiant puis son en-

fance voué sa virginité à Dieu soubs les règles de Madame saincte
Claire, elle en a prins l'habit dans ceste maison religieuse du dict
ordre au quel elle pretend avec l'aide et grâce de Dieu, vivre et mourir
et y faire sa profession, après l'an de son noviciat parfaict et accomply
comme elle fairoict dès aprésant s'y luy estoit permis, et pour ceste
considération, ayant resolu de renoncer tout à faict au monde, elle a
cy-devant, et le septièsme jour du mois de juing mil six cens vingt-
troys, faict donnation de ses biens rettennue par..... notaire,
à feue haulte et puissante dame Marguerite d'Ornézan, marquise de
Ficumarcon, sa très honorée mère que Dieu absolve, insinuée au
siège de la sénéchaussée de Condom, le dix neufvièsme du dict mois
et an, laquelle donnation, elle confirma par son testament solemp-
nel retenu par..... le....., mais ladicte dame sa mère estant
décédée, afin que sous prétexte de caducité, ses intentions ne fussent
fraudées de leur effaict, auroit ladicte dame Marie de Narbonne, pour
la conservation de la maison de Ficumarcon, faict un testament le
vingt cinquièsme juing mil six cent vingt-sept, retenu par ....
notaire, par le quel elle institue son héritier universel le dict seigneur, messire Hector de Narbonne et Lomaigne, marquis de Ficumarcon, son très cher frère, en tous ses biens et droicts, à la charge
par son dict héritier payer la somme de onze mille livres, pour estre
employées à la construction d'une esglyze et couvent pour lesdites
religieuses de saincte Claire audict Lectoure et de payer annuellement
pendant la vie de ladicte dame Marie de Narbonne, la somme de cent
livres de pension pour l'entretènement d'icelle, persévérant et laquelle
vollonté désirant avec passion la ramener à exécution à l'avancement
de la gloire de Dieu et du dict ordre de saincte Claire, en l'absence de
monsieur l'évesque de Lectoure, en présence de MMrs MMes Samuel
Dulong juge maige, Guillaume Lucas, lieutenant juge criminel, Ysaac
Garos, seigneur de Mauléon, lieutenant principal, Pierre Blanchard,
procureur du roy et ses conseillers en la sénéchaussée d'Armaignac,
à présant et de rechef, ladicte dame Marie de Narbonne, novisse susditte assistée de dame Paule Françoise de Narbonne, dame de Tilladet,
sa sœur confirmé et confirme par la teneur des présentes sesdites
dispositions au proffict du dict seigneur messire Hector de Narbonne
et de Lomaigne, marquis sus dict son frère, au quel pour luy et les
siens successeurs, présant et acceptant, a faict et faict donnation pure,
simple et entre vifs à jamais irrévocable, de tous et chascuns ses biens,
droicts, voix, noms et actions en quoy et en quels lieux qu'ils puissent
consister, dict se réserver seulement la somme de unze mil livres

d'une part et la pention annuelle de trois cens livres payables au commencement de chacune année, par avance, sa vie durant, et par le décès d'icelle extingible, et par mesme moyen la ditte dame Marie de Narbonne assistée comme dessus et pour les raisons susdictes a donné et donne dès a présent à l'avantaige et proffiet des dictes dames religieuses présantes et avec l'advis des révérands pères Gofreteau et Sainct Amans, gardien tenant lieu du dict provincial et confesseur, pour ledict couvent et religieuses quy y seront à l'advenir, acceptans, ladicte somme de unze mil livres sy dessus réservée pour estre employée dans un an après sa profession au bastiment et construction d'une églize, dortoir et cloistres pour les dames religieuses de saincte Claire qui ores ou à l'advenir sont et seront en ladicte ville de Lectoure, à la charge et condition néantmoings que ladicte dame Marie de Narbonne, ledict seigneur marquis son frère, et successivement tous les marquis qui seront sy apprès de laditte maison de Ficumarcon, seront tenus et recogneus comme restaurateurs dudict couvent de saincte Claire de Lectoure quel accroissement et qualité que ledict couvent puisse reçepvoir, et que pour marque perpétuelle de cette restauration, les armes de ladicte maison de Ficumarcon (1), seront relevées en pierre, ou autres matériaux hors et dedans ladicte églize, porte principalle, voute d'icelle, au dourtoir, réfertoire et autres lieux où besoing sera, et ledict seigneur, marquis et ses successeurs participans aux suffraiges et prières de ladicte communauté des religieuzes et couvents susdicts, avec les droicts et honneurs en tel cas selon les saincts décrets à lui et ses successeurs marquis appartenans; moyennant laquelle donnation, institution, et réservation des dicts droicts par les dictes dames religieuzes et l'autorité susditte accordés et acceptés, ledict messire Hector de Narbonne et Lomaigne, marquis sus dict de Ficumarcon, a promis de payer et de livrer dans un an à partir de la profession faicte par ladicte dame Marie sa sœur au maistre entrepreneur de la fabrique des dictes églize, dortoir et cloistre, où à autre ayant vallable pouvoir desdictes relligieuses pour la reçevoir et prendre à mesure que l'ouvraige ou achapt des matériaux, le réquerra, ladicte somme de unze mil livres, et oultre ce au commencement de chacune année pendant la vie de sa dicte sœur seulement, payer la somme de troys cens livres de pansion annuelle, de laquelle le syndic des dictes religieuses, prendra annuellement la somme de cent cinquante pour la nourriture de bouche de ladicte dame Marie tandis qu'elle

(1) D'argent au lion de gueules, armé, lampassé et couronné de sable.

vivra, et le reste sera prins par ladicte dame, pour l'employer à ses vestements ou d'autres uzaiges que bon luy semblera, et après le décès d'ycelle, ledict seigneur marquis et ses successeurs seront quittes et déchargés de ladicte pantion de troys cens livres. En oultre a esté convenu que, cas advenant, ce qu'à Dieu ne plaise! que par contagion ou prinze de ville par les enniemis, lesdictes relligieuses seroient contrainctes de quitter leur couvent, ledit seigneur marquis et ses successeurs seront tenus bailler à ladicte dame Marie donnatrisse sa sœur, une maison convenable dans ledit marquizat pour sa retraite, et en ycelle la norrir et entretenir suyvant sa qualitté, et à ce faire, employer laditte pention et plus sy elle ne suffizoit jusqu'à ce qu'il aura pleu à Dieu donner libre et sain accès et retour en ladicte ville et couvent. Pour quoy faire et entretenir, ledict seigneur marquis, et toutes partyes de bonne foy pour entretenir et accomplir tous et chascun les poincts et articles contenus au présent contract, et ladicte dame Marie donnatrisse ne révoquer ladicte donnation, ains pour la validité d'ycelle dérrogeant et révoquant toutes autres dispositions contraires sy aulcunes s'en trouvoit qu'elles a juré comme dessus n'avoir faict et ny s'en souvenir, ont obligé tous et chascuns leurs biens et ceulx du dict couvent présents et advenir qu'ils ont soubsmis aux rigueurs de touttes les cours de ce royaulme l'une pour l'autre et voulu que cet acte fut insignué ès registres des sénéchaussées d'Armaignac, Tholose et Condommois, et cours où besoing sera, constituant à cet effaict leurs procureurs toutz et chascuns les advocats et procureurs y postulants en icelles, promettant d'avoir pour agréable ce que par eux sera dict et faict sous pareille obligation des biens que dessus; et ainsy l'ont promis et juré et du tout requis acte concédé ès presence des soubsignés avec lesdictes dames et moy notaire.

Sœur de Romégas, abbesse indigne (1); sœur de Romégas vicquaire; (2), sœur Claire d'Escalup; sœur de Romégas (3), sœur de Rébézies (4); sœur de Narbonne (5); sœur de Thomas (6); sœur des

---

(1) Catherine Oriane de Romégas était fille de noble Bernard de Lescout, baron de Romégas et d'Anne de Bajourdan. (Acte du 16 novembre 1625, Lapèze notaire de Lectoure).

(2) Angélique de Romégas, sœur de l'abbesse.

(3) Charlotte de Romégas, autre sœur de l'abbesse.

(4) Magdelaine de Rébézies, fille de noble Phillippe de Rébézies, sieur du Pred, et de Magdelaine de Noaillhan (Acte du 8 janvier 1619, Labat, notaire de Lectoure).

(5) La contractante.

(6) Anne de Thomas, fille de noble Joseph de Thomas, seigneur de Saint-Urbary, et de Jacqueline de Montlezun. (Acte du 19 octobre 1611, Lapèze notaire de Lectoure.)

Bouzigues (1) ; sœur de Boubée ; sœur de Castéra (2) ; sœur Jeanne du Fort (3) ; sœur de Bonnas (4) ; sœur d'Arbieu (5) ; sœur Jeanne de Laborie ; sœur Dugros ; sœur de Larroquette (6) ; sœur du Fougua (7) ; sœur du Fougua (8) ; P. de Narbonne-Fimarcon, contractant ; F. A. Sainct Amans confesseur ; F. P. Gofreteau gardien ; Sainct Pierre ; Lamarque, procureur ; Delong, juge mage ; Garros, lieutenant principal ; Lucas, juge criminel ; Blanchard, procureur du Roy ; Agras ; de Rivière ; Lapèze, notaire.

Et tout incontinent ont promis lesdictes dames sur ladicte pantion de cens cinquante livres contenue au précédent contract de norrir une fille pour le service de ladicte dame Marie de Narbonne, ce quy a ésté accepté par ladicte dame de Narbonne, présents les soubssignés et moy notaire. »

Les livres terriers, les livres de charges et décharges, les records et les minutes des notaires mentionnent les propriétés immobilières des Clarisses de Lectoure et le chiffre de leurs rentes qui étaient considérables (9).

Profitant de l'autorisation accordée par Pie V et de la vaste maison qu'elles avaient fait construire dans le quartier de Corhaut, les religieuses lectouroises reçurent des pensionnaires auxquelles elles donnaient l'instruction primaire ou secondaire selon le vœu des familles. Les jeunes filles riches payaient une somme annuelle stipulée d'avance et les pauvres

(1) Angélique des Bouzigues, fille de noble Octavien du Bouzet, seigneur de las Bouzigues et de Diane de Galard. (Acte du 6 avril 1619, Labat, notaire de Lectoure.)

(2) Françoise de Castéra, fille de Bernard de Castéra, bourgeois de Mont-de-Marsan, et de Marie de Romat, (Acte du 24 novembre 1618, id.)

(3) Jeanne du Fort, fille de noble Jacques Antoine de Pardeillan, baron de Bonas et de Dufort, et de Marie de Lescout de Gelas, qui paya le 29 mai 1668 le reste de l'aumône dotale de sa fille entre les mains de Bernard Ducasse, vicaire général, chanoine officiel et syndic des Clarisses (id.).

(4) Françoise, de Bonas, sœur de la précédente. Id.)

(5) Plaisance de Poupas, fille de noble Jacques d'Arbieu, seigneur de Poupas

(6) Honorade de Preissac, fille de noble Marc Antoine de Preissac, sieur de Larroquette, et de Claude de Berrac (Acte du 24 avril 1620. (Id.)

(7) Marguerite d'Esparbès, fille de noble François d'Esparbès, seigneur du Fougua et d'Odette de Carbonneau, (Acte du 23 avril 1621, id.)

(8) Catherine d'Esparbès, sœur de la précédente, entre en religion le même jour que celle-ci, et leur père, leur constitua une aumône dotale de 3,600 livres. (Id.)

(9) Record du 22 septembre 1669,

étaient élevées gratuitement. Une pensionnaire fut rendue à sa famille le 19 septembre 1654 (1), ce qui prouve, qu'à cette date, les classes étaient ouvertes et le monastère adapté à sa destination définitive. Le prix de la pension était des plus modérés et ne dépassait pas 84 l. par année pleine, soit 7 l. par mois, payables à la volonté du père de famille pour « les peynes, vaquations, instruction, dépenses et nourriture » de sa fille (2). La supérieure portait le titre d'abbesse et la communauté était florissante, puisqu'en 1695 elle comprenait 21 religieuses de chœur assistées de 6 sœurs converses (3). Les religieuses de chœur issues presque toujours de la noblesse ou de la haute bourgeoisie, se constituaient une dot variant de 1,500 à 2,000 livres. Elles portaient en outre :

Un habit pour le jour de la prise d'habit, un autre pour le jour de la profession, avec deux jupes, un chalit garni de couatte, coussin, matelas, contrepointe, couverte verte, et la garniture d'un cadis vert, douize chemises, douize linceuls, deux douzaines de serviettes et quatre de touaillons et deux linceuls pour le tour de lit, en outre pour le ciel du lit six aunes de toile de Paris et six de mousseline, un prie-Dieu, un cabinet, six chaises de paille, une petite table, six plats, six assiettes et une escuelle d'estaing, une cuillier d'argent et un voile de soie pour le tabernacle (4).

Plus modestes, les sœurs converses fournissaient un trousseau composé aussi de divers objets mobiliers qui devenaient la propriété du couvent. C'est ainsi qu'Anne Durrieux, admise le 24 janvier 1645 au postulat, apporta

150 l., plus un lict complet de nouguier avec son fonds et liteaux, surciel et paillasse, une garniture de lit, une couette suffisamment

(1) Acte devant Lapèze, notaire de Lectoure.
(2) Acte du 7 septembre 1633. Labat, notaire de Lectoure.
(3) Recensement de la population fait en 1695. Arch. mun.
(4) Procès-verbal de la profession religieuse, au couvent des Clarisses de Condom, de Catherine Laboupillère, fille de Jean Laboupillère, conseiller du roi, trésorier collecteur de la ville et juridiction de Condom et de Jeanne Forrel. (Acte du 28 juin 1704, Rizon, notaire de Condom, étude de M⁰ Préchac).

aplumée, un matelas, une contrepointe de Tholose, huict linceuls de toile poil de lin, un coffre ferré et fermé à la clef, six cannes de toile poil de lin, quatre cannes de toile de Paris pour les voilles, dix cannes de cadix pour l'habit et manteau pour le jour de la vêture, comme aussi un habit de cadis et quatre cannes de toille de Paris pour les voilles pour le jour de la profession, une paire de chaulces, une paire de solliers pour le jour de la vesture de l'abit et autre paire de bas, de chaulces et solliers pour le jour de la profession, un plat, une assiette et une escuelle d'estaing, tous les dicts meubles abits et linges neufs comme aussi promet de bailler les sierges nécessaires pour garnir l'autel et un pour chascune des religieuses dudict couvent pour le jour de la vesture et tout aultant le jour de la profession (1).

En dehors du logement des religieuses et des élèves, le monastère contenait un certain nombre d'appartements meublés destinés aux personnes du monde qui, moyennant une rétribution annuelle de 180 à 2001. y recevaient pour elles et leurs « chambrières » la « bouche et la couche » c'est-à-dire la nourriture et l'hospitalité (2). Presque toutes étaient tertiaires de l'ordre de saint François et faisaient des legs plus ou moins considérables en faveur de la communauté dont elles ne voulaient pas être séparées même après leur décès (5).

L'instruction des jeunes filles naturellement moins étendue et moins profonde que celle des jeunes gens commençait à l'âge de six ou sept ans et les religieuses « les acccoustumaient et les nourrissaient, selon le vœu de Jacqueline Pascal, comme de petites colombes » (4). La vie du couvent

(1) Lapèze, notaire à Lectoure.

(2) Actes des 24 mars 1623, 6 juin 1628, 27 mai 1778, Labat et Lapèze, notaires de Lectoure.

(3) Acte du 16 juillet 1631, Lapèze notaire. A cette date Yzabeau de Peyron logée au couvent des Clarisses fait un testament dans lequel elle déclare qu'elle veut être enterrée dans l'église des PP. Cordeliers avec l'habit de Ste Claire et dans la partie affectée à la sépulture des religieuses. Elle lègue à l'abbesse Orlane de Romégas 2,600 l. pour l'achèvement du couvent et 400 l. à employer à un tabernacle et pour faire une chapelle de damas blanc ou de toute autre couleur au choix de l'abbesse. Le 6 avril 1638, Marthe de Rey lègue 3,000 l. aux Clarisses. (Lapèze, notaire.)

(4) V. Cousin, *Jacqueline Pascal*, pp. 358 à 452. (Règlement pour les enfants de Port-Royal).

était d'ailleurs fort douce au XVII° et au XVIII° siècles; on y
enseignait la religion, le français, l'histoire, la géographie, le
maintien et les arts d'agrément. Les enfants y étaient fort
bien élevées; on ne leur apprenait « ni à mentir, ni à dissi-
muler leurs sentiments, point de coquecigrues ni d'idolâ-
trie » (1). Les distractions innocentes reposaient du travail
quotidien, et alors comme aujourd'hui, la fête de la supérieure était un jour de grande réjouissance. Représentations théâtrales, distributions de gâteaux, loteries, rires ar-
gentins, voix innocentes, tout rendait agréables les couplets
les plus insignifiants dont voici du reste un échantillon chanté
par nos grands mères dans leur enfance :

> Dans Louise on voit la bonté,
> Son maintien, sa voix, tout le déclare;
> Et sa tendre affabilité,
> De tous les cœurs aussitôt s'empare :
> Ils font tin, tin, tin; ils font tin, tin, tin,
> Ils font tin, tin, tin, tin, tintamare (2).

C'est dans le couvent des religieuses de Ste Claire que les
jeunes filles de Lectoure se succédèrent pendant près de deux
siècles, recevant une éducation proportionnée à leur rang, et
s'y imprégnant de ces principes religieux qui inspirent le
sentiment et le culte du devoir dans toutes les circonstances
de la vie.

La Révolution se montra sans pitié pour ces pieuses institutrices qui étaient au nombre de onze professes en 1789
d'après un acte du 5 mars de cette année par le quel elles donnèrent au P. Roby, gardien des Franciscains Conventuels de
Lectoure, le mandat de les représenter à l'Assemblée générale des trois états de la sénéchaussée et d'élire pour elles un
député de leur ordre (3). Elles se nommaient : Marie Corrent

(1) Lettres de Mme de Sévigné, t. VI, p. 344. Lettre 628 dans Pougens.
(2) Cité dans Babeau, les *Bourgeois d'autrefois*, , p. 310.
(3) Acte devant Labat, notaire à Lectoure, (Étude de Mº Latour). Les Clarisses
avaient été assignées le 3 mars pour assister à la réunion générale du 16 du
même mois en exécution des lettres royales du 24 janvier 1789.

de Labadie, en religion sœur saint Dominique, abbesse ; Suzanne Agasson, en religion sœur Claire, vicaire et dépositaire ; Jeanne Druilhet, en religion sœur saint Michel, maîtresse des novices ; Jeanne de Marcous, en religion sœur Thérèse, discrète ; Jeanne de Gascq, en religion sœur Vierge, discrète ; Françoise de Castéra Seignan, en religion sœur Sophie discrète ; Marie Tarbes, en religion sœur Thérèse, discrète ; Victoire Loze, en religion sœur Victoire ; Claire Malus, en religion sœur Rosalie ; Jeanne Debuc, en religion sœur Félicité, et Victoire Malus, en religion sœur Adélaïde (1). L'état des maisons religieuses certifié le 27 avril 1792 par les membres du directoire du district de Lectoure nous permet d'ajouter à cette liste la sœur Saint-André Troplong, professe, Angélique Dieuzeide et Marguerite Delméja converses, et une sœur *donnée* appelée Blanche Dauzianne. Les professes devaient, à dater de 1792, recevoir de l'Etat une pension de 576 l., 12 s., 8 d. et les converses 288 l., 6 s., 4 d., soit au total une rente annuelle de 7,784 l., 11 s. (2).

Les Clarisses durent quitter leur monastère dans le courant de l'année 1792 et se virent dépouillées de tous leurs biens qui furent vendus par le directoire du district et par l'administration centrale du département :

I. *Biens vendus par le directoire du district.*

Nº 32. 27 mars 1791. — Une pièce de vigne et un champ situés à Lectoure, de contenance de 19 journaux, au quartier de Mellé. Adjugé au sieur Jean Fauré, de Lectoure, moyennant 1,900 livres.

Nº 76. 10 avril 1791. — La métairie de Bougeard (3), située à

(1) Victoire Malus avait été émancipée le 20 janvier 1757 par Joseph Mathieu Malus, conseiller au présidial, son père, avant sa profession religieuse. (Labat notaire.)

(2) Arch. dép. du Gers. Cet état est signé de P. Bourgade, Capdeville, Mallac et Gautran.

(3) *Alias* Bourgade. Cette métairie avait été acquise par les Clarisses le 23 avril 1621 ainsi que cela résulte d'une transaction passée le 27 avril 1723 entre Marie de Garros, abbesse du monastère, et messire Léon-Auguste d'Esparbès de Lus-

St-Mézard, adjugée au sieur Jean-Félix-Samuel Larroche, d'Astaffort, pour 35,600 livres.

N° 83. 14 avril 1791. — Deux vignes situées à Lectoure, quartier de Candès, adjugées au sieur Joseph Bartuet, de Lectoure, pour 1,675 livres.

N° 94. 18 avril 1791. — La métairie de Boutan, située à l'Isle-Bouzon, adjugée au sieur Louis Grabias, négociant à Gramont pour le sieur Jean Grabias son fils, moyennant 20,100 livres.

N° 95. 18 avril 1791. — Un pré au tiers des fruits, situé à l'Isle-Bouzon, adjugé au sieur Guillaume Grabias, de l'Isle-Bouzon, pour 410 livres.

N° 109. 23 avril 1791. — La métairie du Goujon, située à La Chapelle, adjugée au sieur Bernard Lafitte pour 87,500 livres.

N° 214. 14 mai 1791. — La métairie de Jouan Lahorgue, située à l'Isle-Bouzon, adjugée au sieur Pierre Barrieu, de l'Isle-Bouzon, pour 15,125 livres.

N° 378. 21 février 1793. — Jardin situé à Lectoure, donnant sur les murs septentrionaux de la ville, bien clos avec de bons murs, dépendant dudit jardin l'arceau qui traverse la rue qui fait la séparation dudit jardin avec un autre jardin attenant au ci-devant couvent; il sera compris dans la vente. Adjugé à Guillaume Laguilhermie, charpentier à Lectoure, pour 2,220 livres.

II. *Biens vendus par l'administration centrale du département.*

N° 753. 27 fructidor an IV (1). Le couvent des ci-devant Cléristes de Lectoure, situé dans l'enclos de la ville du côté du Nord près des murs septentrionaux, bâti sur un local tant maison, église, cours et petit jardin, sur une contenance de 731 toises de superficie; qui confronte du Levant à rue publique, Midi à maison de Pierre Dabrin, jardin de Marc Dabrin, jardin du citoyen Agasson, médecin, et à la grange du citoyen Cézérac-Bourcio, Couchant à rue dite de Ste Clère, Nord à maison des citoyens Mombrun et Roques et à rue publique.

san, marquis de Saint-Mézard et du Feugua, (Barbalane, notaire.) — Elle avait été affermée par acte du 28 juin 1786 (Labat, notaire) à Pujol et Béliard, négociants à Saint-Mézard et à Astaffort, pour la somme de 830 livres en argent, quittes de toutes charges, dix paires d'oisons et la moitié des pigeons de la *pigeonnière.*

(1) 13 septembre 1796.

Ces bâtiments, cours et petits jardins sont divisés comme suit : savoir à l'entrée principale du coté du couchant est une petite cour, à droite une petite église et sacristie, à gauche un petit parloir; dans cette petite cour est l'entrée dudit couvent par un petit corridor qui donne dans le cloître formant une cour en carré long entourée par dix huit arceaux supportés sur des piliers en pierre de taille qui supportent les quatre faces intérieures, où il se trouve trois puits en très mauvais état; à droite au bout de l'aile est le ci-devant chœur et le petit confessionnal; à gauche sont deux caves, un corridor entre les deux, formant équerre, qui conduit dans une cour donnant au nord et couchant, à laquelle on descend par un mauvais escalier en pierre; ladite cour est entourée de petits hangars étroits et bas; les couvertures très mauvaises qui sont de la hauteur de huit pieds; vient au même côté à gauche un escalier en pierre de taille à trois rampes, supporté sur massifs et voûté; au pied dudit est une chambre du même côté; à peu près au milieu du grand corps est un petit corridor qui conduit au petit jardin exposé au nord, dans lequel on descend par un escalier en pierre d'une seule rampe; à gauche de cette sortie il y a une petite tour carrée d'environ vingt pieds de hauteur ou sont les latrines; à droite et dans le corridor est l'entrée de la grande salle servant autrefois de réfectoire; à la suite est la cuisine; au corps qui donne au levant est un escalier en bois à trois rampes, une fournière et trois caves ou granges à bois, et une très petite cour; et au même côté un entresol qui servait de *pensionnat*, divisé en trois chambres dont deux grandes et une petite assez mauvaises et mal éclairées; à la partie du côté du couchant il y a un entresol sur une cave et passage en trois pièces, dont deux petites et une grande qui servait autrefois de grenier; elles ne sont éclairées que par des fenêtres très petites. La hauteur du rez-de-chaussée, le principal premier plancher est de dix sept pieds, et les entresols divisés au milieu de cet espace. Les appartemens du premier sont divisés comme suit : savoir le grand corps du côté du nord en un grand dortoir qui va d'une rue à l'autre, c'est-à-dire du levant au couchant; les côtés dudit dortoir sont divisés en vingt deux cellules et une petite ci-devant chapelle et la cage de l'escalier. Toutes les séparations sont faites avec des cloisons à torchis; Au dessus de toute cette aile une grande mirande où l'on monte pa. un mauvais escalier en bois fait en tournant; la charpente couverture est appuyée sur les murs de face au moyen de treize fermes élevées au dessus du plancher de six pieds huit pouces.

La partie au premier qui donne au couchant est un corridor qui conduit à l'ancienne tribune; à droite un parloir en deux petites chambres, avec un galetas au dessus sans surélévation. La partie sur l'aile du cloître du côté du midi est un petit corridor qui conduit à l'aile du levant; le reste est divisé en trois cellules. La partie qui donne au levant est divisée, savoir une grande salle servant de chauffoir, quatre autres chambres servant autrefois d'infirmerie. Les cloisons en brique et plâtre et grande partie en torchis. Une petite galerie en bois aux deux côtés de la petite cour où il y a deux latrines. Au bout, la hauteur des planchers dans cette partie est de quatorze pieds et celle de tout le reste est de onze pieds. Le dessus de la partie de l'infirmerie n'est qu'un galetas de quatre pieds six pouces d'élévation au dessus du plancher. Tous les boisages des planchers sont en la plus grande partie en sapin; presque tous vermoulus; ceux de la charpente et couverture sont presque tous du même bois, n'y ayant que très peu de bois de chêne. Couvert avec de la tuile à canal fort claire, mais cependant en général, en assez bon état. Les murs sont en la plus grande partie bâtis en moelon-pierre de taille et mortier de chaux et sable, enduits de même intérieu-rement, partie en bon état et l'autre en mauvais état. Les carrèlements, planchers, charpentes, couvertures, lambris, fermetures des portes, portails, croisées et fenêtres, la plus grande partie en très mauvais état et toutes les portes intérieures sans serrures (1).

Tel était en 1796 le couvent des filles de sainte Claire; ses archives ont disparu dans la tourmente révolutionnaire, et c'est à grand peine que nous avons pu, d'après les minutes des notaires de Lectoure, rétablir la série de quelques-unes des abbesses, qui, pendant près de deux siècles (1601-1792), ont dirigé cette sainte maison. Nous donnons ici leurs noms et la date de leur exercice constatés par des actes publics :

1552. — Noble CATHERINE DE MAIGNAULT, abbesse qui nomma le 1er août 1552, Jean Barrera, licencié avocat et Loys Tartanac « syndics et procureurs chargés de représenter la communauté au réglement des » affaires spirituelles et temporelles » qu'elle pourrait avoir dans diver-ses juridictions, notamment dans le ressort des parlements de Toulouse et de Bordeaux. Les religieuses capitulairement assemblées dans ce but « à son de campane » se nommaient : Catherine de Vymont, Marthe

(1) Nous avons cru devoir reproduire *in extenso* ce procès-verbal d'estimation, en date du 25 fructidor an IV (11 septembre 1796) qui nous donne une idée exacte du monastère au moment de la Révolution.

de Labarthe, Andine de Pau, Peyronne de la Roy, Domenge Daujan, Bertrande de Cabay, Domenge de Fontanorii, Catherine de Lafitan, Jehanne de Perrera, Anne de Biere et Marguerite Carolle (1).

**1601-1606-1611-1615.** — Marguerite de Beauville (2) qui fut la première abbesse du nouveau monastère transporté au quartier de Corhaut. Elle assista le 20 octobre 1601 aux pactes de mariage conclus dans le parloir du couvent entre Jean Tissier, docteur et avocat au présidial de Lectoure et Claude d'Ollivier, sa nièce, fille de noble Jean d'Ollivier et de Jeanne de Beauville. Cette abbesse mourut le 6 janvier 1616 et fut remplacée par Angélique de Romégas (3).

**1607.** — Magdeleine de Palengues, ensevelie le 20 septembre 1610 dans le couvent des Observants et dont un des religieux prononça l'éloge funèbre (4).

**1610-1613.** — Marguerite de Berumelle ensevelie le 22 décembre 1615 dans le couvent des Observants (5).

**1617-1625.** — Angélique de Romégas (6).

**1621-1626-1630-1633-1640-1645-1650.** — Catherine Oriane de Romégas (7) qui agrandit le couvent en achetant le 13 juillet 1641 à Arnaud Sensamat, prébendier de Saint-Gervais et chapelain d'une des chapelles du *Corpore Christi* desservies dans la cathédrale, une maison sise au quartier de Corhaut, qui dépendait de cette confrérie. Cette acquisition fut faite sur le conseil du P. Jérôme Delcruzel, confesseur des Clarisses et moyennant le paiement d'une rente annuelle de 10 livres le jour de la fête de saint Jean-Baptiste (8).

---

(1) Minutes d'Hugues-Boaly, notaire de Lectoure. (Étude de Mᵉ Sales.)
(2) Minutes de Lapèze, notaire de Lectoure. (Étude de Mᵉ Latour.)
(3) Acte de nomination et d'installation passé devant le même notaire.
(4) Arch. mun. Livres de catholicité.
(5)        Id.                Id.
(6) Minutes de Lapèze, notaire de Lectoure, (Étude de Mᵉ Latour.)
(7) Minutes de Lapèze et Lascombes, notaires de Lectoure (Études de MM⁸ Latour et Boué du Boislong). Arch. mun. Livres de catholicité. Anne de Bajourdan, mère d'Oriane de Romégas s'était retirée au couvent des Clarisses après la mort de son mari et elle y fit le 16 novembre 1625 un codicile en faveur de sa fille. A cette époque Marguerite Gramont « chambrière » au couvent gagnait 10 l. de gages annuels outre les vêtements, et la consommation de la viande fournie au pensionnat était de 288 l. par an (Actes des 27 mars 1626 et 11 mai 1633, Lapèze, notaire). En 1626, le conseil de la communauté était composé de : Oriane de Romégas, abbesse, Angélique de Romégas, vicaire, Claire d'Escalup, boursière, Catherine de Romégas, portière, Magdeleine de Rébézies, secrétaire, Anne de Thomas, dépensière, Angélique de Bouzigues, seconde portière, Marguerite de Boubée, infirmière et Françoise de Castéra, seconde infirmière. (Acte du 28 août 1625, Labat, notaire.)
(8) Minutes de Lapèze, notaire.

1644-1655-1670. — FRANÇOISE DE BONAS (1) qui acheta le 21 septembre 1657 à Judith Cazenave, veuve de Daniel Fruix, notaire, une autre maison contiguë au couvent pour la somme de 100 livres (2).

1658-1666-1669. — MARGUERITE DUGRES (3).

1676-1680-1691-1693. — MARGUERITE DE BIRAC DE NARBONNE (4).

1685-1687. — PLAISANCE DE POUPAS (5).

1689-1697-1699-1703. — MELCHIORE DE FAGES (6).

1695-1697. — JEANNE DE MAUQUIÉ (7).

1700-1704-1705-1708-1713. — HÉLÈNE DE GARROS (8).

1708-1716. — ANNE DE VILLEPREUX (9).

1710-1711-1719-1720. — JULIE DE DUCASSE (10).

1722-1724-1726-1731-1734-1741-1748-1754. — MARIE DE GARROS (11).

1729-1735-1736-1737. — CATHERINE DE PRÉCHAC DE TAILLAC (12).

1739. — ANNE DE SALLES (13).

1746. — SÉRAPHIQUE DE JOLIS (14).

(1) Minutes de Lapèze et Labat, notaires (Étude de M⁺ Latour).
(2) Minutes de Labat, notaire.
(3) Minutes d'Agasson et Sabatier, notaires (Étude de M⁺ Boué du Boislong. Minutes de Dufaur, notaire. Arch. mun.).
(4) Minutes de Castéra, Labat et Gardey, notaires (Etudes de MM⁺ Boué du Boislong et Latour).
(5) Minutes de Barbalane et Labat, notaires (Etudes de MM⁺ Boué du Boislong et Latour).
(6) Minutes de Castéra, Barbalane et Labat, notaires (Id.).
(7) Minutes de Barbalane et Castéra, notaires (Étude de M⁺ Boué du Boislong).
(8) Minutes de Barbalane et Bétous, notaires (Etudes de MM⁺ Boué du Boislong et Latour). C'est pendant l'exercice d'Hélène de Garros que la chapelle du couvent fut bâtie. Augustin de Monts, archidiacre de Lomagne lui légua par testament du 31 octobre 1713, une somme de 30 livres pour contribuer à son ornementation. (Barbalane, notaire.)
(9) Minutes de Barbalane, notaire (Etude de M⁺ Boué du Boislong).
(10)            Id.                    Id.
(11) Minutes de Barbalane, Bétous, Labat et Laforgue, notaires (Etudes de MM⁺ Boué du Boislong, Latour et Sales).
(12) Minutes de Barbalane, Bétous et Comin, notaires (Id.) Catherine de Préchac était fille de noble Alain de Préchac, seigneur de Taillac et de Marie de Béchon (Acte du 13 août 1715, Barbalane, notaire).
(13) Minutes de Bétous, notaire (Étude de M⁺ Latour).
(14) Minutes de Labat, notaire (Etude de M⁺ Latour). Cette abbesse était fille de Pierre Jolis, seigneur de la Bernède, dans la juridiction de Marsolan et de Marguerite Collongue. Elle fut admise à la profession religieuse le 19 octobre 1720 et reçut de son père une pension viagère de 350 livres conformément à la déclaration royale du 20 avril 1695. (Barbalane, notaire.)

1747-1748. — Françoise de Faudoas de Sérillac (1).

1750-1756-1764. — Jeanne de Jolis (2).

1753. — Anne de Garros (3).

1765-1767-1770-1772-1774-1777. — Etienne de Faudoas de Sérillac (4).

1767. — Jeanne de Claverie (5).

1785. — Antoinette de Bonnafous (6).

1789. — Marie Corrent de Labadie (7).

Dès le 21 février 1793, le couvent des Clarisses avait été converti en prison, en salle de spectacle et en caserne (8). Acheté en l'an v (1797) par le citoyen Léglise pour le prix de 19,800 l., il fut cédé à la ville en échange du monastère des Carmes et occupé pendant plusieurs années par la sous-préfecture et le tribunal (9). Menacé d'une nouvelle aliénation dont le montant devait être affecté jusqu'à concurrence de 10,000 l. à l'érection d'un monument en l'honneur du maréchal Lannes, (10), il resta cependant à la municipalité qui y installa, sous la Restauration, le pensionnat encore existant des dames de la Charité et Instruction publique de Nevers.

Faute de renseignements, nous ne parlerons que pour mémoire d'une œuvre de charité créée à Lectoure en 1575 par Marguerite de Pellegrue, dame de Lisse et de Casseneuil,

---

(1) Minutes de Bétous et Comin, notaires (Etudes de MM⁰ Latour et Sales).

(2) Minutes de Bétous et Comin, notaires (Etude de M⁰ Latour). Jeanne de Jolis était sœur puinée de Séraphique de Jolis, abbesse en 1746.

(3) Minutes de Bétous, notaire (Etude de M⁰ Latour).

(4) Minutes de Bétous et Comin, notaires (Etudes de MM⁰ Latour et Sales).

(5) Minutes de Labat, notaire (Etude de M⁰ Latour).

(6) Minutes de Labat, notaire, (Id.) Antoinette de Bonnafous afferma le 20 juin 1786 la métairie de Bourgade située dans la juridiction de Saint-Mézard, moyennant la somme annuelle de 830 l. (Id.).

(7) Minutes de Labat, notaire (Id.).

(8) Délibérations des 18 novembre 1792, 7 frimaire an II, 12 fructidor an III, 29 thermidor an IV, 2 frimaire an V et 25 fructidor an VIII.

(9) Le 17 thermidor an VIII (5 août 1800), l'église de Sainte-Claire fut rendue au culte pour les habitants de la section de Saint-Gervais.

(10) Délibération du 19 mars 1820.

veuve de Pierre de Secondat, dont le but était de « maryer pouvres filles et faire aprandre pouvres enfants » (1). Cette œuvre dura probablement aussi peu de temps que le couvent des Dominicaines du Chapelet établi par la même bienfaitrice le 1er avril 1595 et à la tête duquel elle plaça comme prieure sa sœur, Jacqueline de Casseneuil (2). Les fondations relatives à l'enfance n'étaient pas rares en Gascogne avant la Révolution de 1789 et nous en retrouvons fréquemment la preuve dans les actes des notaires de Lectoure. Pierre Pepet-Lacoutrade, chirurgien-major de la compagnie des Indes aux hôpitaux de l'Isle-de-France, stipule dans son testament du 7 mai 1757 qu'une somme de 12,000 livres « sera employée à élever et marier des pauvres filles de la ville et juridiction de Lectoure au nombre de dix par année et à chacune desquelles il sera donné 200 livres. ce qui fait 2,000 par an, au moyen de quoi lesdites 12,000 livres se trouveront employées six ans après son décès (3). » Un an plus tard, le 14 février 1758, Magdeleine de Vitalis-Rasty laisse à ses héritiers l'obligation de doter les filles indigentes de l'Isle-Bouzon (4) et de payer les frais d'apprentissage des ouvriers qui n'auraient pas les moyens d'arriver à faire leur tour de France (5). Enfin, noble François de Rességuier, archidiacre de Saint-Gervais et prieur commendataire de Saint-Mont, qui avait de son vivant pourvu à l'instruction

(1) Record du 2 novembre 1579.
(2) Le couvent des Dominicaines fut transféré à Agen. (Records de 1595, p. 380.) L'acte de fondation du couvent du Chapelet nous apprend qu'outre la maison qu'elle possédait près de celle du chanoine de Castanet, la dame de Lisse donna aux religieuses la somme de 20,000 l., une cloche pour l'église, tous les ornements nécessaires au culte, un calice, une patène, une croix de procession, un ostensoir, un encensoir, une custode et un bassin, le tout en argent, 24 pièces de haute tapisserie pour l'ornement du chœur et le linge pour douze religieuses. Voir dans la *Revue de Gascogne*, t. xv, p. 507, un article de M. l'abbé Barrère sur l'établissement des Dominicaines à Agen.
(3) Actes des 7 mai 1757 et 25 juillet 1765 devant Bétous et Labat, notaires de Lectoure. (Étude de Me Latour.)
(4) Commune des environs de Lectoure.
(5) Actes des 23 août 1765 et 30 décembre 1768, Bordes, notaire de l'Isle-Bouzon et Labat, notaire de Lectoure (Études de MMe Sales et Latour).

des enfants des deux sexes des paroisses dont il était déci-
mateur, insérait dans son testament du 25 août 1765 la
clause suivante relative à l'établissement des jeunes filles de
son prieuré :

Je laisse, dit-il, 1,250 livres dont la rente sera employée annuellement à marier des pauvres filles, les plus pauvres et principalement
les orphelines préférées dans les paroisses et annexes dépendant du
prieuré de Saint-Mont, demeurant dans lesdites paroisses et annexes,
dans l'ordre suivant : La première année à une fille de la paroisse de
Saint-Mont 70 l. et la même année à une fille de Saint-Germé, annexe
de Saint-Mont 40 l. ; la seconde année à une fille de Courrensan ou
de son annexe 60 l. et à une autre fille de Margoet 50 l.; la troisième
année à une fille de Mourmès 60 l. et à une fille de Lapujole, annexe
du Lin 50 l.; la quatrième année à une fille de Blaziert 65 l. et à une
fille de Roquepine 45 l. et après cette quatrième année en recommen-
çant dans le même ordre (1).

En même temps que les sœurs de Sainte-Claire, deux femmes qualifiées régentes, recevaient chez elles les jeunes filles
et leur donnaient les premiers éléments de l'instruction.

J'ay oublié, dit M. de Jolis le 13 mars 1658, à faire à la jurade une
proposition consernant deux honnestes femmes veufves qui enseignent
aux filles et enfans de maison à bien lire et prier Dieu et d'autres belles
instructions, et retiens que par la même raison qu'on donne aux régens,
supplie l'assemblée de leur donner à chacune le louaige d'une maison
à raison de deux escutz (2).

La jurade décida qu'il serait donné annuellement à chacune de ces deux femmes nommées MARIE et JEANNE GARREL
(1658-1664), la somme de deux écus et celle de 144 l. pour
la nourriture des enfants exposés qu'elles entretenaient chez
elles (3). Ce sont là les deux seules institutrices laïques dont

(1) Minutes de Bétous, notaire de Lectoure (Étude de M° Latour).
(2) Record du 13 mars 1658.
(3) Record du 12 juin 1661. Quittances. Arch. mun. En 1658 une somme de
60 l. était affectée aux régents et femmes qui enseignaient « à lire, escripre et
coudre ». (Record du 9 juin 1658.)

le souvenir se soit conservé dans les archives municipales.
L'existence d'une troisième régente laïque exerçant à Lectoure pendant la première moitié du xviiie siècle nous a été
révélée par l'examen des minutes de Bétous, notaire de Lectoure. Elle se nommait CATHERINE CAILHAOUS et demeurait au
quartier Constantin où elle possédait « une chambre de maison avec galletas au dessus » qu'elle légua aux curés du
Saint-Esprit à la condition qu'ils y logeraient à perpétuité
deux filles orphelines à leur choix. Elle fit un testament
public le 27 novembre 1741 par lequel elle donnait son
modeste patrimoine aux pauvres de sa paroisse. Cet acte
constate qu'elle était maîtresse d'école, et, chose bizarre,
qu'elle ne le signa pas, « pour ne savoir ce faire (1). »

Un siècle devait s'écouler avant qu'une nouvelle fondation
religieuse vint assurer aux jeunes filles le moyen d'acquérir
l'instruction que toutes ne pouvaient pas recevoir chez les
Clarisses ou chez les institutrices laïques. Jeanne et Marie de
Solaville, filles d'un conseiller au présidial et sénéchal de
Lectoure, résolurent moyennant le don d'un capital de
10,000 livres produisant 400 livres de rente inscrite en leur
faveur sur le clergé de France, d'établir dans leur ville natale,
une maison des sœurs de la Providence ou de la Foi, dépendant de celle de Toulouse (2). Leur but était de vulgariser
par ce moyen l'enseignement de l'écriture et de la lecture
chez les jeunes filles, de les instruire et de les faire élever
dans les principes de la religion, de former leur cœur et leur
esprit en les exerçant aux travaux de leur état. Les dames
de la Providence auraient d'après l'acte de donation la faculté
de recevoir des pensionnaires; elles devraient être autorisées

(1) Catherine Cailhaous fit le 17 avril 1758 un nouveau testament qui ne modi-
fiait que sur quelques points de détail celui du 27 novembre 1741 (Bétous, notaire
de Lectoure, étude de Me Latour).

(2) Les dames de Solaville donnèrent, outre les 10,000 livres ci-dessus, leur
maison, un mobilier complet, du linge, 400 l. pour premiers frais d'installation et
une somme supplémentaire de 2,000 l. payable après leur décès. (Acte du 30
octobre 1708, Comin, notaire de Lectoure, étude de Me Latour.)

par l'évêque, et dans le cas où leur congrégation ne pourrait plus fournir de sujets à la maison de Lectoure, l'évêque aurait le droit de la remplacer par une autre du même genre. Les curés des paroisses de Saint-Gervais et du Saint-Esprit seraient les administrateurs nés de leurs revenus, dont l'excédant servirait à instruire deux ecclésiastiques pauvres de Lectoure (1). Les dames de Solaville ne pouvant, pour cause de maladie, exécuter par elles-mêmes ce projet e. traiter avec la sœur Marthe de Flotte, supérieure de la maison de Toulouse, choisirent pour mandataire Marie-Joseph de Lafont, prêtre, doyen et seigneur de Rieupeyrous. Celui-ci se rendit à Toulouse et se mit en rapport avec Jean-Baptiste Darguet, chanoine de l'église abbatiale de Saint-Sernin, abbé de Haute-Fontaine, vicaire-général du diocèse et supérieur de la congrégation de la Providence. L'accord se fit facilement sur les bases ci-dessus indiquées et fut converti en un acte public retenu par Claude Vidal, notaire royal (2). Deux religieuses, chargées de diriger chacune une classe, furent envoyées à Lectoure. L'exemple donné par les dames de Solaville ne tarda pas à être suivi, et deux ans après, une personne pieuse, qui désirait rester inconnue, fit remettre à Marthe de Flotte une somme de 3,000 livres, dont l'intérêt devait servir à l'entretien d'une troisième religieuse. Jean-Joseph Le Chantre de Pougnadoresse, chanoine de Saint-Gervais, remplit le rôle d'intermédiaire et un nouvel acte de fondation fut rédigé le 20 mai 1771 par Mᵉ Vidal (3). Les dames de la Providence cherchèrent tout d'abord à se procurer un logement propre à leur profession et elles achetèrent à MM. Gauran et Ricau, chanoines, et au sieur Despeyroux un local dépendant de l'ancien hôpital, que le bureau d'administration avait cédé à la ville le 10 septembre 1770 et dont

(1) Arch. mun. Procuration du 8 octobre 1769.
(2) Arch. mun. Acte et inventaire de créances du 23 octobre 1769.
(3) Arch. mun.

une partie avait été vendue par la municipalité. L'autre portion des bâtiments servait alors comme aujourd'hui au casernement de la maréchaussée.

Après avoir fait ces acquisitions, les religieuses prièrent les consuls de leur céder une partie du jardin contigu à leur maison, et dans la réunion de la jurade où cette demande fut exposée et accueillie, M. Mallac, procureur du roi et de la ville, dit :

Que loin d'empêcher qu'il soit délibéré sur la proposition, il estime l'établissement de ces Demoiselles si avantageux à la ville et communauté qu'il croit qu'elle doit faire tous ses efforts pour leur procurer un état solide et durable, parce que d'un côté, cet établissement n'est nullement onéreux et ne doit rien coûter à la communauté puisqu'on en doit tous les fonds à la piété des Demoiselles Solaville, et que d'un autre côté, les essais de la bonne et pieuse éducation que ces Demoiselles ont donné jusques ici à nos jeunes filles nous font espérer pour l'avenir des avantages inappréciables (1).

Le 24 avril 1785, elles demandèrent « d'être déchargées du payement des octrois pour le passé et pour l'avenir et de les traiter comme on traite partout ailleurs les personnes consacrées à l'enseignement public lorsqu'elles ne reçoivent aucun gage des villes ».

Il fut délibéré qu'elles en seraient déchargées, « la communauté leur devant cette marque de reconnoissance pour les soins qu'elles veulent bien se donner pour l'éducation des personnes du sexe (2). » L'établissement naissant produisait, comme on le voit, les meilleurs résultats, mais les ressources auraient été insuffisantes pour l'entretenir si Joseph Prignan, chanoine théologal de Saint-Gervais, ne les avait pas augmentées par une donation contenue dans son testament du 19 décembre 1785 (3). L'école des dames de

(1) Record du 28 mars 1773.
(2) Record du 24 avril 1785.
(3) Arch. mun.

la Providence recevait des élèves qui payaient 5 fr. par mois
pour l'instruction complète et 20 sols pour l'enseignement
de l'écriture. Les pauvres et les descendants de la fondatrice
étaient seuls dispensés de toute rétribution (1).

C'est ainsi que nous approchons du moment où les sœurs
de la Providence devaient, comme les Clarisses, être dépos-
sédées de leur couvent, qui, en 1792, fut affecté au logement
des volontaires. Ce local et celui qui était occupé par la maréchaussée furent évacués peu après; les gendarmes se logèrent au ci-devant évêché et les dames de la Providence au
couvent de Sainte-Claire, d'où elles ne tardèrent pas à être
expulsées de nouveau (2). Au moment de la Révolution ces
religieuses étaient au nombre de quatre: elles se nommaient
Marguerite Durand (3), âgée de 60 ans; Anne-Elisabeth Durrieux, âgée de 40 ans, née à Lectoure; Catherine Somadère,
âgée de 33 ans, et Cécile Jougla, de Toulouse, âgée de 40
ans (4). La sœur Durand, supérieure de la maison, était à
Lectoure depuis 1773 et elle obtint comme ses compagnes le
10 avril 1793 un certificat de résidence constatant leur séjour
dans la ville depuis plusieurs années consécutives (5). Logées
par charité dans une maison particulière, elles continuèrent
de vivre en communauté, sauf la sœur Elisabeth Durrieux, qui
s'était retirée dans sa famille, et elles se livrèrent, comme par
le passé, à l'éducation des jeunes filles, quoiqu'elles n'eussent

(1) Arch. dép. du Gers. Tableau des revenus et des dépenses des établissements d'instruction publique du district de Lectoure, 1792.

(2) Délibération du 11 juillet 1792.

(3) Bonnet-Durand, son frère, lui avait légué une somme de 100l. aux termes
d'un testament fait au Cap Français Saint-Domingue, le 1er novembre 1767. Arch.
mun.

(4) Deux religieuses de l'ordre de la Providence étaient mortes dans notre
ville avant l'année 1789. La première, Catherine Nec, appartenait au couvent de
Toulouse et mourut subitement dans sa famille le 11 février 1755, — et la
seconde, nommée Louise Besson, l'une des fondatrices de la maison de Lectoure, née à Villefranche de Rouergue, s'éteignit pieusement le 18 juillet 1781,
à l'âge de 33 ans. Elle fut inhumée dans le cimetière de Saint-Gervais (Arch.
mun. Livres de catholicité des paroisses du Saint-Esprit et de Saint-Gervais,
de Lectoure).

(5) Délibération du 10 avril 1793.

pas prêté le serment exigé par les lois. L'administration municipale en fut informée et, après avoir pris l'avis du citoyen
Darribau, suppléant du procureur de la commune, elle somma
les sœurs de se présenter, séance tenante, à sa barre. Elles
s'y rendirent et malgré l'injonction du maire, toutes les trois
refusèrent de se conformer à l'arrêté du département (1).
L'une d'entre elles attirait particulièrement, par son zèle peut-
être excessif, l'attention des commissaires du département
alors en tournée dans l'arrondissement de Lectoure. C'était
la sœur Somabère, accusée d'incivisme. Un arrêté, en date à
Saint-Clar (2) du 9 mai 1793, enjoignit à la municipalité de
la faire transférer « sous bonne escorte et sûre garde » dans
la maison d'arrêt d'Auch, destinée à recevoir les aristocra-
tes (3). Néanmoins aucune suite ne fut donnée à cette décision, puisque le 7 juillet suivant toutes les Providentes obtinrent un nouveau certificat de résidence à Lectoure (4). Con-
tinualent-elles à diriger une école? Nous ne le pensons pas, car
en l'an II elles n'y étaient pas autorisées. Il y avait cependant
dans la ville des écoles primaires destinées « aux jeunes
citoyennes », mais elles étaient très peu fréquentées. La
société populaire se plaignit de ce manque d'instruction par
l'organe de Gauran :

« L'instruction publique, dit-il, est l'âme du bon ordre dans un gouvernement républicain ; sans instruction point d'harmonie, sans harmonie point d'union, sans union rien que désordre et anarchie, victoire
presque infaillible du despotisme. La Convention nationale a senti
cette grande vérité et tout le danger qu'il y auroit de laisser le peuple
dans l'ignorance, principe suivi par les despotes pour mieux favoriser
leur détestable ambition. Elle a rendu une loi qui oblige tous les parents
à envoyer leurs enfans aux écoles publiques pour y puiser la véritable
morale et les principes qui doivent distinguer l'homme libre de l'esclave.

(1) Délibération du 19 avril 1793.
(2) Pendant la Révolution, le nom de Mont-Arrax fut substitué à celui de Saint-
Clar.
(3) Délibération du 10 mai 1793.
(4) Délibération du 7 juillet 1793.

Cette loi n'a pas eu son entière exécution dans le district de Lectoure à cause de la rareté des instituteurs. Si on en a trouvé dans la commune de Lectoure, la loi n'est encore qu'à demi exécutée puisque les parents par une négligence coupable n'y envoient pas leurs enfants. Les sociétés populaires étant les sentinelles surveillantes des intérêts de la société commune, je demande que des commissaires pris dans le sein de cette société se joignent à ceux de la municipalité pour faire un état de tous les enfants des deux sexes qui ont atteint l'âge de six ans (1) ».

Sur la requête de Gauran Saint-Michel et de Huard-Sempigny, la commune fit dresser la liste de toutes les filles âgées de plus de six ans et la transmit à la société populaire (2). Nous ignorons l'usage qu'elle en fit, mais il est probable que, manquant d'institutrices laïques, la société montagnarde employa la persuasion ou la menace pour décider la sœur Durand à prêter le serment et à ouvrir une école autorisée par la Commune. Ce qu'il y a de certain, c'est que le 16 ventôse an III, elle était assermentée et qu'elle demandait à louer une partie de son ancien couvent « comme sain et commode pour ses jeunes élèves » (3). Elle obtint ce qu'elle souhaitait, et le citoyen Petrus, notable, fut même chargé de vérifier les réparations à faire dans le local concédé qui était le rez-de-chaussée (4). A peine installée dans ses nouvelles fonctions, la sœur Durand ne tarda pas à comprendre que l'enseignement de la morale civique était incompatible avec ses antécédents religieux, et cédant, le 2 messidor an III (5), aux remords de sa conscience, elle rétracta par écrit le serment qu'elle avait antérieurement prêté « sous l'influence de la peur (6) ». Elle était d'ailleurs constamment en butte aux attaques de la société

(1) Société montagnarde. Séance du 9 prairial an II (28 mai 1794).
(2) Délibération du 10 prairial an II (29 mai 1794).
(3) Délibération du 16 ventôse an III (6 mars 1795).
(4) Délibération du 23 ventôse an III (13 mars 1795).
(5) 21 juin 1795.
(6) Délibération du 3 messidor an III (21 juin 1795).

montagnarde et ses moindres actes faisaient l'objet d'une dénonciation :

Je voudrais, dit Pouzols, dans la séance du 9 prairial, que l'institutrice ne se prêtât pas à faire perdre le temps à ses élèves en fermant sa classe les jours des ci-devant fêtes et dimanches, tandis que le jour de repos n'est fixé par nos législateurs qu'aux jours de décadi seulement. Je demande donc que les mêmes commissaires soient chargés d'inviter l'institutrice à recevoir les jours des ci-devant fêtes et dimanches tous les enfants confiés à ses soins, et à faire cesser leurs études les jours de décadi seulement.

Gauran prit la parole et en appuyant la proposition de Pouzols, il déclara —

Que si l'institutrice, pour inspirer des sentiments toujours plus purs à ses élèves, ne vient pas elle-même avec eux au temple de la Raison, il la dénoncera au comité de surveillance.

En l'an III, la municipalité n'avait plus besoin des services de la sœur Durand; car elle venait de demander à Auch la permission de nommer trois nouvelles institutrices, chargées d'enseigner la lecture, le calcul et les éléments de la morale républicaine (1). Elle continua cependant d'occuper, comme locataire, son ancien couvent, qui appartenait à la ville et dans lequel nous la retrouvons encore en l'an V (2), dirigeant une école qui fut fermée par arrêté du 5 thermidor (3). La sœur Durand reçut avis de cette décision, mais elle refusa de s'y conformer et sa conduite fut l'objet d'une surveillance particulière de la part des agents de la police locale (4). Elle tenta vainement d'éluder la loi en faisant proposer par les administrateurs de l'hospice une de ses sœurs nommée Louise, qui prendrait officiellement la direction de son école; la commune ne vit dans cette combinaison qu'un moyen

(1) Délibération du 6 nivôse an IV (27 décembre 1795).
(2) Délibération du 8 prairial an V (27 mai 1797).
(3) Délibération du 5 thermidor an V (23 juillet 1797).
(4) Délibération du 15 thermidor an VI (2 août 1798).

pour Marguerite Durand de se maintenir dans son logement et de continuer à donner l'instruction sous le nom d'une personne interposée, « ce qui était tout à fait opposé aux » sentiments qui doivent diriger les amis de la république ». Elle dut se retirer et fut remplacée par une institutrice laïque (1).

Pendant que les religieuses de la Providence continuaient ainsi, au milieu des dangers de l'heure présente, leur œuvre civilisatrice, quelques-unes des sœurs grises expulsées le 28 floréal an II (2) de l'hôpital de Lectoure ouvrirent des écoles particulières. C'étaient les sœurs DUFAUT, TARBÉ, NOGUÈS et CASTARÈDE, qui ne furent inquiétées qu'à la suite de leur refus de se conformer à l'enseignement des principes républicains et anti-religieux. Leurs écoles furent fermées (3), mais elles continuèrent malgré l'arrêté de la commune, à recevoir des pensionnaires.

On n'a jamais pu, dit le rapporteur de la séance du 22 fructidor an VII (4), venir à bout d'empêcher ces religieuses d'apprendre à lire et à écrire sans avoir prêté le serment exigé par la loi ; il sort de leur école des jeunes élèves déjà livrées à tout ce que la superstition a de plus absurde, le fanatisme de plus dangereux, qui s'honorent de montrer leur haine et leur aversion pour le nouveau régime.

Il n'en fallait pas tant pour dénoncer les sœurs grises à l'administration centrale et lui demander l'autorisation de les « chasser » de la ville, avec ordre pour les religieuses de se retirer dans leur lieu de naissance ou dans le domicile de leurs plus proches parents (5).

Le nom d'une seule institutrice laïque ayant exercé pendant la période révolutionnaire est parvenu jusqu'à nous ;

(1) Délibération du 5 nivôse an VII (25 décembre 1798).
(2) Délibération du 27 floréal an II (16 mai 1794).
(3) Délibération du 5 thermidor an VI (23 juillet 1798).
(4) 8 septembre 1799.
(5) Délibération du 22 fructidor an VII (8 septembre 1799).

c'est celui de la citoyenne JEANNE-FRANÇOISE DANCOSSE, épouse de Joseph DESPÈS, fondeur en suifs. Elle avait ouvert une école à Lectoure dès les premiers mois de l'année 1793, mais n'avait point prêté le serment réglementaire. Mandée devant le conseil communal, elle argua de son ignorance des lois nouvelles et se conforma aussitôt à leurs exigences en présence du maire, qui lui donna le baiser fraternel (1). Elle subit en l'an VII un examen devant le jury d'instruction, qui, lui trouvant toutes les qualités requises chez une bonne institutrice, autorisa les administrateurs de l'hospice à lui louer la partie du couvent des Providentes précédemment occupée par la sœur Marguerite Durand (2).

L'éducation des jeunes filles redevint au commencement du XIXᵉ siècle ce qu'elle avait toujours été dans le passé, c'est-à-dire profondément religieuse. L'esprit des écoles confiées à des institutrices nouvelles changea complètement et plusieurs d'entre elles méritèrent les éloges et les encouragements de la municipalité. C'est ainsi que l'institution fondée à Lectoure dans le mois de novembre 1814 par les dames MORVAN fut l'objet d'une allocation de 200 francs pour payer le loyer de la maison dans laquelle elles faisaient des cours suivis par un grand nombre d'élèves (3). Quelques années plus tard une dame VIGNES, dont le souvenir est encore vivant, apprenait aux enfants des deux sexes les éléments de la lecture et de l'écriture.

Il était réservé aux Religieuses de la Charité et Instruction publique de Nevers de relever l'enseignement classique des jeunes filles à Lectoure. Arrivées dès les premières années de la Restauration, elles s'étaient provisoirement logées dans la partie de l'ancien hôpital jadis habitée par les sœurs de

---

(1) Délibération du 19 avril 1793.
(2) Délibérations des 5, 9 et 24 nivôse an VII (25 et 29 décembre 1798 et 13 janvier 1799).
(3) Délibération du 28 juin 1812.

la Providence. Mais ce local était insuffisant et, par suite
d'un accord intervenu le 20 novembre 1820 entre la ville
et le bureau d'administration de l'hôpital, elles établirent
leur pensionnat dans le couvent des filles de Sainte-Claire (1).
Leur installation fut complétée quatre ans plus tard par l'acquisition d'un jardin qui dépendait autrefois de ce couvent (2).
C'est encore aujourd'hui dans l'ancien monastère des Clarisses que le pensionnat des dames de Nevers est fixé. Une
classe gratuite qui y est annexée a longtemps paru suffisante
pour les jeunes filles pauvres qui y trouvent l'instruction
appropriée aux besoins de leur condition (3). La salle d'asile
créée en 1849 dans les dépendances de l'hôpital actuel, dirigé
par les mêmes religieuses, sert de refuge aux enfants en bas
âge (4). Enfin l'enseignement officiel des jeunes filles est
actuellement représenté à Lectoure par une école primaire
placée sous la surveillance d'une directrice et de trois adjoin-
tes, et l'enseignement libre par le couvent des dames de Nevers
assorti de la classe gratuite et d'une salle d'asile, et par la
pension laïque de M<sup>lle</sup> Dubor.

---

(1) Délibérations des 10 et 13 décembre 1820. En 1822 le monastère fut l'objet de réparations considérables, ainsi que le prouve l'inscription suivante gravée sur une plaque de marbre placée au dessus de la seconde porte d'entrée du
pensionnat : Munificentiâ F. D. de Castaing / et curâ J. A. Druilhet Urbis Præ-
fecti / J. B. Lafont-Larivière, G. Fouraignan, J. M. V. Delort, / L. Cauboue, J.
B. Lafont-Bezodi, / Hospitii Procuratorum, / Anno MDCCCXXII, Restaurata).
(2) Délibération du 20 juin 1824.
(3) Délibération du 10 novembre 1867.
(4) Délibération du 15 mai 1849.

# ERRATA ET ADDENDA

Page 43, ligne 22, *ajoutez :* Nicolas Labarrière ou Barreria était marié avant le 1er janvier 1615 avec Anne Tissier. (Arch. mun. Livres de catholicité de Saint-Gervais de Lectoure.)

Page 44, après la ligne 2, *ajoutez :* 1627. — Dominique Corhaut, régent second, marié avec Jeanne Bernadou. (Arch. mun. Livres de catholicité du Saint-Esprit de Lectoure, acte du 18 mars 1627.)

Page 135, ligne 28, *ajoutez :* Le Chapitre de Lectoure et les consuls publièrent, à l'occasion de ce procès, plusieurs mémoires intéressants. Deux d'entre eux nous ont été très gracieusement communiqués par M. Lavergne, vice-président de la Société historique de Gascogne. Le premier est intitulé : *Mémoire pour les maire, consuls et syndic de la communauté de Lectoure, suppliants et demandeurs, contre le syndic du Chapitre cathédral de la même ville, défendeur; (15 pp. in-4°, Toulouse, de l'imprimerie de Me J.-H. Guillemette, avocat, vis-à-vis l'église Saint-Rome.* — Et le second : *Observations sur la réponse et sur la réplique du Chapitre cathédral de Lectoure pour les maire, syndic et communauté de la même ville de Lectoure, contre le syndic du Chapitre cathédral; (8 pp. in-4°, même imprimerie.)*

Page 137, après la ligne 37, *ajoutez :* Jacques Destadens, bourgeois, imprimeur et libraire à Condom, fils d'Ambroise Destadens, marchand libraire de Bordeaux et de Jeanne Hostens, se maria le 5 août 1696 dans le château noble de Moussaron, près de Condom, avec Jeanne Lamarque, fille d'Antoine Lamarque et de Jacquette Paschalin. (Acte devant Laboupillère, notaire de Condom, étude de Me Lebbé.)

Page 138, après la ligne 26, *ajoutez :* Antoine Delrieu exerçait en 1725 la profession de libraire et d'imprimeur à Condom. (Actes des 13 mai et 13 octobre 1725, devant Laboupillère, notaire de Condom, étude de Me Lebbé.)

# TABLE DES MATIÈRES

Auch, imprimerie et lithographie G. FOIX, rue Balguerie.

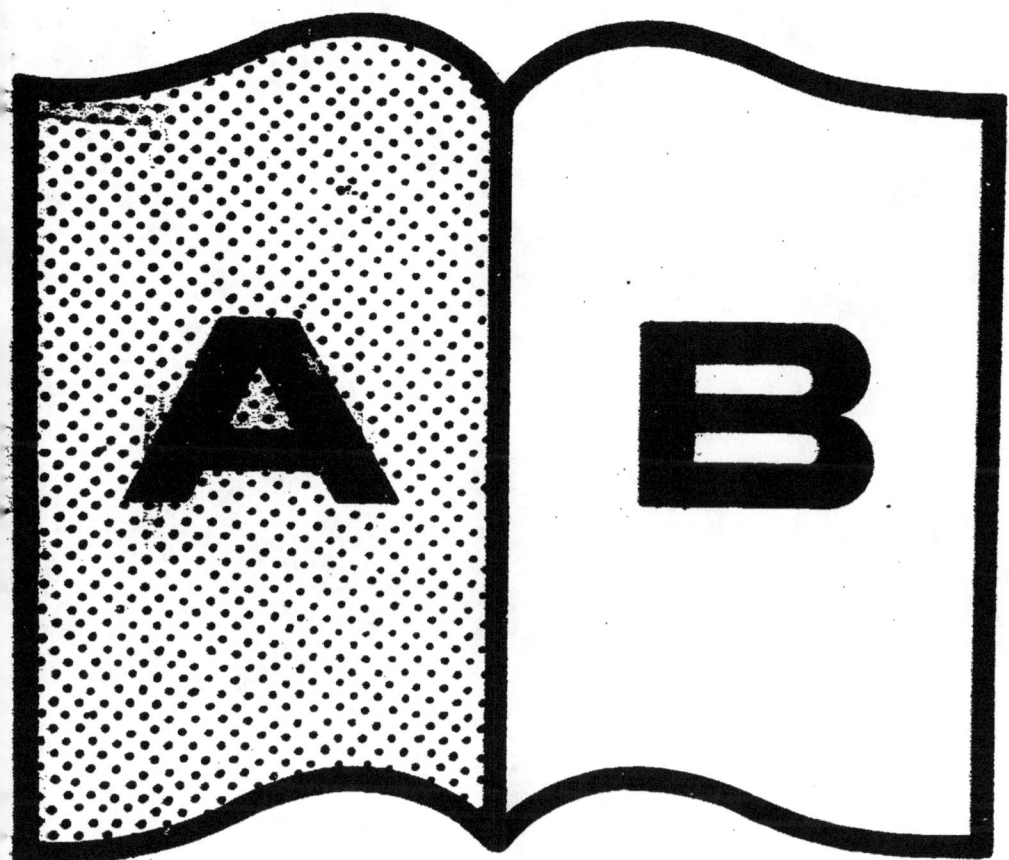

Contraste insuffisant

**NF Z 43-120-14**

www.ingramcontent.com/pod-product-compliance
Lightning Source LLC
Chambersburg PA
CBHW070811270326
41927CB00010B/2381